职业教育·道路运输类专业教材

公路工程计量与支付

（第2版）

舒国明　**主编**
范志水　**主审**

人民交通出版社股份有限公司
北　京

内 容 提 要

本书为职业教育道路运输类专业教材。全书按《公路工程标准施工招标文件》(2018版)中技术规范和工程量清单计量规则、《公路工程预算定额》(JTG/T 3832—2018)编写，内容包括各工程细目的计量与支付细则、有关图形与计算公式，并附工程量计算案例和计量支付常用表格。

本书针对工程造价专业(公路工程方向)学生编写，为学生今后在工程计量岗位从事计量支付工作和招投标工作打下良好基础，同时为毕业后考取造价工程师考试科目中的计量与计价内容奠定扎实的理论基础。本书具有较强的针对性、实用性和可操作性，对规范工程量清单计量与支付行为，有效控制公路工程造价，提高投资效益，将会起到积极的作用。

本书可作为高职院校工程管理和工程造价专业(公路工程方向)学生教材使用，也可作为工程造价人员培训教材使用，还可以用作公路建设单位、承包人及监理工程师工程量计量、计价的工具书与参考书。

图书在版编目(CIP)数据

公路工程计量与支付/舒国明主编. —2版. —北京：人民交通出版社股份有限公司，2020.8
ISBN 978-7-114-16624-2

Ⅰ.①公… Ⅱ.①舒… Ⅲ.①道路工程—工程造价—高等职业教育—教材 Ⅳ.①U415.13

中国版本图书馆CIP数据核字(2020)第098670号

职业教育·道路运输类专业教材

书　　名：	公路工程计量与支付(第2版)
著 作 者：	舒国明
责任编辑：	刘　倩
责任校对：	孙国靖　龙　雪
责任印制：	张　凯
出版发行：	人民交通出版社股份有限公司
地　　址：	(100011)北京市朝阳区安定门外馆斜街3号
网　　址：	http://www.ccpcl.com.cn
销售电话：	(010)59757973
总 经 销：	人民交通出版社股份有限公司发行部
经　　销：	各地新华书店
印　　刷：	北京虎彩文化传播有限公司
开　　本：	787×1092　1/16
印　　张：	12.75
字　　数：	326千
版　　次：	2014年9月　第1版
	2020年8月　第2版
印　　次：	2023年6月　第2版　第4次印刷　总第7次印刷
书　　号：	ISBN 978-7-114-16624-2
定　　价：	35.00元

(有印刷、装订质量问题的图书由本公司负责调换)

第 2 版前言

高等职业教育培养的是面向生产和管理第一线的技能型专门人才。培养适应社会需要的理论功底扎实、实践动手能力强、创新意识较强、适应岗位工作快的高素质技能加学历的实用型人才是职业技术教育的重要任务。

本书按照"以就业为导向,以培养职业能力为本位,以岗位需求为依据,满足学生职业生涯发展需求"的指导思想,内容紧紧围绕着现行的《公路工程标准施工招标文件》(2018 版)编写,深入浅出,层次分明,文字简练,通俗易懂,力求体现以人为本的理念,做到学做一体化,具有较强的针对性。

工程造价专业(公路工程方向)学生毕业后如果从事造价相关工作,必须考取造价工程师资格证书。凡申请资格证书的公路工程造价人员,均应参加资格考试,考试合格才能取得证书,持证上岗,否则不得独立承担公路工程造价业务。本书主要针对公路工程技术与计量科目中计量规则、支付细则进行编写,力求使学生通过学习,今后能够在工作岗位从事计量与支付工作。公路工程造价人员考试有利于全面提升造价人员业务水平,有助于造价人员充分理解公路工程造价有关的规章制度、定额,熟悉和掌握新结构、新工艺、新设备、新材料,对所掌握的知识融会贯通并加以正确应用。

《公路工程计量与支付》内容分为上下两篇,上篇包括:工程量清单的含义和特点及作用、计量的概念与特点、常规工程量计算、材料运距计算;下篇主要是工程量清单计量规则,包括不确定工程量计算、计价注意事项等。本书充分考虑教学需要,力求做到理论与实践并重,以利于学生综合素质的提高。

本书编写分工如下:河北交通职业技术学院舒国明编写上篇第一章、第四章,下篇,湖南交通职业技术学院李利君编写上篇第二章和下篇隧道部分,湖北交通职业技术学院叶文海编写上篇第三章。全书由河北交通职业技术学院舒国明担任主编,河北省公路工程定额站范志水教授级高级工程师担任主审。在本书编写过程中,得到了交通职业教育教学指导委员会路桥工程专业委员会、人民交通出版社股份有限公司的关心与指导,也得到了其他院校的大力支持,在此表示诚挚的谢意。

限于编者水平,书中难免有错误和疏漏之处,敬请读者批评指正。

编　者

2019 年 5 月

目 录

上篇 工程量清单与工程计量

绪论 ··· 1
第一章 工程量清单 ·· 5
第一节 工程量清单的含义及作用 ·· 5
第二节 工程量清单的特点 ·· 6
第三节 工程量清单的编写 ·· 9
第二章 工程计量 ·· 18
第一节 计量与支付概述 ·· 18
第二节 计量 ·· 22
第三节 工程量清单计量规则说明 ·· 27
第四节 支付 ·· 30
第五节 工程计量支付台账的编制 ·· 36
第三章 计算工程量 ·· 43
第一节 常用工程结构实物工程量计算公式 ·· 43
第二节 工程量清单以外的工程量确定 ·· 50
第四章 计算材料平均运距 ·· 58
第一节 材料经济供应范围的确定 ·· 58
第二节 计算各类工程结构材料平均运距 ·· 60

下篇 工程量清单计量规则

第100章 总则 ·· 65
第101节 通则 ·· 65
第102节 工程管理 ·· 68
第103节 临时工程与设施 ·· 70
第104节 承包人驻地建设 ·· 73
第105节 施工标准化 ·· 76
第200章 路基 ·· 79
第201节 通则 ·· 79
第202节 场地清理 ·· 80

第 203 节　挖方路基 ··· 81
　　第 204 节　填方路基 ··· 85
　　第 205 节　特殊地区路基处理 ·· 89
　　第 206 节　路基整修 ··· 92
　　第 207 节　坡面排水 ··· 92
　　第 208 节　护坡、护面墙 ·· 94
　　第 209 节　挡土墙 ·· 97
　　第 210 节　锚杆、锚定板挡土墙 ··· 99
　　第 211 节　加筋挡土墙 ··· 101
　　第 212 节　喷射混凝土和喷浆边坡防护 ··· 102
　　第 213 节　预应力锚索边坡加固 ·· 103
　　第 214 节　抗滑桩 ··· 105
　　第 215 节　河道防护 ·· 106

第 300 章　路面 ·· 109
　　第 301 节　通则 ·· 109
　　第 302 节　垫层 ·· 109
　　第 303 节　石灰稳定土底基层、基层 ·· 110
　　第 304 节　水泥稳定土底基层、基层 ·· 111
　　第 305 节　石灰粉煤灰稳定土底基层、基层 ··· 111
　　第 306 节　级配碎(砾)石底基层、基层 ··· 112
　　第 307 节　沥青稳定碎石基层(ATB) ··· 113
　　第 308 节　透层和黏层 ··· 114
　　第 309 节　热拌沥青混合料面层 ·· 114
　　第 310 节　沥青表面处治与封层 ·· 115
　　第 311 节　改性沥青及改性沥青混合料 ··· 116
　　第 312 节　水泥混凝土面板 ··· 118
　　第 313 节　培土路肩、中央分隔带回填土、土路肩加固及路缘石 ················ 119
　　第 314 节　路面及中央分隔带排水 ··· 120
　　第 315 节　其他路面 ·· 120

第 400 章　桥梁、涵洞 ··· 122
　　第 401 节　通则 ·· 122
　　第 402 节　模板、拱架和支架 ·· 123
　　第 403 节　钢筋 ·· 123
　　第 404 节　基础挖方及回填 ··· 128
　　第 405 节　钻孔灌注桩 ··· 129
　　第 406 节　沉桩 ·· 132
　　第 407 节　挖孔灌注桩 ··· 133

第408节	桩的垂直静荷载试验	134
第409节	沉井	134
第410节	结构混凝土工程	136
第411节	预应力混凝土工程	139
第412节	预制构件的安装	143
第413节	砌石工程	143
第414节	小型钢构件	144
第415节	桥面铺装	144
第416节	桥梁支座	145
第417节	桥梁接缝和伸缩装置	146
第418节	防水处理	147
第419节	圆管涵及倒虹吸管涵	147
第420节	盖板涵、箱涵	148
第421节	拱涵	149

第500章 隧道 151

第501节	通则	151
第502节	洞口与明洞工程	151
第503节	洞身开挖	154
第504节	洞身衬砌	157
第505节	防水与排水	158
第506节	洞内防火涂料和装饰工程	160
第507节	风水电作业及通风防尘	160
第508节	监控量测	161
第509节	特殊地质地段的施工与地质预报	161
第510节	洞内机电设施预埋件和消防设施	162

第600章 安全设施及预埋管线 163

第601节	通则	163
第602节	护栏	163
第603节	隔离栅和防落网	164
第604节	道路交通标志	165
第605节	道路交通标线	166
第606节	防眩设施	167
第607节	通信和电力管道与预埋（预留）基础	167
第608节	收费设施及地下通道	168

第700章 绿化及环境保护设施 170

| 第701节 | 通则 | 170 |

第702节	铺设表土	170
第703节	撒播草种和铺植草皮	171
第704节	种植乔木、灌木和攀缘植物	172
第705节	植物养护和管理	173
第706节	声屏障	173

考试练习题 ······ 174
附表 公路工程常用表格 ······ 185
参考文献 ······ 195

上篇　工程量清单与工程计量

绪　论

一、造价从业人员现状

当前,交通运输行业正在认真落实《国家公路网规划》,推进国家高速公路"断头路"和普通国道"瓶颈"路段建设,并抓好干线公路改造,加快中西部地区和集中连片特困地区公路建设。《"十三五"现代综合交通运输体系发展规划》具体目标指出:公路网规模进一步扩大,技术质量明显提升,公路总里程达到 500 万公里,国家高速公路网基本建成,高速公路总里程达到 15 万公里,农村公路除少数不具备条件的乡镇、建制村外,全部实现通硬化路,新增 3.3 万个建制村通硬化路。改造约 25 万公里窄路基或窄路面路段。对约 65 万公里存在安全隐患的路段增设安全防护设施,改造约 3.6 万座农村公路危桥。有序推进较大人口规模的撤并建制村通硬化路 13.5 万公里。实现上述目标,意味着公路基础建设的巨额投资。

面对公路建设巨额投入,要想"好钢用在刀刃上",造价管理工作十分重要,这就需要造价人员发挥巨大的作用。当前,由于材料、人员、土地成本上升,许多项目特别是高速公路项目纷纷突破概算,使得已捉襟见肘的资金供给雪上加霜。加强造价管理,用好国家建设领域的巨额投资,不仅是节约建设资金、提升公路投资效益的需要,也是降低公路使用者负担、控制公路运输成本的需要,还是预防建设领域腐败、建设廉洁交通的需要。

交通部于 1995 年建立了公路工程造价人员资格考试制度,选拔了一批高素质的从业人员,在公路工程造价工作中发挥了重要作用。"十三五"期间,我国需要公路工程造价人员 10 万人,而据不完全统计,目前全国持有公路工程造价人员资格证书且登记在册的公路工程造价人员仅 2 万多人,远远不能满足公路基础设施建设的需要。以科学发展观为指导,建立公路工程造价人员培训考试制度,培养一支高素质的造价管理人才队伍,切实加强公路建设中的投资控制和造价管理,最大限度地节约资金和资源,提高投资效益,是建设资源节约型、环境友好型行业,实现我国公路交通全面协调可持续发展的必由之路。

二、我国造价工程师执业资格制度的建立

造价工程师执业资格制度是工程造价管理的一项基本制度,它是随着我国社会主义市场经济的发育完善,为适应建设项目全过程工程造价管理的需要,加强工程造价专业人员执业资格的准入控制,促进工程造价专业人员的业务素质、市场应变能力和工程造价管理工作质量的提高,维护国家和社会公共利益,有关部门在广大从业人员、管理机构和咨询服务单位的迫切要求下建立起来。原人事部、建设部"人发〔1996〕77 号文"《造价工程师执业资格制度暂行规

定》的颁发,是建立这项制度的标志。

造价工程师的执业资格,是履行工程造价管理岗位职责与业务的准入资格。制度规定,凡从事工程建设活动的建设、设计、施工、工程造价咨询、工程造价管理等单位和部门,必须在计价、评估、审查(核)、控制及管理等岗位配备有造价工程师执业资格的专业技术人员。造价工程师是指经全国统一考试合格,取得造价工程师执业资格证书,并经注册从事建设工程造价业务活动的专业技术人员。

1996年,人事部、建设部颁发了《造价工程师执业资格认定办法》。1997年,人事部、建设部组织了全国部分省(自治区、直辖市)造价工程师考试试点,并在总结试点经验的基础上,于1998年在全国组织了造价工程师统一考试。

三、我国造价工程师考核制度

造价工程师执业资格制度,属于国家统一规划的专业技术人员执业资格制度范围。有关这一制度的政策制定、组织协调、资格考试、注册登记和监督管理工作,由国家人事部和建设部共同负责,以保证国家在工程造价领域实施这一制度的力度。

2019年造价工程师考试由住房和城乡建设部、交通运输部、水利部、人力资源和社会保障部4部门共同委托人力资源和社会保障部人事考试中心承担。考试专业分为土木建筑工程、交通运输工程、水利工程和安装工程等4个专业类别。

为加强对工程造价的管理,提高工程造价专业人员的素质,确保建设工程造价管理工作的质量,人事部、建设部于1996年颁布的《造价工程师执业资格制度暂行规定》中要求如下:

(1)申请报考条件。凡中华人民共和国公民,遵纪守法并具备以下条件之一者,均可申请参加造价工程师执业资格考试:

①工程造价专业大专毕业后,从事工程造价业务工作满五年;工程或工程经济类大专毕业后,从事工程造价业务工作满六年;

②工程造价专业本科毕业后,从事工程造价业务工作满四年;工程或工程经济类本科毕业后,从事工程造价业务工作满五年;

③获上述专业第二学士学位或研究生毕业和获硕士学位后,从事工程造价业务工作满三年;

④获上述专业博士学位后,从事工程造价业务工作满两年。

(2)考核内容。按照建设部、人事部的设想,造价工程师应该是既懂工程技术又懂经济、管理和法律并具有实践经验和良好职业道德的复合型人才。因此,考试内容主要包括:

①工程造价的相关知识,如投资融资理论、经济法与合同管理、项目管理等知识。

②工程造价确定与控制,除掌握造价基本概念外,主要掌握和了解造价确定与控制的理论与方法。

③工程技术与工程计量,分两个专业考试,即建筑工程与安装工程,主要掌握两个专业的基本技术知识与计量方法。

④案例分析,考查考生实际操作的能力,含计算或审查专业单位工程量,编制或审查专业工程投资估算、概算、预算、标底价、结(决)算,投标报价,编制补充定额的技能等。

(3)我国造价工程师执业资格注册制度。造价工程师执业资格实行注册登记制度,以加强对造价工程师的注册管理,规范造价工程师的执业行为,提高造价管理工作质量,维护国家和社会公共利益。注册登记制度规定:

①从事工程造价业务活动的专业技术人员,只有在取得"造价工程师执业资格证"和"造价工程师注册证"以后,才具有造价工程师执业资格,才能以造价工程师的名义从事建设工程造价业务,签署的工程造价文件才具有法律效力。

②国务院建设行政主管部门负责全国造价工程师的注册管理工作,并对造价工程师的注册和执业实施指导和监督。各省、自治区、直辖市和国务院有关部门的建设行政主管部门负责管辖范围内的造价工程师注册管理工作,并对其注册和执业实施指导和监督。

③经全国统一资格考试合格人员,在取得"造价工程师执业资格证"三个月内,到所在地区或部门注册初审机构申请注册。

④申请注册的人员,应具备规定的条件,提供规定的证明材料,按规定的程序办理注册登记手续。

⑤经考试合格人员逾期未申请注册,或申请注册未获批准,其资格可保留两年,两年期满再申请注册,需参加规定的业务培训,并达到继续教育水准。

⑥经批准注册的造价工程师,由其单位所在地区或部门注册管理机构核发由国务院建设行政主管部门统一印制的"造价工程师注册证"和造价工程师执业专用章。

⑦造价工程师因工作单位变更等原因,需按规定程序办理注册变更手续。

⑧造价工程师注册有效期为两年。注册有效期满而要继续执业的,应由其聘用单位于注册期满前三个月内按规定程序和业务培训等要求办理续期注册手续。续期注册的有效期为两年。

⑨本人未申请或申请未获准续期注册者,以及完全丧失民事行为能力、受刑事处罚、脱离造价工程师岗位连续达两年的,按规定程序撤销注册。撤销注册后,具有申请注册资格者,仍可按规定申请重新注册。

四、造价工程师应具备的素质

造价工程师必须具有如下的技能和知识:

(1)造价工程师应熟悉工程设计和施工工艺过程,必须懂得技术术语和施工技术,了解一般的设备和常用材料的性能,能与设计、建设、监理、施工等部门的人员共同讨论有关的技术与费用问题,能判断工程造价文件中工程内容及配置资源和合理性。

(2)具有根据图纸和现场情况计算工程量的能力。因为很多应予计价的工程多隐含在图纸里和施工现场,所以造价工程师必须具有一定的施工知识,才能做到不重不漏,正确合理地编制工程造价。

(3)具有编制工程造价的能力,这是造价工程师最重要的专长之一。从项目建议书到竣工交验、估算、概算、预算、标底、报价、结算、决算,以及承包人的索赔,都要能编制相应的造价文件,并使确定的工程造价的准确度控制在一定的范围内。

(4)在可能引起争议的范围内,要有与承包人谈判的能力和技巧。故造价工程师除应具有上述知识外,还应对合同条款有确切的了解,能对合同中的条款做出正确理解和解释。

(5)造价工程师要充分熟悉计价依据,要善于积累和使用工程造价的历史资料,能做出科学合理的补充定额。

(6)了解有关法律法规并掌握足够的法律基础知识,能为业主或承包人解决合同执行过程中的具体问题提供建议和意见。

(7)在投资决策和投资执行过程中,造价工程师有为业主提供一切费用咨询和投资决策建议的能力。

五、本课程的知识及重要性

全书内容分为上下两篇,上篇包括:工程量清单、工程计量、计算工程量、计算材料平均运距,下篇主要是技术规范说明。

本书内容主要是针对公路工程计量与支付中的计量规则、支付细则进行编写,力求让学生通过学习,能够在未来工作岗位上从事计量与支付工作,同时通过乙级造价工程师执业资格考试,取得执业资格。本课程涉及工作岗位和工作内容如下:

(1)建设单位:招标、工程结算、竣工决算等工作。
(2)设计单位:编制工程量清单。
(3)施工单位:工程计量与支付,校核工程量清单。
(4)监理单位:计量、单价分析、审核变更合理性等工作。
(5)审计部门:工程审计、造价文件审查评估等工作。

第一章　工程量清单

工程量清单是招标文件和合同文件的重要组成部分，是一种以一定计量单位说明工程实物数量的文件，也是与招标文件中技术规范相对应的文件，它详细说明了技术规范中各工程细目的数量。有报价的工程量清单称为报价单，是投标文件中最主要的组成部分，中标后含单价的工程量清单将成为合同文件的重要组成部分。因此，正确编制工程量清单，对做好招标投标工作有着重要意义。

第一节　工程量清单的含义及作用

一、工程量清单的含义

工程量清单，又称工程数量清单，有的书上也称作工程量表，它是工程招标及实施工程时计量与支付的重要依据，在工程实施期间，对工程费用起控制作用。

工程量清单是招标单位(业主)将要招标的工程按一定的原则(如按工程部位、性质等)进行分解，以明确工程的内容和范围，并将这些内容数量化而得到的一套工程项目表。每个表中既有工程部位和该部位需实施的各个子项目(工程细目)，又有每个子项目的工程量和计价要求(单价或包干价)以及总计金额，单价与总价两个栏目由投标单位填写。可见，工程量清单反映的是每个相对独立的个体项目的主要内容和预算数量以及完成的价格。

招标工程的工程量清单通常由业主提供，但也有一些国际招标工程，并没有工程量清单，仅有招标图纸，这就要求投标人按照自己的习惯列出工程细目并计算工程量，或按国际通用的工程量编制方法提交工程量清单。我国的公路工程项目招标一般由招标单位提供工程量清单。招标单位在编制工程量清单时可参考《公路工程标准施工招标文件》(2018版)，其中有关于工程量清单的专门介绍，在本书下篇"工程量清单计量规则"中给出了按章、节、目排列的工程细目表。

另外需要特别指出的是，工程量清单中所列的工程数量(也称为清单工程量)，是在实际施工生产前根据设计施工图纸和说明及工程量计算规则所得到的一种准确性较高的预算数量，并不是中标者在施工时应予完成的实际的工程量。因为在实际施工过程中，可能会因各种原因与设计条件不一致，从而产生工程量的变化，业主应按实际工程量支付工程费用。

二、工程量清单的作用

既然工程量清单是招标投标时使用的招标文件之一，那么它的作用显然是为招投标服务的，主要表现在以下几个方面。

1. 为投标人的公平竞争提供基础

工程量清单是按照招标文件中技术规范的规定和要求的分项原则以及工程量计算方法编制的，是招标单位计算标底、投标单位计算报价的依据。一方面，招标单位的标底是按这些分项进行计算而编制；另一方面，各投标单位也是以工程量清单为依据，参照招标文件中的其他合同文件,结合本单位以往的施工经验,对工程量清单中所列各项分别进行报价,然后汇总,从而完成对整个工程的报价。这样为所有投标单位提供了一个报价计算的共同基础,使之能有效而精确地编写报价单,合理地进行投标报价,充分体现了公平竞争原则,同时由于标底也是在此基础上计算出来的,这为评标时对报价进行比较提供了方便。

2. 为实施工程计量和办理中期支付提供依据

工程量清单描述了工程项目的范围、内容及计量方式和方法,在工程实施期间,对工程的计量与支付必须以工程量清单为依据,即使发生工程变更及费用索赔时,其参考作用也很明显,直接影响监理人对单价的确定。因此,工程量清单必须做到分项清楚明了,各种工作内容不重不漏,报价时工程数量的计算应尽可能准确。

3. 促使投标人提高技术水平及管理水平

由于各个投标单位是在同一基础上进行报价,为了中标,投标单位必须不断提高管理水平和技术水平来降低投标报价,这样有利于促进施工单位改进施工方法、优化施工方案、加强项目管理,采用先进的施工技术、设备,最大限度地提高劳动生产率,最终降低生产成本。

4. 为业主选择合适的承包人提供重要参考

鉴于投标人受工程量清单制约,主要的竞争成为价格竞争,而这一竞争有利于业主费用的降低,因此,它是业主选择中标者最重要的参考。一般业主会选择报价低者中标,但它同时要兼顾施工组织以及承包人低价完成的可能性,若对其有疑问,会倾向于适当抬高预计支付标准。另外,业主也会在报价后的清单中分析投标人是否使用不平衡报价,作为选择中标者的参考。

5. 为费用监理提供依据

由于工程量清单是合同文件的组成部分,也是在发生工程变更、价格调整、工程索赔时业主与承包人都比较易于接受的价格基础,因此无论是总价合同、单价合同还是成本加酬金合同,都应在费用监理中优先考虑到。

第二节 工程量清单的特点

一、工程量清单的一般特点

1. 是招投标的产物

我国施工的方式主要采用承发包方式。承发包方式是业主通过合同或协议明确规定工程发包人(甲方)和施工企业即工程承包人(乙方)双方的经济责任、权利和义务后,把工程发包给施工企业,由后者负责施工的方式。承发包方式的核心是在市场经济体制下,根据等价交换的原则,业主与施工企业以平等的身份签订合同,互相制约、互相督促、共同努力,在保证工程进度和质量要求的前提下,提高经济效益,完成建设任务。这一方式要求按经济核算原则组织施工,符合鼓励生产力发展和分工明细的协作要求,因而已逐渐成为占主导地位的施工方式。

在工程招投标过程中,工程要达到的质量标准在与清单配套的计量规则中都有具体规定,其标准可由业主方视具体工程情况参照相关国家标准、行业标准自行逐条制定。这为工程质量标准的具体掌握打下了基础。与此同时,由于工程质量标准、工程数量都在招标文件中有所规定,故投标人的竞争主要是在规定的质量、数量条件下单价的竞争,这就为施工水平高、能保证工程质量且要价低的企业获得工程承包合同创造了条件。工程采购实行招投标制度后,工程量清单是招标文件和合同文件的重要组成部分,所以工程量清单是招投标的产物。

2. 与计量规则一致

在招标文件中,计量规则与合同条件、工程量清单一样是一份十分重要的文件,它详细具体地说明了承包人履约合同时应遵守的施工技术规范,以及计量与支付的规定等。由于工程的性质不同,其技术特点和质量要求及标准等都不相同,所以,计量规则应根据不同的工程性质及特点,分章、分节、分部、分项来编写。而工程量清单反映的是完成这一工程某章、某节、某项内容具体的工程数量,它是对按照计量规则要求质量实施工程所需完成的工程量的一种预测,其编号与计量规则相同,也相应分章、节、目等,因而与计量规则保持了高度的一致性。

3. 与图纸一致

设计图纸及有关技术资料是工程项目的原始资料,它说明了工程项目的位置、地质条件、工程要求及建设标准。工程量清单的工程数量就是根据工程设计图纸的实物量及按技术规范的要求计算出来的。当设计图纸发生变更或出现错误时,工程量清单的工程细目分项及工程数量都会发生变化甚至出错,有的承包人会利用工程量清单与设计图纸的一致性对二者进行仔细研究,为其谋求更大利润寻找突破口。

4. 与标底一致

编写工程量清单的一个重要目的,就是在招投标时,为所有的投标人提供一个共同计算标价的基础,所有的投标人都要以工程量清单所列工程数量为依据,并参照招标文件的要求,结合自己的经验,进行报价。同时,招标单位的标底也是以此为依据计算出来的,所以投标人的报价与招标人编制的标底也保持了高度的一致性。

5. 与定额的联系与区别

工程定额是在合理的生产组织、合理的资源使用和正常的施工条件下,完成符合国家技术标准、技术规范(包括设计、施工、验收等技术规范)和计量评定标准的单位合格产品或劳动量,所消耗的人工、材料、施工机械台班数量的标准。它是由国家或地方行业主管部门经过科学地测定、分析、计算而确定的,具有法令性的一种指标,是一定时期社会生产力和科技水平的反映,反映了整个社会某一具体劳动的平均工、料、机、管理等的汇总的消耗水平。

清单价与定额既有联系又有区别,联系是它也是投标人认可的某一工作内容工、料、机、管理等消耗量的货币化表现,区别是它只代表了本企业在某一具体工程中某项目的消耗水平,而不是社会平均水平,故它可能比国家颁布的定额高,也可能比国家颁布的定额低。此外,如果投标人采取了不平衡报价策略,其单价可能在本企业实际消耗水平上又对不同的清单子目进行修正,也就是其单价经过了调整,这也不是国家颁布定额中应该包含的。

工程量清单中的工程项目与预算定额中工程细目有些规定相同,有些名称相同但其内涵不同,但第100章总则中的细目预算定额是没有的,对于工程量预算方法,不同工程定额的规定也有一定的差异,差异情况在第100章中介绍。

6. 工程数量为预计值

清单中所填写的工程数量为预计值。为了使所有投标人有一个平等竞价的基础,在广泛实施的单价合同中,其清单工程量是业主或者招标代理所得出的一种准确性较高的预估数量,其数量只供投标人在投标报价时作为计算总价的依据,不作为实际结算的依据。提供清单工程数量的主要目的是,剔除招标过程中不同投标人由于工程量计算差异而引起的报价的差别,使其竞争有一个共同的数量平台,从而引导投标人之间的竞争转向单价竞争,优胜劣汰,在保证工程质量的基础上,便于业主选取生产效率高、材料消耗少、技术管理水平高者作为承包人。这也使得投标人之间的竞争更加残酷,各方只能在降低企业内部总体消耗水平或提高技术水平上苦练内功,才能达到中标的目的。但是,由于工程量清单数量只是预计值,不作为工程结算数量,结算和支付以监理人认可的、按技术规范完成的实际数量为依据。这也给投标人留下了一定的投机余地,当业主方工程数量预估不准确时,投标人可以在投标总价不变的基础上,增加业主方工程量估计偏小项目的报价、降低业主方工程量估计偏大项目的报价等不平衡报价策略以获取额外利润。

7. 单价或总额范畴

清单中的单价或者总额价包含内容广泛,包括了所有的工料机消耗费用、企业管理费用、税收、保险、利润以及合同所明示或暗示的承包人应承担的各种风险费用,其单价或总额是承包人在该项目中所能获得的所有费用。因此,投标人应将各种间接费用合理分摊在清单单价或总额中。

8. 造价结算的依据

一般情况下,清单单价是承包人施工中进行造价结算的依据,当工作内容无变更,物价上涨在所能预见的合理范围内时,其结算单价就是清单单价;当工作内容有变更,物价上涨幅度过大时,可以根据工程变更令及合同中调价规定对单价进行必要的变更。

二、单价合同中工程量清单的特点

由于工程量清单的结算方式多数采用单价合同计算,因此,清单中从单价的确定到计量支付的管理都具有以下特点。

1. 管理方便

由于工程量清单中的单价包括工程项目的所有费用,所以施工过程中无论是业主还是监理人,对项目的管理都十分方便。一方面,业主根据承包人进度计划中每个时期要完成的工程量,按照清单的单价进行资金的筹措;另一方面,除个别项目单价有变更外,各项目基本上单价不变,因此监理人在管理过程中避免了由于单价变化而引起的麻烦和纠纷。

2. 适应性强

工程量清单中的工程数量是对完成该工程所需工程量的一种较准确的预算,实际工程量必须在施工过程中实测才能获得。清单中的工程量是为投标人提供一个计算报价的共同基础,投标人按清单中的工程量报价,业主按实际完成的工程量付款,这样就减轻了双方在施工前由于工程量不够准确而带来的压力。另外,在投标期间对于一些项目没有足够资料进行估价时(包括数量),还可以采用暂定金额进行处理。因此,工程量清单具有较强的适应性。

3. 竞争性强

采用招标机制的目的就是防止垄断,鼓励竞争,而单价合同的公平性最好,竞争性最强。因为有一个计算标价的共同基础——工程量清单,所有承包人为了中标就必须综合考虑自己的实力,拟定出一个合理的报价,只有具有较强的管理水平和技术力量的一方才能中标。对于同一项工程,管理水平的高低和技术力量的强弱直接影响着报价的高低,而单价的高低往往显示了施工队伍的综合水平及实力。

4. 保险性好

所谓保险性好,是指采用单价合同的工程量清单对业主和承包人双方都保险,菲迪克(FIDIC)合同条款对合同双方的风险做了明确而详细的规定。一般不经常发生的风险或对单价影响较大但又无法预料的风险,包括战争、动乱等特殊风险,以及市场价格的浮动、不利的外界障碍、后继的法律变更等风险,均由业主承担,这就避免了由于上述风险的发生导致承包人破产。对业主而言,由于合同规定了这些风险由其承担,在招标时更利于其得到一个合理的报价,这是其他承包方式的合同所缺少的。

5. 计算困难

由于工程量清单中的单价为综合费用,给单价计算分析带来了较大的困难,特别是合同暗示给承包人的风险费用,以及有些工程细目中计量支付规定不作单独计量的细目等,使清单中单价的内容广泛,造成的计算困难更大。

第三节 工程量清单的编写

一、工程量清单的内容

编写工程量清单应遵循以下原则:①和技术规范保持一致;②便于计量支付;③便于合同管理及处理工程变更;④保持合同的公平性。

按上述原则编制的工程量清单,其内容分为前言(或说明)、工程细目、计日工明细表和工程量清单汇总表四部分。

1. 前言(或说明)

清单前言在许多合同文件中又被称为清单序言,它主要对工程项目的工作范围和内容、计量方法和方式、费用计算的依据、在工程实施期间如何对工程进行计量和支付进行说明。当工程发生变更或费用索赔时,监理人将根据它来确定单价。概括起来,清单前言应强调以下几个方面的说明:

(1) 说明应将工程量清单与投标须知、合同条件、技术规范、图纸和图表、资料等文件结合起来阅读、理解或解释。这一说明的主要目的是要求投标人综合考虑支付条件、技术要点、质量标准、工程施工条件,以及需综合在某一单项中的众多子目后,适当考虑其自身的费用、风险后再填报单价。

(2) 说明除非合同另有规定,工程量清单中有标价的单价或总额价均已包括了为实施和完成合同工程所需的劳务、材料、机械、质检、安装、缺陷修复、管理、保险、税费、利润等费用,以及合同明示或暗示的所有责任、义务和一切风险。本条说明要求投标人认识自己在合同中的报价所包括的范围,强调风险自担的范围。

(3) 说明工程量清单中的每一个细目,不论工程数量是否标出,都必须填入单价或总额价。投标时没有填入单价或总额价的细目,其费用应视为已分配在工程量清单的其他单价或总额价之中。这一说明减少了招投标过程中可能发生的争执,规范和加快了招投标工作过程,对投标人提出了计算中要认真、仔细的要求。

(4) 说明符合合同条件规定的项目若没列细目,其费用应视为已分摊在本合同工程的有关细目的单价或总额价之中。这一条说明作用同上条,要求投标人将子目分摊工作做好,如果出现漏计或重计,后果自负。

(5) 说明规范和图纸上有关工程和材料的简介不必在工程量清单中重复和强调,计算工程量清单中每个项目的价格时,应参考合同文件中有关章节对有关项目的描述。有的招标文件在工程量清单的序言中对计算各类工程量(如开挖回填、混凝土、钢结构等)时应包含的内容和注意的问题进行了说明,以避免日后的纠纷。这一说明为投标人项目分摊细化提供了基础。

(6) 说明施工中计量已完成工程数量用以计算支付金额时,应根据技术规范中规定的计量和支付方法进行。所有工程数量均为完工以后测量的净值,对于构造物工程通常以设计尺寸计量。这一说明为以后工程实施中的费用计算工作提供直接依据。

（7）说明工程量清单的暂定金额,应按照合同条件的规定使用和支付。

（8）说明工程量清单中所列工程量的变动,丝毫不会降低或影响合同条件的效力,也不免除承包人按规定的标准进行施工和修复缺陷的责任。这一说明是为了强调清单量只是估计工程量,应以实际完成工程量作为支付依据,但最终支付额与质量标准及合同责任无关。

（9）说明对清单中出现算术性错误的修正办法。投标人在单价×数量≠总价时,业主通常认为单价是正确的,单价未填时以"0"计,即认为投标人已将此费用在别的项目中分摊。这一说明减少了可能发生的争执,但要求投标人必须仔细核对自己的报价,否则损失是巨大的。

（10）清单中各项金额均以人民币元计。承包人对本合同工程中各类装备的运输、维护、拆卸、拼装等费用,已包括在清单的单价或总额价之中。

2. 工程细目

工程细目又称分项清单表,是招标工程中按章的顺序排列的各个项目表。表中有细目编号、工程项目名称、单位、工程数量、单价及金额栏目,其格式见表1-1。其中单价或金额栏的数字一般由承包人投标时填写,其他部分一般由业主或者招标人在编制工程量清单时确定。

工程量清单格式　　　　　　　　　　　　　　　表1-1

细目编号	工程项目名称	单　位	工程数量	单　价	合价或金额

工程量细目分章排列有利于将不同性质、不同部位、不同施工阶段或其他特性不同的工程区别开来,同时也有利于将那些需要采用不同施工方法或成本不一样的工程区别开来。

工程细目按章、节、目的形式设置,至于具体分多少章,章中又设多少节,节下又有多少目,则视工程实际情况确定。《公路工程标准施工招标文件》(2018版)分为9章,第八章工程量清单各章名称见表1-2。表1-3、表1-4分别为《公路工程标准施工招标文件》(2018版)工程量清单计量规则中的第100章和第200章的节、目表,通过这两个表可以了解章、节、目的整体联系和具体内容。

公路工程标准施工招标工程量清单汇总表　　　　　　　　　　　　　　　表1-2

合同段:

序号	章　次	项　目　名　称	金额(人民币元)
1	100	总则	
2	200	路基	
3	300	路面	
4	400	桥梁、涵洞	
5	500	隧道	
6	600	安全设施及预埋管线	
7	700	绿化及环境保护设施	
8	第100～700章清单合计		
9	已包含在清单合计中的材料、工程设备、专业工程暂估价合计		
10	清单合计减去材料、工程设备、专业工程暂估价合计(即8－9＝10)		
11	计日工合计		
12	暂列金额(不含计日工总额)		
13	投标报价(8＋11＋12＝13)		

第 100 章 总 则　　　　　　　　　　　　　表 1-3

合同段编号：　　　　　　　　　　　　　　　　　　　　　货币单位：人民币元

细目编号	项 目 名 称	单位	数量	单价	合价
101	通则				
101-1	保险费	总额			
-a	按合同条款规定,提供建筑工程一切险	总额			
-b	按合同条款规定,提供第三者责任险	总额			
102	工程管理				
102-1	竣工文件	总额			
102-2	施工环保费	总额			
102-3	安全生产费	总额			
102-4	信息化系统(暂估价)	总额			
103	临时工程与设施				
103-1	临时道路修建、养护及拆除(包括原道路的养护费)	总额			
103-2	临时占地	总额			
103-3	临时供电设施架设、维护与拆除	总额			
103-4	电信设施的提供、维修与拆除	总额			
103-5	临时供水与排污设施	总额			
104	承包人驻地建设				
104-1	承包人驻地建设	总额			
105	施工标准化				
105-1	施工驻地	总额			
105-2	工地试验室	总额			
105-3	拌和站	总额			
105-4	钢筋加工场	总额			
105-5	预制场	总额			
105-6	仓储存放地	总额			
105-7	各场(厂)区、作业区连接道路及施工主便道	总额			

100 章小计(结转至第____页工程量清单汇总表人民币_____元)

　　表 1-3 为第 100 章一般条目(或总则)。通常将开办项目的工程量清单放在此章中,其特点是有关款项包干支付按总额结算。具体以表 1-3 所列内容来看,该章分为 5 节。第一节中计量支付的细目只有 1 项,即 101-1 保险费,它由建筑工程一切险和第三方责任险两部分组成;第二节中计量支付的细目有 4 项,分别是 102-1 竣工文件,102-2 施工环保费,102-3 安全生产费,102-4 信息化系统(暂估价);第三节中计量支付的细目有 5 项,分别是 103-1 临时道路修建、养护与拆除(包括原道路的养护费),103-2 临时占地,103-3 临时供电设施架设、维护与拆除,103-4 电信设施的提供、维修与拆除,103-5 临时供水与排污设施;第四节中计量支付的细目只有 1 项,即 104-1 承包人驻地建设;第五节中计量支付的细目有 7 项,即施工驻地,工地试验室,拌和站,钢筋加工场,预制场,仓储存放地,各场(厂)区、作业区连接道路及施工主便道。

在第 100 章后的各章中一般为永久性工程项目,如路基、路面、桥梁与涵洞、隧道、安全设施及预埋管线,以及绿化及环境保护设施等。表 1-4 所示为第 200 章的路基部分,这里只列出了 5 节中前几部分的内容。

第 200 章 路 基 表 1-4

合同段： 货币单位：人民币元

细目编号	项目名称	单位	数量	单价	合价或金额
202	场地清理				
202-1	清除与掘除				
-a	清理现场	m²			
-b	砍伐树木	棵			
-c	挖除树根	棵			
202-2	挖除旧路面	m³			
202-3	拆除结构物				
-a	钢筋混凝土结构	m³			
-b	混凝土结构	m³			
-c	砖、石及其他砌体结构	m³			
-d	金属结构	kg			
202-4	植物移栽				
-a	移栽乔(灌)木	棵			
-b	移栽草皮	m²			
203	挖方路基				
203-1	路基挖方				
-a	挖土方	m³			
-b	挖石方	m³			
-c	挖除非适用材料(不含淤泥、岩盐、冻土)	m³			
-d	挖淤泥	m³			
-e	挖岩盐	m³			
-f	挖冻土	m³			
203-2	改河、改渠、改路挖方				
-a	挖土方	m³			
-b	挖石方	m³			
-c	挖除非适用材料(不含淤泥、岩盐、冻土)	m³			
-d	挖淤泥	m³			
-e	挖岩盐	m³			
-f	挖冻土	m³			
204	填方路基				
204-1	路基填筑(包括填前压实)				
-a	利用土方	m³			
-b	利用石方	m³			

续上表

细目编号	项 目 名 称	单位	数量	单价	合价或金额
-c	利用土石混填	m³			
-d	借土填方	m³			
-e	粉煤灰及矿渣路堤	m³			
-f	吹填砂路堤	m³			
-g	EPS 路堤	m³			
-h	结构物台背回填	m³			
-i	锥坡及台前溜坡填土	m³			
…	…(略去 204-2 至 214 节)				
215	河道防护				
215-1	河床铺砌				
-a	浆砌片石铺砌	m³			
-b	混凝土铺砌	m³			
215-3	导流设施(护岸墙、顺坝、丁坝、调水坝、锥坡)				
-a	浆砌片石	m³			
-b	混凝土	m³			
-c	石笼	m³			
215-4	抛石防护	m³			
200 章小计(结转至第____页工程量清单汇总表)人民币 _____ 元					

表中工程数量是根据图纸中的工程量并按技术规范的规定处理后确定的,是一暂估数量,实际的工程量要通过计量的方式来确定。

3. 计日工明细表

计日工也称散工或点工。在工程实施过程中,可能有一些临时性的或新增加的项目,而且这种临时的新增项目的工程量在招投标阶段很难估计,因此业主希望通过招投标阶段事先定价,避免开工后可能出现的争端,故需要以计日工明细表的方式在工程量清单中予以明确。

计日工明细表由总则、计日工劳务、计日工材料、计日工施工机械等方面的内容组成,见表 1-5。

计 日 工 明 细 表　　　　　　　　　　　　　　　　表 1-5

合同段:　　　　　　　　　　　　　　　　　　　　　　　　　货币单位:人民币元

细目编号	项 目 名 称	单位	数量	单价	合价或金额
101	班长	h			
102	普通工	h			
103	焊工	h			
104	电工	h			
105	混凝土工	h			
106	木工	h			
107	钢筋工	h			
201	水泥	t			

续上表

细目编号	项目名称	单位	数量	单价	合价或金额
202	钢筋	t			
203	钢绞线	t			
204	沥青	t			
205	木材	m³			
206	砂	m³			
…	…				
301	装载机				
301-1	1.5m³以下	h			
…	…				
302	推土机				
…	…				
计日工小计(结转至第____页工程量清单汇总表)人民币_____元					

在编制计日工明细表时,需对每个表中的工作费用及应包含哪些内容以及如何计算做出说明和规定,如人工工时计算一般是从到达工作地点开始指定的工作算起,到回到出发地点为止的时间,但不包括用餐和工间休息时间。

有些计日工明细表中的单价规定不含管理费及利润,另行按一定费用计算。

为了限制投标者报价过高,在有的合同中又规定了"名义工作量",要求承包人按其填报计日工单价,按规定的"名义工作量"计算对计日工的报价,并将之计入评标时的报价中。由于计日工在施工中是否动用以及如何计量与动用的权力归监理,故有了"名义工作量"的工程量清单,一般会起到限制投标者漫天要价的作用。

4.工程量清单汇总表

工程量清单汇总表是将各章的工程细目表及计日工明细表进行汇总,再加上一定比例或数量(按招标文件规定)的暂定金额而得出该项目的总报价,该报价与投标书中填写的投标总价是一致的。其格式如表1-2所示。

二、工程量清单编写注意事项及案例

1.工程量清单编写注意事项

工程量清单包括的内容很多也很细,稍不留神,就有可能出错,给计量支付、合同管理带来麻烦,可能给承包人造成有的项目费用无处可摊,甚至给业主带来不可弥补的损失。因此,在编写时要注意以下几点:

(1)将开办项目作为独立的工程细目单列出来。开办项目往往是一些一开工就要发生或开工前就要发生的项目,如工程保险、担保、监理设施、承包人的驻地建设、测量放样、临时工程等。如果将这些项目的单价包含在其他项目的单价中,到项目开工时上述各种款项得不到及时支付,这不仅影响合同的公平性和承包人的资金周转,而且会增加招标中预付款的数量。

(2)合理划分工程项目。在工程细目划分时,要注意将不同等级要求的工程区分开;将同一性质但不属于同一部位的工程区分开;将情况不同,可能要进行不同报价的项目区分开。这一做法主要是为了强化工程投标中的竞争性,使投标人报价更加具体,针对不同情况可以采用不同的单价,便于降低造价。

(3)工程细目的划分要大小合适,把握好度。工程细目的划分可大可小,工程细目大,可减少计算工作量,但太大就难以发挥单价合同的优势,不便于工程变更的处理;另外,工程细目太大也会使支付周期延长,影响承包人的资金周转,最终影响合同的正常履行。例如,在桥梁工程中,若将基础回填工作的计价包含在基础挖方项目中,则承包人必须等到基础回填工作完成以后才能办理该项目的计量支付,支付周期可能要半年或更长的时间,直接影响承包人的资金周转,不利于合同的正常履行。但如果将基础开挖和基础回填分成两个工程细目,则可避免上述问题。

工程细目相对较小,虽会增加计算工作量,但对处理工程变更和合同管理是有利的。如路基挖方中弃方运距的处理,有两种方案:一是路基挖方单价中包含全部弃方运距;二是路基挖方中包括部分弃方运距(如100m),超过该运距的弃方运费单独计量与支付。如果弃土区明确而且施工中不出现变更的话,上述两种方案是一样的,而且前一方案还可减少计量工程量。但是,一旦弃土区变更或发生设计变更,弃土运距会发生变化,则前一方案的单价会变得不适应,双方须按变更工程协商确定新的单价,从而使投标合同单价失效。而采用后一种方案时,合同中的单价仍是适用的,原则上可按原单价办理结算。

可见,工程细目的划分不是绝对的,既要简单明了、高度概括,又不能漏掉项目和应计价的内容,要结合工程实际,具体问题具体对待,灵活掌握。

(4)工程量的计算整理要细致准确。计算和整理工程量要依据设计图纸和技术规范,它是项严谨的技术工作,绝不是简单地罗列设计文件中的工程量。要认真阅读技术规范中的计量和支付方法,仔细核查设计文件中工程量所对应计量方法与技术规范中的计量方法是否一致,如不一致,则需在整理工程量时进行技术处理。此外,在工程量的计算过程中,要做到不重不漏,更不能发生计算错误,否则,会带来一系列问题。

比如:工程量计算不准,投标人会利用机会进行不平衡报价,当实际工程量较多地大于清单工程量时,承包人可报较高的单价,这样对投标总价影响不大,但按实际工程量进行支付时,则该项目的费用会增加很多,业主很难控制工程总费用。而承包人不仅可以获取超额利润,还有权提出索赔。因为FIDIC合同条件第52条规定,当变更工程涉及工程金额超过合同总额的2%,且变更后的工程量与原清单工程量相差超过25%时,应调整原单价,承包人可以提出施工索赔。此外,还会增加合同管理尤其是费用监理的难度。

(5)计日工清单或专项暂定金额不可缺少

计日工清单是用来处理一些附加的或小型的变更工程计价用的,清单中计日工的数量完全是由业主虚拟的,用以避免承包人在投标时计日工的单价报得太离谱,有了计日工清单会使合同管理很方便。国内招标项目取消了计日工,但同样性质的专项暂定金也是不可缺少的。

(6)应与计量规则一致

工程量清单的编号、项目、单位等要求与计量规则中的计量支付相统一,从而保证整个合同的严密性和前后一致性。

2. 工程量清单编写案例

以下是国内工程某桥梁项目工程量清单的编写:某省拟修建一座预应力混凝土连续刚构大桥,桥跨组合为 $3 \times 30m + 60m + 2 \times 100m + 60m + 3 \times 30m$,桥梁全长505.5m,桥梁宽度为12.5m。其中,30m跨径为现浇预应力混凝土连续箱梁。基础为钻孔灌注桩,采用回旋钻机施工,连续刚构桥主墩(单墩)为每排3根共6根1.5m的桩,过渡墩(单墩)为每排2根共4根1.2m的桩,桥台及现浇箱梁段均为2根1.2m的桩,1.5m的桩平均设计桩长为63m,1.2m的桩平均设计桩长为28m。主墩承台尺寸为 $7.5m \times 11.5m \times 3m$。除连续刚构主墩为水中施工

(水深5m以内)外,其他均为干处施工。连续刚构上部构造采用悬臂浇筑法施工,最大块件的混凝土体积为50m³。混凝土均采用泵送施工,水上混凝土施工考虑搭便桥的方法,便桥费用不计入本工程造价中。连续刚构上部现浇段长度为10m,两岸过渡墩高度均为10m,两岸桥台的高度均为6m。

(1)其主要工程项目的工程量见表1-6。

主要工程项目工程量 表1-6

部位	标 号	工程项目名称	单位	各工程项目数量
基础	405-1	φ1.50m桩径钻孔深度		
	-a	砂、黏土	m	69
	-b	砂砾	m	871.4
	-c	软石	m	175.5
	-d	次坚石	m	26.9
	405-1	φ1.20m桩径钻孔深度		
	-a	砂黏土	m	66.8
	-b	砂砾	m	333.2
	-c	软石	m	160
	410-2	灌注桩混凝土	m³	2637.3
	403-1	灌注桩钢筋(Ⅰ/Ⅱ)	t	118.423
	410-1	承台封底混凝土	m³	341
	410-1	承台混凝土	m³	1376.3
	403-1	承台钢筋(Ⅰ/Ⅱ)	t	34.067
上部	410-3	悬浇100m连续刚构		
	-a	墩顶0号混凝土	m³	537
	-b	0号块钢筋	t	66.237
	-c	箱梁混凝土	m³	2621.4
	-d	箱梁钢筋	t	310.897
	410-3	现浇30m箱梁		
	-a	箱梁混凝土	m³	1176.8
	-b	箱梁钢筋	t	207.25
	411-5	钢绞线		
	-a	束长80m内19孔锚具束数	t/束	91.097/76
	-b	束长40m内19孔锚具束数	t/束	39.46/68
	-c	束长20m内3孔锚具束数(单锚)	t/束	14.64/338
	-d	束长20m内19孔锚具束数	t/束	11.184/40
	411-6	预应力粗钢筋(660根)	kg	25.76
	410-4	人行道混凝土预制块	m³	161
	403-3	人行道混凝土钢筋	t	12.411
	410-3	现浇搭板混凝土	m³	96.3
	403-3	现浇搭板钢筋(Ⅰ/Ⅱ)	t	5.204

(2)桥梁工程清单分解见表1-7。

桥梁工程清单分解　　　　　　　　表1-7

编　号	细目名称	单　位	数　量
403	钢筋		
403-1	基础钢筋	t	152.49
403-3	上部结构钢筋	t	589.588
405-1	钻孔灌注桩		
-a	桩径1.2m陆上钻孔灌注桩	m	560
-b	桩径1.5m陆上钻孔灌注桩	m	1134
410	结构混凝土		
410-1	基础混凝土	m^3	1717.3
410-3	现浇混凝土上部结构		
-a	箱梁混凝土	m^3	1176.8
410-6	现浇混凝土附属结构		
-a	桥头搭板混凝土	m^3	96.3
411	预应力混凝土结构		
411-5	后张法预应力钢绞线	t	156.381
411-6	后张法预应力粗钢筋	t	25.76
411-7	预应力混凝土连续刚构	m^3	3158.4

第二章 工程计量

工程计量是项目施工管理的关键环节,它的计算精度将直接关系到概算、预算实际执行情况,是投资控制的一种表现手段,是业主和承包人经济利益的核心问题,对加快承包人的资金周转、维护业主的最终利益都具有十分重要的意义。公路工程计量的主要依据为设计图纸及施工组织设计资料和《公路工程概算定额》《公路工程预算定额》对工程计量的各种规定等。本章将结合公路工程计量中经常遇到的问题,介绍公路工程各种工程量的计算方法、计量规则、计量支付台账编制及计量支付工作流程。

第一节 计量与支付概述

一、计量与支付的概念

1. 计量的概念

计量是按照《公路工程标准施工招标文件》(2018版)(以下简称《招标文件》)所规定的方法,对承包人所完成的符合要求的工程实际数量所进行的测量、计算、核查和确认的过程。计量是监理人的基本职责和基本权力,也是费用监理的基本环节。没有准确和合理的计量,就会破坏工程承包合同中的经济关系,影响承包合同的正常履行。

计量的任务是确定实际的工程数量。工程量有预估工程量和实际工程量之分。工程量清单的工程量仅是估算工程量,不能作为承包人应予完成的工程之实际和确切的工程量。这是因为工程量清单中的数量是在制订招标文件时,在图纸和规范的基础上估算出来的,与实际工程量相比存在或多或少的误差甚至计算错误。它只能作为投标报价的基础,而不能作为结算的依据。实际工程量的多少只有通过计量才能揭示和确定。按实际完成的工程量付款可以减少工程量的估计误差给双方带来的风险,增强造价结算结果的公平性,这正是单价合同的优点之一。

计量必须以净值为准。FIDIC 条款第 57 条明确规定,无论通常和当地的习惯如何(除非合同中另有规定),计量必须以净值为准。

计量必须准确、真实、合法和及时。"准确"指计量结果是正确地按照规定的计量方法和工程量计算原则而得出的,方法正确、结果准确无误,使已完工程的实际数量得到了确定,没有漏计和错计。"真实"指被计量的工程内容真实可靠,没有虚假的部分,即被计量的工程中没有质量不符合要求的,也没有重复计量,隐蔽工程的数量没有弄虚作假,工程量中没有虚报成分。"合法"指计量是按规定的程序合法进行的。因为计量结果是支付的直接基础和依据,直接关系业主和承包人双方的经济利益,监理组织机构会制定严格的计量管理程序和指定专人按分级管理的原则进行分工负责,明确谁负责现场计量、谁复核、谁审查、谁审定等各项工作。只有通过程序严格审查,产生的计量结果才是合法的。"及时"指计量必须按合同规定的时间进行,不得无故拖延。

2. 支付的概念

支付是指按合同规定对承包人的应付款项进行确认并办理付款手续的过程。支付是业主与承包人之间的一种货币收支活动,既是施工合同中经济关系全面实现的一个主要环节,也是监理人控制工程的根本手段和制约合同双方(业主与承包人)的有力杠杆。合理的支付是工程顺利进行的前提和条件。

在施工活动中,同时存在着资金运动和物质运动,只有当两种运动取得平衡时,施工活动才能顺利进行。随着工程的进展,资金通过支付而逐步由业主向承包人转移,即承包人先将所需的材料采购到工地,再组织劳动力和施工机械对这些分散的材料按设计图纸和技术规范进行加工,最后形成业主所需要的特定的结构物。支付就是保证两种运动达到平衡的基本环节。

如果支付发生问题,就会直接导致施工发生困难,直至施工合同无法履行。因此,只有通过合理而及时的支付,才能公平地实现业主与承包人之间的交易,确保双方的经济利益。

支付签认权是监理人三大权力(质量否决权、计量确认权和支付签认权)之一,是监理人控制工程的最后一个环节,是对承包人施工行为的最终评价,是监理工作的关键和核心。支付必须以合同为依据,以计量为基础,以质量为前提。只有符合合同规定的费用才能签认。对合同中规定不明确的,要依据合同精神,实事求是地去确认,如索赔金额、变更的估价等。支付金额的多少必须以准确的计量为基础。对质量不合格的工程量一律不能支付,并且还要承包人自费返工使其达到合格要求。

支付也同计量一样,必须做到准确、真实、合法和及时。

二、计量与支付的原则

计量与支付不仅直接涉及业主与承包人的经济利益,而且是监理人的重要权力和监理手段。在计量支付中遵守有关基本原则,是做好监理工作的有效保障。

1. 合同原则

无论是计量还是支付,在合同文件中都有明确规定。监理人在进行计量和支付时,必须全面理解合同条件、技术规范、设计图纸和工程量清单等合同文件的各组成部分。如技术规范的每一章每一节都有计量支付的规定,详细说明了各工程细目的内容及要求,对哪些内容不单独计量和支付,其价值如何分摊,都做了具体规定。工程量清单中的单价是承包人按招标文件的要求和合同条件的规定填报的,是支付的单价依据。因此,监理人必须严格遵守合同中的有关规定来进行计量与支付,使每一项工程的计量和支付都符合合同要求。

2. 公正性原则

监理人在计量与支付两个环节中拥有广泛的权力,承包人与业主的货币收支是否合理,取决于监理人签认的工程量和工程费用是否准确和真实。监理人只有保持公正的立场和恪守公正的原则,才能在计量与支付工作中正确地行使权力,准确地计量,实事求是地处理好业主与承包人之间的有关纠纷,合理地确定工程费用。如果心怀不正,监理人就无法正确地做出判断。特别是当施工过程中发生工程变更、工程索赔和各种特殊风险时,更是要求监理人公正而独立地做出判断和估价。因此,监理人在计量与支付中,必须认真负责,以实事求是的精神和客观公正的态度做好每一项工作,确保业主与承包人之间的交易公平。唯有公正,才能分清业主和承包人各自的权利和责任,才能准确地协调好双方之间的利益关系,才能保证计量与支付准确、真实和合法。

3. 时效性原则

计量与支付都具有严格的时间要求,时效性极强。计量不及时,会影响承包人的施工进度;支付不及时,直接产生合同纠纷。FIDIC条款分别在第56条和第60条中对计量与支付规定了严格的时间限制。因此,监理人一定要按时进行计量和支付。

4. 程序性原则

为了保证计量与支付准确、真实和合法,合同条款和各项目的监理组织都规定了严格的程序。这些程序规定了各项工程细目和各项工程费用进行计量与支付的条件、办法以及计算、复核、审批的环节,从合同上、组织上和技术上对计量与支付加以严格管理,以确保准确和公正。如计量必须以质量合格为前提,支付必须以计量为基础等。因此,计量与支付必须遵守程序,通过按程序办事来提高数据的准确性、真实性和合法性,以保证计量与支付准确、合理。

三、计量与支付的作用

计量与支付一方面是施工合同中的关键内容,是经济利益关系的集中体现,在施工活动中有着极为重要的作用;另一方面也是监理工作的关键和核心,为确保监理人的核心地位提供手段。

1. 调节合同中的经济利益关系,促使合同的全面履行

计量与支付是合同的重要内容,是合同中各类经济关系的全面反映,同时还揭示了施工活动的经济本质。通过计量与支付这两个经济杠杆,调节合同双方利益,制约承包人严格遵守合同,准确地按设计图纸和技术规范进行施工,促使业主履行其义务,及时向承包人支付,确保施工活动中资金运动与物质运动平衡地进行,使施工合同得到全面履行。

2. 确保监理人的核心地位

FIDIC条款的核心是在业主与承包人之间引入独立的第三方——监理人,由其对工程的质量、进度和费用进行全面控制。通过计量与支付来确保监理人的核心地位,对工程施工进行全面而有效的控制,对业主和承包人的合同行为进行有效调控。计量与支付为监理人开展监理工作提供最基本的手段。

监理人掌握了计量支付权,就抓住了"主要矛盾",掌握了控制施工活动和调控承包人施工行为的最有效手段,抓住了"指挥棒"。如果承包人的施工工艺不符合规范要求,监理人可要求其自费改正;如果所用材料不合格,监理人可以对材料拒收;如果工程质量不符合要求,监理人将不予计量和支付,并要求承包人返工使其达到要求;如果承包人不执行有关指令,则将受到处罚或驱逐。计量支付权使监理人可以有效地从经济上制约承包人,严格按合同要求办,确保工程的质量目标。同样,如果承包人进度过慢,监理人将让其支付拖期违约损失赔偿金和延误罚款;如果进度严重落后,监理人还可以提议驱逐承包人,这就有效地保证了监理人对工期的控制。

总之,计量与支付工作是控制工程造价的核心环节,是进行质量控制的主要手段,是进度控制的基础,是保证业主和承包人合法权益的重要途径。

四、计量与支付的基本程序

1. 计量程序

工程计量由承包人向监理人提出,并附有必要的中间交工验收资料或质量合格证明。监理人对工程的任何部分进行计量时,应按照通用条款第56条规定,事先通知承包人或承包人的代表。承包人或承包人的代表应立即委派合格人员前往协助监理人进行计量工作,还应提

供必要的人员、设备和交通工具。计量工作可以由监理人和承包人双方委派合格人员在现场进行,也可以采用记录和图纸在室内按计量规则进行计算,其结果都必须经监理人和承包人双方同意,签字认可。

如果承包人在收到监理人的计量通知后,不参加或未派人参加计量工作,根据通用条款第56条规定,由监理人派出人员单方面进行的工程计量,经监理人批准的应认为是正确的工程计量,可以用作支付的依据,承包人不可以对此种计量提出异议。

如果对永久工程采用记录和图纸的方式计量,监理人则应准备该项工程项目的图纸和记录。当承包人被通知要求参加此项计量时,应在通知发出14d内同监理人一同查阅和确认记录与图纸,并在双方取得同意时,在上面签字。如果承包人不参加或不委派人参加上述记录和图纸的审查与确认,则应认为这些记录和图纸是正确无误的,除非承包人在上述计量后14d内向监理人提出申辩,说明承包人认为上述记录和图纸有不正确之处,要求监理人予以决断。监理人在收到承包人的申辩后应进一步检查记录和图纸,或者维持原议或者进行修改,并将复议后的结果通知承包人。

2. 计量、支付的分工

在一个驻地监理机构中,一般配有项目工程师,如道路工程师、材料工程师、结构工程师、测量工程师、合同工程师、计量支付工程师等。

计量工程师专门负责计量与支付。为了控制本合同段的工程费用,计量工程师不仅应认真尽职地做好计量支付,承担起本合同段的计量与支付职责,而且应明确不同细目的计量支付控制目标,在工程费用预算和本段工程费用分析的基础上,找出计量支付的重点,并责任到人,将本段支付额较好地控制在合同价款的范围内。其应与驻地的所有监理人员互相协作,共同做好工作。

3. 计量、支付的管理

除了职责分工明确、目标具体落实外,监理人还应加强对计量、支付的管理工作。计量、支付工作十分重要,需要大量资料和表格,工作很烦琐,因此,监理人必须建立起行之有效的管理办法,建立计量与支付档案,不断改进管理工作。

对于整个项目来说,计量、支付职责必须落实到人,专人分管,并加强对整个项目的计量与支付管理。总监理工程师、总监代表、高级驻地监理等都应以计量、支付控制为指导思想,对计量、支付进行严格的管理;应建立计量支付的管理制度和各级人员的岗位责任制,并对计量支付工作进行定期检查和考核,对违反支付管理制度的人员给予处理;对工程费用的动态进行全面分析,及时发现问题,对各类工程费用进行专项分析,并在分析的基础上制定专门的管理办法,以保证支付工作顺利进行。一个大型项目的计量支付工作极其复杂和烦琐,没有严格的管理程序,势必造成混乱。计量支付工作的混乱将导致监理人无法进行有效的监理,总监理工程师及其高级代表必须对此工作足够重视。

计量支付是一项综合性极强的工作,必须在质量管理的基础上进行综合管理,涉及内容多,处理复杂,并且承包人在申请时要申报大量的报表和资料。另外,支付工作的计算和资料管理工作都很繁重。项目中应推行表格和报表的标准化管理,尽力争取用计算机来处理报表,以提高计量支付工作的准确性和工作效率。

4. 支付的基本步骤

支付工程费用一般经过如下三个步骤:

(1)承包人提出要求。支付工程费用一般由承包人通过监理人向业主提出付款申请,承包人在提交付款申请时要出具一系列的有效报表,以说明申请金额的准确性。其主要工作就是填好月报表或月结账单。

承包人的月报表应说明其在这个月应收取的金额,一般包括已完成的永久性工程的价值;承包人的设备、临时工程、计日工等款额;材料和待安装工程装置的发票价值的分期付款,价格调整的款项(含物价与法规变更),按合同规定他有权获得的其他任何金额(如索赔和延期付款利息)。月报表应严格按照监理人指定的格式填写。

以上各种款项,还应有一系列的附表以说明其价值。

(2)监理人审核与签认。审查工作应满足公平性、及时性、准确性的要求。就公平性而言,监理人一方面应通过审查剔除承包人付款申请中不符合合同规定的付款要求,并扣除承包人的违约金或其他损害赔偿,保护业主的合法权益不受损害;另一方面对承包人付款申请中符合合同规定的付款要求应及时予以确认并办理付款签证,以保护承包人的合法权益。就准确性而言,在审查过程中,监理人应注意承包人的付款申请中原始凭据是否齐全,是否有合同依据。比如,承包人申请的工程款中其完成的工程量是否有相应的计量证书;申请的计日工付款申请是否有监理人的计日工指示及确认资料;材料预付款申请是否符合合同规定,是否有监理人对到场材料的数量确认及相应的发票;变更工程的付款申请中是否有监理人的变更令及相应的完成工程量计量证书;其单价是否与工程量清单的单价相符等。另外,在审查过程中,监理人还应复核计算过程的准确性。为保证支付结果的准确性,项目中应坚持分级审批的监理制度,防止监理人滥用权力损害公平原则的事情发生。监理人在完成审查工作后及时签发付款证书。

监理人对承包人的月报表进行全面审核和计算,在逐项审核和计算的基础上签认应支付的工程费用,一般以支付证书的方式确认工程费用的数额。

(3)业主付款。业主收到监理人签认的支付证书后,按合同规定的时间支付费用给承包人。

第二节 计 量

一、计量组织类型

工程计量一般有三种组织类型,即监理人单独计量、承包人单独计量和监理人与承包人联合计量。这三种计量各有特点,但无论如何,计量都必须符合合同的要求,其结果必须由监理人确认。

1. 监理人独立计量

监理人独立计量时,可以由监理人完全控制被计量的部位,质量不合格的工程肯定不会被计量,也很少出现多计的情况,能够确保记录结果的准确性。但监理人的工作量较大,且容易引起承包人的异议而延误计量工作时间。

2. 承包人独立计量

这种方式可以减少监理人的工作量,让监理人有时间进行计量分析和计量管理。但由于承包人是自行计量,往往会出现多计和冒计的问题,有时计量细节和计量方法甚至算术计算也有差错,并且一些质量不合格的工程也可能被计量。因此,在这种情况下,监理人一定要认真细致地审查计量结果,并定期派人对承包人的测量工作进行检查,最好派有经验的计量人员经常检验及控制承包人的计量工作。即当由承包人独立计量时,监理人一定要对计量结果的准确性和测量方法及计算规则进行严格审查。

  3. 联合计量

  这种方式有利于消除双方的疑虑,当场解决分歧,减少争议,能较好地保证计量结果的公正性和准确性,简化程序,节约时间。因此,公路工程合同中较多地采用联合计量,即承包人和监理人共同进行计量工作。

二、计量管理

  1. 落实计量职责

  为使计量工作责任分明,监理机构中一般设有专门负责计量的工作班子,并在每个驻地办事机构中设一名专门的计量工程师。如京津塘项目的计量由驻地监理工程师办公室负责,高级驻地中心试验室有时配合就计量工作进行抽查。驻地计量工程师主要负责的是各细目的工程计量。在组织计量工作时,采用按专业分工,分别进行计量的办法,做到计量职责分明。具体工程内容的计量应落实到人,以免重复计量或漏计。如果职责不明,势必造成计量混乱。因此,计量工作一定要有专人负责,并且为了保证计量的准确性,还必须有负责检查、复核的人员以及最终签认的人员,使计量工作按规定的程序进行。

  例如,济青线的计量工作由市(地)监理处负责,省监理处审定。具体做法是,由驻地的各项目工程师对其分管项目进行计量,并签署"托付证书",由计量工程师审查"托付证书",核查其工程量是否准确;如有疑问,计量工程师有权要求项目工程师提供资料和有关情况说明,经计量工程师审查后再交驻地监理工程师,而中外驻地监理工程师则共同对本合同段的计量工作负全面责任。采用这样一些办法的目的就是明确计量职责,清除计量工作的混乱,保证计量工作的准确性。通过对计量工作的分工,使工程计量责任到人,并通过对计量的复核、审定等程序和制定计量人员的岗位责任制,对计量工作进行有效管理。

  2. 做好计量记录

  计量记录与档案是计量管理中的一项重要内容。对于公路工程这样大型的复杂项目,要进行多次计量,形成一系列的计量资料,只有在完善计量记录的基础上加强对计量档案的管理,才能使项目的计量工作顺利完成。

  为了便于合同管理,正确评价工程和查询交流计量工作,项目中必须加强工程计量(中间计量)档案管理。

  计量应根据合同的要求做好记录。符合要求的记录应能说明哪些已经计量,哪些尚未计量,哪些已经签发支付证书,哪些尚未签发证书。计量时监理人还应完成以下工作:

  (1)应有一套图纸(最好挂在墙上),用彩笔将所进行的工程的位置在图纸上标示出来,并在适当的位置做详细补充说明,如工程的开始、结束及几何尺寸等数据。这将有助于做好计量记录。

  (2)应有一套档案,包括计量证书的号码及所计量的数量。所有计量证书必须是承包人和监理人共同签署的,只有这样才能作为支付的凭证。

  (3)记录工程量清单中所列出的分类细目的数量与计量后数量的差异,及双方同意的任何进度支付证书应付的款额。

  (4)对计日工应记录在有号码的计量证书上,并由承包人代表及监理人代表共同签名。计日工应详细记录如下内容:

①记录已指令进行的这项计日工的估计数量和付款额已获同意,记录计日工已完成的数量及付款金额。

②如果计日工的时间超过一个月,应在暂时计量单上记账,并在计量证书上另立系列号码,这些记录应与累计账册一同归档;记录已同意的计日工单价、付款的金额、付款报表号码。

(5)工程变更应记录已下达的变更指令依据,已同意的单价和价格调整,增加费用的计量证书应另编系列号码,分开存档。

(6)对于现场存放的材料应每月计量记录一次,其计量表中应记录已发到现场的材料的种类和数量及这些材料的发票面值;已计量的数量应记录每一次报表中的预付金额及回收金额,材料计量证应另编系列号码,并应与发票及所有材料的累计账册一同归档。

3. 计量分析

为了做好计量的管理工作,除落实职责和加强记录与档案的管理外,工作中还应加强计量分析,一方面及时发现计量工作中的问题,另一方面及时掌握工程进度,为进度监理和费用支付提供基础。

为了便于计量的分析与管理,计量的表格应统一,做到标准化和规范化。监理人应设计好表格让承包人和具体从事计量的人员遵照填写,以便于采用计算机辅助计量和进行计量分析。

计量分析时,一方面应对照原工程量清单和设计图纸进行分析,将实际工程量与原设计工程量进行对比,发现偏差并分析偏差的原因;另一方面以计量的工程量为依据,计算出实际进度,将实际进度与批准的进度进行比较,发现进度偏差并找出原因,从而采取措施改进。

计量分析也应对计量的方法是否恰当、计量的结果是否准确以及是否有质量不合格的工程等进行分析,通过分析找出是否有多计、错计的部分。

除以上所述三项内容之外,计量管理还包括计量争端的协调与处理。计量是费用支付的直接基础,也是对承包人工作的一种基本评价,因此,在计量工作中难免发生争端与分歧,监理人必须协调各方,尽快解决争端。

三、计量依据

计量的依据一般有质量合格证书、工程量清单前言、合同条件中的"计量支付"条款、技术规范中有关计量支付的内容(或独立的计量支付说明)和设计图纸及各种测量数据,计量时必须以这些资料为依据。

1. 质量合格证书

计量的基本条件和前提是质量合格,质量不合格部分不予计量。因此,计量工程师进行计量时,一定要同质量工程师配合,只有通过了质量监理,被质量监理人签发了质量合格证书的工程内容,才能计量。

2. 工程量清单前言和技术规范

因为工程量清单前言和技术规范中的"计量支付"规定了清单中每一项工程的计量方法,同时还规定了按规定的计量方法确定的单价及包括的工作内容和范围。例如关于路面面层的计量,计量条款中规定:路面面层的计量单位为 m^2,该项目应按图纸上所示的该层顶面的平面面积计量,并包括图 2-1 所示该层断面内所有的材料及工作。

图 2-1 中,A 为面层顶面宽度,B 为底面宽度。根据上述规定,计量面层的数量时,只能以顶面宽 A 进行计算,以底面宽或以"$A+B$"的平均值计算都是不允许的。因为投标时,承包人根据规定,应当把该层断面内所有的材料及工作发生的费用,都包括在以顶面面积所确定的单价内。

3. 设计图纸

工程量清单的数量是该工程的估算工程量,但是被计量的工程数量,并不一定是承包人实际施工的数量,因为计量的几何尺寸应当以设计图纸为准。图 2-2 为就地灌注桩施工实测图。根据计量规定:对就地灌注桩的支付计量,应根据图纸所示,由监理人确定的从设计基础表面到下方桩端间的长度考虑。因此,图中实际施工的灌注桩的长度虽然为"$L_1 + L_2$",但是被计量支付的长度为 L_1。

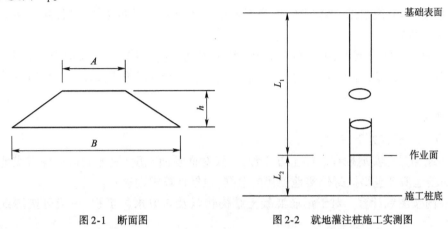

图 2-1　断面图　　　　图 2-2　就地灌注桩施工实测图

4. 测量数据

与计算有关的测量数据有:原始地面线高程的测量数据、土石分界线的测量数据、基础高程的测量数据、施工测量数据等。测量数据的准确性严重影响计量结果的准确性。

四、计量规则与方法

1. 计量内容

理论上,所有工程事项均应加以计量,以便获得完整的记录;实际上,工程中只是对所有需要支付的细目加以计量,这是计量工作范围的最低要求。这些细目在技术规范第 100 章至第 700 章中"计量与支付"条款及工程量清单的"前言"中明确规定了计量方法与付款内容。除了对已完成的工程细目进行计量和记录外,监理人最好对那些涉及付款的工程细目在施工中发生的一切问题进行详尽记录,以便在发生索赔时有据可查。

因此,计量工作的范围有最高与最低要求,具体达到什么样的要求,由具体工程项目的内容及施工情况而定。

公路工程计量的范围一般是技术规范和工程量清单所包含的内容,包括:为监理人提供必要的办公、生活服务和交通运输设施,土方工程,排水及小型构筑物工程,路基工程,路面工程,桥梁工程,通信监控系统,收费系统,民用房建工程和附属工程等。

2. 计量时间

根据合同规定,监理人应及时对已经完成且质量合格的工程细目进行计量,并且对一切进行中的工程,均需每月粗略计量一次,到该部分工程完工后,再根据规范的条款进行精细的计量。每月进行计量是以便掌握工程进度情况及核定月进度款(即期中支付证书),为此,监理人一般需填制"中间计量单"。

对于隐蔽工程,则须在工程覆盖之前进行计量,在覆盖后再进行计量将使工作更复杂和更困难。

3. 计量单位与计量精度

计量单位分两类,一类是物理计量单位,另一类是自然计量单位。物理计量单位以公制计量,自然计量单位通常采用十进位自然数计算。

对于物理计量单位,长度常用米、延米、千米、公里,面积常用平方米、万平方米、公顷,体积常用立方米、万立方米,质量常用克、千克、吨;自然计量单位,常用个、片、座、株,时间单位常用日、星期、月、年等。

对于精度,为方便起见,小数点须四舍五入至小数点后恰当的位数,并且应对不同的细目分别做出统一规定。

虽然这是一个简单问题,但实际工作中,常常出现计量名称、符号及取位错误和不规范。同时,还应该注意的是,各细目的计量单位必须与工程量清单中所用单位一致,所有计量都以净值为准。

4. 计量方式

计量方式一般有如下三种:

(1)实地测量与实地勘查。如土方工程,一般对横断面宽度、挖方的边长等需实地测量和勘查;又如场地清理也需按野外实地测得的数据,根据计算规则进行计算。

(2)室内按图纸计算。对于钢筋混凝土结构物以及多数永久工程,一般可按图纸计算工程量。

(3)根据现场记录。如计日工必须按现场记录来计算,灌注桩抽芯应按取芯时的钻探记录计算,打桩工程按施工记录计算等。

一般情况下,工程量的计算由承包人负责,工程量审核由监理人负责。通常,一个工程项目的计量往往是三种方式综合运用。不论采用何种方式,其结果都须经监理人和承包人双方同意,共同签字。有争议时可协商解决,协商解决不了的仍由监理人决定。

5. 计量规则和计量方法

计量规则和计量方法主要在技术规范的有关内容和工程量清单的"前言"中明确给予规定。在进行计量时必须遵守其要求,并且在不同的合同中,这些计量规则和计量方法会有差别(即使对同一工程内容)。因此,计量时必须严格按合同计量细则的规定进行计量,不能习惯使用某种计量方法,也不能按别的计量细则。

例如,同是压实土方的工程,京津塘高速公路计量细则规定,填方料的体积是以测量的地面高程为标准的设计断面的净体积;而济青公路计量细则中规定,其体积以测量的地面高程与标准设计断面加上监理人指定宽度的体积;在《招标文件》的计量细则中规定,应以承包人施工测量并经监理人校核批准的横断面地面线为基础,按图纸中的典型横断面所绘制的由监理人审核批准的横断面施工图为依据进行计算。

由此可知,不同的合同均有各自的计量规定与要求,这些要求在技术规范每一节的计量与支付和工程量清单的"前言"中已经给出,计量时必须认真地遵照执行。计量统一的规定如下:

(1)所采用的测量方法,是计算工程量清单的统一依据,既适用于在建工程,也适用于该工程竣工测量。

(2)工程量清单不仅包括合同规定的所有必须完成的工作项目,还包括该项目工作所必需的一切有关费用(如人工、材料、机械、附属工程、管理费、利润、税收等)。计量和支付是紧密结合在一起的。

(3)对所采用的测量方法,如用于特殊地段、特殊部位的工程项目时,应根据具体情况制定补充规定。

（4）工程量清单的细目，均需逐项进行较详细的说明。这些说明应以设计文件图纸为依据，并与合同文件中的施工技术规范相呼应。

（5）计算的工程量，不论采用什么方法，其计算结果都应该是净尺寸工程量。计算结果不包括施工中必然发生的允许的"合理超量"。超量价值应包括在净量单价内。

（6）以长和宽计量的项目，应注明其断面尺寸、形状、周长或周长范围及其他适当的说明。管道工程应注明其内径或外径尺寸。

（7）以面积计量的项目，应注明厚度或其他的说明。

（8）以质量计量的项目，应注明材料的规格或其他适当的说明。

（9）对于专利产品，应尽量适合制造厂价目表或习惯的计量方法，可不受本原则的限制。

（10）工程量清单中的项目说明，要以其他文件或图纸为依据，在这种情况下，应理解为该资料是符合本计算原则的。

应该注意的是：监理人除了对工程量清单的各个细目进行计量外，还应对所有有关支付的其他事务进行计量。如计日工使用的具体数量、各种工程意外事件以及工程变更后的工程量等，均应加以计量，以便进行支付。这些内容主要采取记录计量方式。

第三节　工程量清单计量规则说明

工程量是以物理计量单位或自然计量单位所表示的建筑安装工程各个分项工程或结构件的实物数量。工程量计算是根据施工图、预算定额划分的项目及工程量计算规则，列出分部分项工程名称和工程量计算式，然后计算出其结果的过程。工程量清单中工程量的计算是确定工程造价的关键内容，是施工阶段计量支付工作的基础。其计算内容既包含设计图纸中道路、桥涵等工程实物，又包括设计图纸和工程量清单所提供的工程量以外的施工组织设计中发生的合理工程量。《招标文件》中工程量清单的计量包括两部分：一是现行《招标文件》中的"计量与支付"规则；二是根据公路建设项目的实际情况，以《招标文件》中技术规范为基础补充修改的"项目专用技术规范"中的计量与支付规则。实际工作中应将两者结合起来理解和使用。

一、一般要求

（1）本计量规则各章节是按第七章"技术规范"的相应章节编号的，因此，各章节工程子目的工程量计算规则应与"技术规范"相应章节的施工规范结合起来理解、解释和应用。

（2）本规则所有工程项目，除个别注明者外，均采用我国法定的计量单位，即国际单位及国际单位制导出的辅助单位进行计量。

（3）本规则的计量与支付，应与合同条款、工程量清单以及图纸同时阅读，工程量清单中的支付项目号和本规则的章节编号是一致的。

（4）任何工程项目的计量，均应按本规则规定或监理人书面指示进行。

（5）按合同提供的材料数量和完成的工程数量所采用的测量与计算方法，应符合本规则规定。所有这些方法，应经监理人批准或指示。承包人应提供一切计量设备和条件，并保证其设备精度符合要求。

（6）除非监理人另有准许，否则一切计量工作都应在监理人在场情况下，由承包人测量、记录。有承包人签名的计量记录原本,应提交给监理人审查和保存。

(7)工程量应由承包人计算,由监理人审核。工程量计算的副本应提交给监理人并由监理人保存。

(8)除合同特殊约定单独计量之外,全部必需的模板、脚手架、装备、机具、螺栓、垫圈和钢制件等其他材料,应包括在工程量清单中所列的有关支付项目中,均不单独计量。

(9)除监理人另有批准外,凡超过图纸所示的面积或体积,都不予计量与支付。

(10)承包人应严格标准计量基础工作和材料采购检验工作。沥青混凝土、沥青碎石、水泥混凝土、高强度等级水泥砂浆的施工现场必须使用电子计量设备称重。因不符合计量规定引发质量问题,所发生的费用由承包人承担。

(11)第104节"承包人驻地建设"与第105节"施工标准化"属选择性工程子目,由发包人根据工程项目管理实际情况选择使用或同时使用。

二、质量

(1)凡以质量计量或以质量作为配合比设计的材料,都应在精确与批准的磅秤上,由称职合格的人员在监理人指定或批准的地点进行称重。

(2)称重计量时应满足以下条件:监理人在场;称重记录;载明包装材料、支撑装置、垫块、捆束物等质量的说明书在称重前提交给监理人作为依据。

(3)钢筋、钢板或型钢计量时,应按图纸或其他资料标示的尺寸和净长计算。搭接、接头套筒、焊接材料、下脚料和固定、定位架立钢筋等,则不予另行计量。钢筋、钢板或型钢应以千克计量,四舍五入,不计小数。由于钢筋、钢板或型钢理论单位质量与实际单位质量的差异而引起材料质量与数量不相匹配的情况,计量时不予考虑。

(4)金属材料的质量不得包括施工需要加放或使用的灰浆、楔块、填缝料、垫衬物、油料、接缝料、焊条、涂敷料等质量。

(5)承运按质量计量的材料的货车,应每天在监理人指定的时间和地点称出空车质量,每辆货车还应标示清晰易辨的标记。

(6)对有规定标准的项目,例如钢筋、金属线、钢板、型钢、管材等,均有规定的规格、质量、截面尺寸等指标,这类指标应视为通常的质量或尺寸;除非引用规范中的允许偏差值加以控制,否则可用制造商的允许偏差。

三、面积

除非另有规定,否则计算面积时,其长、宽应按图纸所示尺寸线或按监理人指示计量。对于面积在 $1m^2$ 以下的固定物(如检查井等)不予扣除。

四、结构物

(1)结构物应按图纸所示净尺寸线,或根据监理人指示修改的尺寸线计量。

(2)水泥混凝土的计量应按监理人认可的并已完工工程的净尺寸计算,钢筋的体积不扣除,倒角不超过 $0.15m \times 0.15m$ 时不扣除,体积不超过 $0.03m^3$ 的开孔及开口不扣除,面积不超过 $0.15m \times 0.15m$ 填角部分也不增加。

(3)所有以米计量的结构物(如管涵等),除非图纸另有表示,否则应按平行于该结构物位置的基面或基础的中心方向计量。

五、土方

（1）土方体积可采用平均断面积法计算，但与似棱体公式（prismoidal formula）计算结果比较，如果误差超过±5%，监理人可指示采用似棱体公式。

（2）各种不同类别的挖方与填方计量，应以图纸所示界线为限，而且应在批准的横断面图上标明。

（3）用于填方的土方量，应按压实后的纵断面高程和路床面为准来计量。承包人报价时，应考虑在挖方或运输过程中引起的体积差。

（4）在现场钉桩后56d内，承包人应将设计和进场复测的土方横断面图连同土方的面积与体积计算表一并提交监理人批准。所有横断面图都应标有图题框，其大小由监理人指定。一旦横断面图得到最后批准，承包人应交给监理人原版图及三份复制图。

六、运输车辆体积

（1）用体积计量的材料，应以经监理人批准的车辆装运，并在运到地点进行计量。

（2）用于体积运输的车辆，其车厢的形状和尺寸应使其容量能够容易而准确地测定并应保证精确度。每辆车都应有明显标记。每车所运材料的体积应于事前由监理人与承包人相互达成书面协议。

（3）所有车辆都应装载成水平容积高度，车辆到达送货点时，监理人可以要求将其装载物重新整平，对超过定量运送的材料将不支付。运量达不到定量的车辆，应被拒绝或按监理人确定减少的体积接收。根据监理人的指示，承包人应在货物交付点，随机将一车材料刮平，在刮平后如发现货车运送的材料少于定量时，从前一车起所有运到的材料的计量都按同样比率减为目前的车载量。

七、质量与体积换算

（1）如承包人提出要求并得到监理人的书面批准，已规定要用立方米计量的材料可以称重，并将此质量换算为立方米计量。

（2）将质量计量换算为体积计量的换算系数应由监理人确定，并应在此种计量方法使用之前征得承包人的同意。

八、沥青和水泥

（1）沥青和水泥应以千克（kg）为单位计量。

（2）如用货车或其他运输工具装运沥青材料，可以按经过检定的质量或体积计算沥青材料的数量，但要对漏失量或泡沫进行校正。

（3）水泥可以以袋作为计量的单位，但一袋的标准应为50kg。散装水泥应称重计量。

九、成套的结构单元

如规定的计量单位是一成套的结构物或结构单元（实际上就是按"总额"或称"一次支付"计的工程子目），该单元应包括所有必需的设备、配件和附属物及相关作业。

十、标准制品项目

（1）如规定采用标准制品（如护栏、钢丝、钢板、轧制型材、管子等），而这类项目又是以标准规格(单位重、截面尺寸等)标识的,则这种标识可以作为计量的标准。

(2)除非所采用标准制品的允许误差比规范的允许误差要求更严格,否则,生产厂确立的制造允许误差不予认可。

第四节 支 付

一、支付种类

支付可以分为很多种,不同种类的支付有不同的规定及不同的程序与支付办法。

1. 按时间分类

支付按时间可分为预先支付(即预付)、期中支付、交工结算、最终结算4种。

(1)预付。预付款包括开工预付款和材料预付款,是由业主提供给承包人的无息款项,按一定条件支付并扣回。

(2)期中支付。就是我们所熟悉的进度款,按月支付,即按本月完成的工程价值及其他有关款项进行综合支付,由监理人开出期中支付证书来实施。

(3)交工结算。交工验收、证书签发42d内,监理人签发交工证书后办理的支付工作。

(4)最终结算。即在缺陷责任期终止证书签发后办理的最后一次支付工作。

2. 按支付内容分类

按支付内容可分为工程量清单内的付款和工程量清单外的付款,即清单支付和附加支付。

工程量清单内的支付就是按合同条件和技术规范,监理人通过计量,确认已完工程量,然后按已确认的工程数量与报价单中的单价,估算和支付工程量清单中各项工程费用,简称清单支付。工程量清单之外的支付就是监理人按合同条件的规定,根据工程实际情况和现场证实资料,确认清单以外的各项工程费用,如索赔费用、工程变更费用、价格调整等,简称附加支付。

清单支付在支付款额中占比最大,也是主要支付,并且合同中规定比较明确。而附加支付占的比重较小,但却是支付中最难办的事。因为合同中对此没法做出准确估计和详细规定,只是在合同条件中作了原则性规定,它们的发生主要取决于两方面的情况,一方面是工程施工过程中本身遇到的客观意外和工程管理中遇到的问题,另一方面则涉及社会因素,如法规变更、物价涨落和地方干扰等。因此,附加支付是否合理和准确,取决于监理人对合同条件是否正确理解以及是否及时地掌握了现场实际情况。

3. 按工程内容分类

按工程内容分为土方工程、路基工程、路面工程、桥涵工程、隧道工程、安全设施及预埋管线、绿化及环境保护设施等。

4. 按合同执行情况分类

根据合同执行是否顺利,监理人要进行正常支付和合同终止的支付两类。正常支付,就是业主与承包人双方共同遵守合同,使合同规定内容顺利完成。合同终止的支付是指由于合同无法继续执行,可能是承包人违约,受到业主驱逐,还可能是由于特殊风险使合同中止,由这几种情况导致的合同终止均应由监理人进行支付计算。

二、支付的一般规定

1. 支付时间

监理人在收到承包人进度付款申请单以及相应的支持性证明文件后的14d内完成核查,

提出发包人到期应支付给承包人的金额以及相应的支持性材料，经发包人审查同意后，由监理人向承包人出具经发包人签认的进度付款证书。监理人有权扣发承包人未能按照合同要求履行任何工作或义务的相应金额。发包人应在监理人收到进度付款申请单后的 28d 内，将进度应付款支付给承包人。发包人不按期支付的，按专用合同条款的约定支付逾期付款违约金。

监理人出具进度付款证书，不应视为监理人已同意、批准或接受了承包人完成的该部分工作。

进度付款涉及政府投资资金的，按照国库集中支付等国家相关规定和专用合同条款的约定办理。

2. 工程进度付款的修正

在对以往历次已签发的进度付款证书进行汇总和复核中发现错漏或重复的，监理人有权予以修正，承包人也有权提出修正申请。经双方复核同意的修正，应在本次进度付款中支付或扣除。

3. 支付范围

所有到期并符合合同要求的工作内容均应计价支付。

4. 支付方法

根据各种工程费用的特点和支付要求分项、分类计算，汇总后扣减承包人对业主的支付。清单中的内容，应按各工程细目的支付项目分项计算；各类附加支付则应分类计算，汇总各分项和各类金额。

5. 支付货币

工程费用中人民币与外汇的比例应按"补充资料表"所定的百分比确定。需要说明的是，补充资料表对工程费用支付有较大的参考价值，它不仅规定了外汇需求量，而且还有支付计划表、价格调整指数表等，这些资料直接关系到费用支付。因此，监理人进行费用支付时，应参照补充资料表中的有关内容。

6. 支付依据

支付依据必须准确可靠。进行工程费用支付时，需要大量的凭证和依据，这些依据直接确定了支付费用的数额。监理人在支付时，必须取得和分析这些数据，并对其可靠性进行评价判断。所支付的工程费用必须能够被这些凭证确切地说明，这些依据或凭证一方面在数量上必须准确，另一方面在程序上必须完备。数量上准确是不言而喻的，计量证书中的工程量必须按计量的要求和程序确认，价格调整采用的价格指数必须准确等。程序上的完备包括监理工作的管理程序和财务制度及合同方面所规定的程序，即通过这些程序确保凭证的合法性。

三、清单中的支付项目

1. 开办项目的支付

开办项目的计量支付规定在技术规范中有明确说明，在办理支付时，应先落实开办项目的完成情况，然后按技术规范中的规定办理支付。

2. 合同永久工程的支付

其工程量应按技术规范中的计量方法进行计量，并有监理人签认的计量证书；其单价应按工程量清单中的相应单价来确定支付金额。

四、预付款的支付

1. 预付款

预付款用于承包人为合同工程施工购置材料、工程设备、施工设备、修建临时设施以及组织施工队伍进场等。预付款的额度和预付办法在专用合同条款中约定。预付款必须专用于合同工程。

开工预付款的金额在项目专用条款数据表中约定。在承包人签订了合同协议书并提交了开工预付款保函后，监理人应在当期进度付款证书中向承包人支付开工预付款70%的价款；在承包人承诺的主要设备进场后，再支付剩余的30%。

承包人不得将该预付款用于与本工程无关的支出，监理人有权监督承包人对该项费用的使用，如经查实承包人滥用开工预付款，发包人有权立即通过向银行发出通知收回开工预付款保函的方式，将该款收回。

材料、设备预付款按项目专用合同条款数据表中所列主要材料、设备单据费用（进口的材料、设备为到岸价，国内采购的为出厂价或销售价，地方材料为堆场价）的百分比支付。其预付条件为：①材料、设备符合规范要求并经监理人认可；②承包人已出具材料、设备费用凭证或支付单据；③材料、设备已在现场交货，且存储良好，监理人认为材料、设备的存储方法符合要求。监理人应将此项金额作为材料、设备预付款计入下一次的进度付款证书中。在预计竣工前3个月，将不再支付材料、设备预付款。

2. 预付款保函

除项目专用合同条款另有约定外，承包人应在收到开工预付款前向发包人提交开工预付款保函，开工预付款保函的担保金额应与开工预付款金额相同。出具保函的银行须与出具履约保函的银行要求相同，所需费用由承包人承担。

承包人应保证其履约担保在发包人颁发工程接收证书前一直有效。发包人应在工程接收证书颁发后28d内把履约担保退还给承包人。

银行保函的正本由发包人保存，该保函在发包人将开工预付款全部扣回之前一直有效，担保金额可根据开工预付款扣回的金额相应递减。

3. 预付款的扣回与还清

开工预付款在进度付款证书的累计金额未达到签约合同价的30%之前不予扣回，在达到签约合同价30%之后，开始按工程进度以固定比例（即每完成签约合同价的1%，扣回开工预付款的2%）分期从各月的进度付款证书中扣回，全部金额在进度付款证书的累计金额达到签约合同价的80%时扣完。当材料、设备已用于或安装在永久工程之中时，材料、设备预付款应从进度付款证书中扣回，扣回期不超过3个月。已经支付材料、设备预付款的材料、设备的所有权应属于发包人。

五、工程进度付款的支付

1. 付款周期

付款周期同计量周期。

2. 工程进度付款申请单

承包人应在每个付款周期末，按监理人批准的格式和专用合同条款约定的份数，向监理人提交进度付款申请单，并附相应的支持性证明文件。除专用合同条款另有约定外，进度付款申请单应包括下列内容：

(1)截至本次付款周期末已实施工程的价款；

(2)根据第15条应增加和扣减的变更金额；

(3)根据第23条应增加和扣减的索赔金额；

（4）根据第17.2款约定应支付的预付款和扣减的返还预付款；

（5）根据第17.4.1项约定应扣减的质量保证金；

（6）根据合同应增加和扣减的其他金额。

3. 工程进度付款证书和支付时间

（1）监理人在收到承包人进度付款申请单以及相应的支持性证明文件后的14d内完成核查，提出发包人到期应支付给承包人的金额以及相应的支持性材料，经发包人审查同意后，由监理人向承包人出具经发包人签认的进度付款证书。监理人有权扣发承包人未能按照合同要求履行任何工作或义务的相应金额。如果该付款周期应结算的价款经扣留和扣回后的款额少于项目专用合同条款数据表中列明的进度付款证书的最低金额，则该付款周期监理人可不核证支付，上述款额将按付款周期结转，直至累计应支付的款额达到项目专用合同条款数据表中列明的进度付款证书的最低金额为止。

（2）发包人应在监理人收到进度付款申请单后的28d内，将进度应付款支付给承包人。

（3）监理人出具进度付款证书，不应视为监理人已同意、批准或接受了承包人完成的该部分工作。

（4）进度付款涉及政府投资资金的，按照国库集中支付等国家相关规定和专用合同条款的约定办理。

4. 工程进度付款的修正

在对以往历次已签发的进度付款证书进行汇总和复核中发现错漏或重复的，监理人有权予以修正，承包人也有权提出修正申请。经双方复核同意的修正，应在本次进度付款中支付或扣除。

六、质量保证金的支付

监理人应从第一个付款周期开始，在发包人的进度付款中，按项目专用合同条款数据表规定的百分比扣留质量保证金，直至扣留的质量保证金总额达到项目专用合同条款数据表规定的限额为止。质量保证金的计算额度不包括预付款的支付以及扣回的金额。

在专用合同条款约定的缺陷责任期满时，承包人向发包人申请到期应返还承包人剩余的质量保证金金额，发包人应在14d内会同承包人按照合同约定的内容核实承包人是否完成缺陷责任。如无异议，发包人应当在核实后将剩余保证金返还承包人。

在专用合同条款约定的缺陷责任期满时，承包人没有完成缺陷责任的，发包人有权扣留与未履行责任剩余工作所需金额相应的质量保证金余额，并有权根据缺陷责任期延长的约定要求延长缺陷责任期，直至完成剩余工作为止。由于承包人原因造成某项缺陷或损坏使某项工程或工程设备不能按原定目标使用而需要再次检查、检验和修复的，发包人有权要求承包人相应延长缺陷责任期，但缺陷责任期最长不超过2年。

七、交工结算

1. 交工付款申请单

承包人向监理人提交交工付款申请单（包括相关证明材料）的份数在项目专用合同条款数据表中有约定，期限为交工验收证书签发后42d内。监理人对交工付款申请单有异议的，有权要求承包人进行修正和提供补充资料。经监理人和承包人协商后，由承包人向监理人提交修正后的交工付款申请单。

2.交工付款证书及支付时间

监理人在收到承包人提交的交工付款申请单后的 14d 内完成核查,提出发包人到期应支付给承包人的价款送发包人审核并抄送承包人。发包人应在收到后 14d 内审核完毕,由监理人向承包人出具经发包人签认的交工付款证书。监理人未在约定时间内完成核查,又未提出具体意见的,视为承包人提交的交工付款申请单已经获监理人核查同意;发包人未在约定时间内审核又未提出具体意见的,监理人提出发包人到期应支付给承包人的价款视为已经获发包人同意。

发包人应在监理人出具交工付款证书后的 14d 内,将应支付款支付给承包人。发包人不按期支付的,将按专用合同条款的约定,支付逾期付款违约金给承包人。

承包人对发包人签认的交工付款证书有异议的,发包人可出具交工付款申请单中承包人已同意部分的临时付款证书。存在争议的部分,按照标准施工招标文件通用条款中约定的争议解决方式办理。

交工付款涉及政府投资资金的,按照国库集中支付等国家相关规定和专用合同条款的约定办理。

八、最终结清

1.最终结清申请单

承包人向监理人提交最终结清申请单(包括相关证明材料)的份数在项目专用合同条款数据表中有约定。期限为缺陷责任期终止证书签发后 28d 内。最终结清申请单中的总金额应认为是根据合同规定应付给承包人的全部款项的最后结算。

发包人对最终结清申请单内容有异议的,有权要求承包人进行修正和提供补充资料,由承包人向监理人提交修正后的最终结清申请单。

2.最终结清证书和支付时间

监理人应在收到承包人提交的最终结清申请单后的 14d 内,提出发包人应支付给承包人的价款,送发包人审核并抄送承包人。发包人应在收到后 14d 内审核完毕,由监理人向承包人出具经发包人签认的最终结清证书。监理人未在约定时间内核查,又未提出具体意见的,视为承包人提交的最终结清申请单已经获监理人核查同意;发包人未在约定时间内审核又未提出具体意见的,监理人提出应支付给承包人的价款视为已经获发包人同意。

发包人应在监理人出具最终结清证书后的 14d 内,将应支付款支付给承包人。发包人不按期支付的,按专用合同条款的约定,支付逾期付款违约金给承包人。

承包人对发包人签认的最终结清证书有异议的,按照标准施工招标文件通用条款中约定的争议的解决方式办理。

最终结清付款涉及政府投资资金的,按照国库集中支付等国家相关规定和专用合同条款的约定办理。

九、其他支付

1.索赔费用

其赔偿费用的支付额应按监理人签发的索赔审批书来确认或按监理人暂时确定的赔偿额来支付。

2. 计日工费用

计日工的数量应有监理人的指示及确认,计日工的单价按工程量清单中计日工的单价来办理。

3. 变更工程费用

变更工程应有监理人签发的书面变更令。变更工程的单价按变更工程单价确定原则来处理。完成的变更工程数量应有监理人签认的变更工程计量证书。

4. 价格调整费用

价格调整费用的确定方法除专用合同条款另有约定外,因物价波动引起的价格调整按照《招标文件》中通用合同条款约定处理。

5. 逾期竣工违约金

由于承包人原因造成工期延误,承包人应支付逾期竣工违约金。逾期竣工违约金的计算方法在项目专用合同条款数据表中有约定,时间自预定的竣工日期起到工程接收证书中写明的实际竣工日期止(扣除已批准的延长工期),按天计算。逾期竣工违约金累计金额最高不超过签约合同价的10%。发包人可以从应付或到期应付给承包人的任何款项中或采用其他方法扣除此违约金。

承包人支付逾期竣工违约金,不免除承包人完成工程及修补缺陷的义务。

如果在合同工程完工之前,已对合同工程内按时完工的单位工程签发了工程接收证书,则合同工程的逾期竣工违约金,应按已签发工程接收证书的单位工程的价值占合同工程价值的比例予以减少,但本规定不应影响逾期竣工违约金的规定限额。

6. 提前竣工奖金

发包人不得随意要求承包人提前交工,承包人也不得随意提出提前交工的建议。如遇特殊情况,确需将工期提前的,发包人和承包人必须采取有效措施,确保工程质量。

如果承包人提前交工,发包人支付奖金的计算方法在项目专用合同条款数据表中有约定,时间自交工验收证书中写明的实际交工日期起至预定的交工日期止,按天计算。但奖金最高限额不超过项目专用合同条款数据表中写明的限额。

7. 逾期付款违约金

发包人应在监理人收到进度付款申请单后的28d内,将进度应付款支付给承包人,如不按期支付的,发包人按项目专用条款数据表中约定的利率向承包人支付逾期付款违约金。违约金计算基数为发包人的全部未付款额,时间从应付而未付该款额之日算起(不计复利)。

十、合同解除后的估价、付款和结清

合同解除后,监理人按《招标文件》通用条款,商定或确定承包人实际完成工作的价值,以及承包人已提供的材料、施工设备、工程设备和临时工程等的价值;发包人应暂停对承包人的一切付款,查清各项付款和已扣款金额,包括承包人应支付的违约金。承包人为该工程施工订购并已付款的材料、工程设备和其他物品的金额,发包人付款后,该材料、工程设备和其他物品归发包人所有。

合同解除后,发包人应按《招标文件》通用条款中约定的发包人的索赔条款,向承包人索赔由于解除合同给发包人造成的损失。

合同双方确认上述往来款项后,出具最终结清付款证书,结清全部合同款项。发包人和承包人未能就解除合同后的结清达成一致而形成争议的,按《招标文件》通用条款中争议的解决约定办理。

第五节 工程计量支付台账的编制

工程计量台账是按合同条款的有关规定,对承包人已完成的质量合格的工程数量进行测量与统计,对施工图纸载明的设计数量实施准确的统计管理。工程计量台账是投资控制最基本的数据来源,也是计量支付的根本依据。因此,准确而具体表明工程实体是其最重要的因素,同时为了便于操作和管理,台账结构还应简单合理,便于计算机进行系统管理。

一、工程台账的概述

工程计量支付台账是将施工设计图纸和工程量清单,依据特定的编码规则,将招标项目工程的单位、分部、分项工程进行统一编码,并以能独立计量支付的细目来表现项目构成的数据结构。通俗地说,工程计量支付台账就是参照《公路工程质量检验评定标准》(JTG F80/1—2017)和国家公路基础数据库,将单位、分部、分项工程拆分为一个个能独立计量支付的最小计量单元,并按照特定的项目编码规则给其一个唯一的识别编码,并将其与工程量清单对应的数据表格(图2-3、表2-1)。

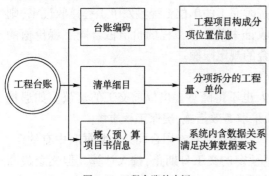

图2-3 工程台账的内涵

随着高速公路建设的飞速发展,项目管理日益规范化、科学化。为了提高工作效率,加强对工程投资控制的管理,结合计算机信息技术的广泛应用,公路工程台账管理系统针对公路建设办公中存在的信息不畅、效率低下、操作不规范等一系列问题,采用信息化手段,运用新一代造价管理与控制理念,为公路建设项目信息化管理提供了强有力的网络化、电子化支持。

工程台账的引入、编码及其应用,以其直观、形象的业务流程,简单、快捷的操作方法,全面、强大的查询统计,方便、可靠的支付管理,安全、稳定的运行模式,使计量支付工作变得准确、快捷、高效、安全,为工程施工的顺利进行打下了坚实的基础。

工程台账与工程量清单的关系   表2-1

1	2	3	4	5	6	7	8	9	10	11	12	13
台账编码	起桩号	止桩号	清单代号	细目名称	单位	申报数量	审核数量	申报单价	审核单价	申报金额	审核金额	图号
TJ01J01F02LZ01H022	K2+495	K2+562	208-1-a	播种草籽	m²	807.00	908.00	5.45	5.45	4398	4398	S3-2-29
TJ01J01F02LZ01H022	K2+495	K2+562	208-2-b	浆砌骨架护坡	m³	204.00	207.00	304.21	304.21	62059	62059	S3-2-29
TJ01J01F02LZ01H022	K2+495	K2+562	208-3-b	预制块骨架护坡	m³	20.00	20.00	682.93	682.93	13659	13659	S3-2-29

注:1. 第1列台账编码:按照统一的项目编码规则赋予唯一的识别编码。

2. 第4、5列是与工程量清单的清单细目对应。

3. 第7~12列是形成修正后的工程量清单,经批准的修正后的工程量清单将作为投资控制的依据之一。

工程计量台账是按合同条款的有关规定,对工程量清单更进一步量化细分,对承包人已完成的质量合格的工程数量进行测量与统计,对施工图纸载明的设计数量实施准确的统计管理。工程计量台账也是投资控制的最基本的数据来源,是计量支付的根本依据。

参照《公路工程质量检验评定标准》(JTG F80/1—2017)的工程划分,将业务控制中的文件与具体工程部位对应,方便与竣工文件资料进行有效对应,减少了文件整理的工作量,通过工程实例,分析了工程计量支付台账编码组成原则,利用编码形成的工程树将系统与管理流程关联,通过协调组织好管理衔接及流程转换,将管理控制过程化。

二、工程计量台账的内涵

在一个公路项目建设过程中,设计变更随时发生,计量支付分期进行,项目管理者如何及时掌握整个项目或某个标段的建安工程费用已经支付了多少,尚余多少工程费,如何知道实际要发生的建安工程费和概算的对比,如何知道某个桥梁、某个隧道、某个互通或其中分部分项工程费是多少,怎样保证在计量过程中不超计、不漏计……在项目建设过程中,管理者和建设者都需要通过各种各样的统计报表,实时掌握投资、进度、质量情况,这都可以通过工程计量支付台账来实现。

形象地说,工程项目就是一个集体,最小计量单元就是集体的某一个人,编码就是其身份证,管理过程中可以按照不同的需求,根据身份证中包含的信息分清每个人及其所在单位部门。对工程项目管理而言,可以根据台账编码中的信息,按照质量控制(包含试验、检验、测量、评定等过程)、费用控制(包括投资执行情况分析、计量支付、工程决算和养护阶段质量和费用控制等需要)、进度控制和安全管理及其他相关的要求(如征地拆迁管理、材料管理等),通过计算机和软件设定筛选、查询条件,统计汇总各种数据,给管理者提供动态更新的图表数据,并根据设定的管理程序进行信息化、自动化管理,实现项目全周期的费用控制。

三、工程台账的作用

1. 项目信息化管理集大成的核心技术

对公路建设项目进行信息化管理,工程计量支付台账是最基础的数据,合理科学的编码系统可以把系统中其他子系统有机联结在一起,改变过去各系统单独运行的不兼容性。将所有图纸、资料和数据输入计算机之后,可以将项目数字化,通过计算机系统把数字组合还原成项目的基本情况。放到生产线之后,所有流程和项目都可以用电脑集成控制,这样工程就可以做到百分之百地可控。信息化管理能够提高项目管理效率,节省工期,减少工程成本;能够精简管理机构,降低管理成本;能够利用网络技术实现远程控制,有利于管理者及时动态地掌握项目进展情况;能够改变传统管理模式,减少文山会海,实现无纸化办公,达到项目的精细化管理;可以增强行业的资讯交流,为实现横向联合提供了可能。

2. 确定投资控制依据的需要

工程项目在招投标工作完成以后,合同文件工程量清单数量可能与实际数量不符,原因有以下三方面:

(1)施工图纸在细部数量计算过程和汇总计算过程中出现错误。
(2)编制工程量清单计算其工程数量时出现错误。
(3)由于合同文件技术规范对计量支付解释不清或工作范围界定模糊造成偏差。

工程计量台账在编制过程中,由于要求对施工图纸和工程量清单进行分解,对以上原因导致的数量错误能够进行修正,并进一步完善技术规范,对计量支付解释不清或工作范围界定模糊的条款进行完善,避免重复计量。形成修正后的工程量清单,经批准后将作为投资控制的依据之一。

3. 计量支付管理的需要

计量支付台账经编审后由业主、监理人、承包人三方认可,并报请主管部门批准后作为计量支付工程数量的控制上限,只有经审批的变更工程发生才能调整其计量支付数量,其超计量预警功能使项目管理过程中不可能出现早计量、超计量和重复计量。计量支付台账是项目建设过程中计量支付工作的基础,所有建安工程费用的发生都将围绕其进行。科学的编码工作,使其成为计算机信息化管理的基础数据库,结合信息化管理系统的计量支付软件和变更管理软件,使项目的计量支付工作始终能严格精确控制、适时动态更新、远程快捷操作、高效率低消耗地运行。

4. 投资(概算)执行情况分析的需要

计量支付台账对单位工程、分部、分项工程和最小计量单元的划分结合了《公路工程建设项目概算预算编制办法》(JTG 3830—2018)项目表中对"项、目、节"的划分,并将其与工程量清单的工程细目进行了对应,解决了传统工程造价管理中概算项目与清单细目无法对应的问题。通过编码中所包含的信息,可以任意组合成分部、分项工程,项目管理过程中能随时按批复概算项目划分方式从台账基础数据库中导出概算模式的实际执行情况,能及时向主管部门报送有关报表,也便于项目管理者对投资(概算)执行情况进行及时掌控。

5. 工程决算和工程竣工文件编制前瞻性需要

由于计量支付台账的编制解决了概算项目与清单细目无法对应的问题,其同时也就解决了工程竣工决算的许多问题,可以不要像传统工作方法那样,工程竣工后又抽出大量的人力、物力对工程建设过程中的计量支付和变更进行逐一整理,一个个地去按概算批复的项目设置方式还原。现在可以从台账数据库中导出数据,完成工程竣工决算的编制工作。由于台账编制编码规则是参照《公路工程质量检验评定标准》(JTG F80/1—2017)对单位、分部、分项工程的划分制定的,那么计量支付资料的整理就符合了质量检验评定标准的要求,有机地将计量支付资料的附件和竣工文件资料结合起来,减少了竣工文件整理过程中很大一部分工作量。

6. 工程审计的需要

按审计办法要求,政府投资或者融资为主的基础建设项目和公共设施,主要是使用财政性资金、各项政府专项资金(基金)、政府统一借贷资金及国有独资(控股)公司投入资金等进行的公共工程的项目都要求进行工程竣工审计。目前,高速公路基本建设主要是属此范围,高速公路竣工决算审计发现的问题主要集中在工程数量的认定和对技术规范的理解以及认识的统一。工程计量支付台账的编制很好地解决了合同工程量清单数量的固定问题,同时由于在台账编制审查过程中,承包人、监理人、业主合约部技术人员全部参与,对技术规范计量支付办法有了更好的理解,并对其中概念模糊的内容进行了完善,在项目管理过程中避免了很多在审计中发现的问题,能更好地保证国家基本建设资金的合理使用。

7. 工程决算后形成全寿命周期基础数据库的需要

工程项目计量支付完成后,形成最终的台账,系统利用台账编码,依据"竣工工程汇总表"和"竣工决算文件及基础数据用表"以及计量支付相关附件资料,对项目的数字化信息进行系统管理,是养护运营阶段资料查询和养护工程台账延续的关键纽带。

8.项目管理过程中其他控制和管理的需要

通过最小计量单元的划分和台账编码,将项目管理过程中的所有控制和管理都与工程计量支付台账关联起来,质量控制、进度控制等都建立在此数据库的基础上,利用最小计量支付单元的唯一编码,各个管理环节的数据就可以实现互通。项目实施过程中的试验、检验、测量、评定和进度图表、安全管理及其他相关的如征地拆迁管理、材料管理等都可以通过定制管理流程来设定指令,在这个"沟通无障碍"的交换平台上统一管理。

四、工程计量支付台账编制规则

公路工程计量支付台账可作为全寿命周期基础数据库的一个应用,因此,编制台账即是建立一套基础数据库。如果要求广大工程技术人员根据数据库的要求按字段节点输入相应数据是非常困难的,我们可以把这套数据库简化成一套树形结构的编码,从而能更直观地编制工程台账。树形结构图可参考表2-2。

树形结构图表   表2-2

第一分类工程	第二分类工程	第三分类工程	第四分类工程	台账编号
Z01 总则	L01 施工准备及临时费用（K112+023~K221+239）	V01Q	L001 临时道路修建、养护与拆除	T03ZZ01L01V01QL001
			Y001 临时工程用地	T03ZZ01L01V01QY001
			D001 临时供电设施	T03LZ01L01V01QD001
			X001 电信设施提供、维修与拆除	T03LZ01L01V01QX001
	Z01 其他支付（K112+023~K221+239）	V01Q	Z001 承包人驻地建设	T03ZZ01Z01V01QZ001
			Y001 建设工程一切险	T03ZZ01Z01V01QY001
			S001 第三方责任险	T03ZZ01Z01V01QS001
			L001 工程管理软件	T03ZZ01Z01V01QL001
			J001 竣工文件	T03ZZ01L01V01QJ001
			H001 施工环保费	T03ZZ01L01V01QH001
			A001 安全生产费	T03ZZ01L01V01QA001

台账的编码组成和规则(编制办法)应结合分部、分项工程划分的原则,先确定单位工程编码,再确定所包含的分部工程编码,最后确定分项工程编码,形成一个逻辑关系明确的树形编码系统。根据工程实际需要,可能还需要增加子分部、子分项工程,但总的原则是一致的。

编制办法应结合项目实际情况,力求简单、直观、实用,并便于编制,因此台账编码可由英文字母和阿拉伯数字组成,用来表示具体的单位、分部、分项工程。为了便于工程管理及数据库的分类汇总,台账编码可由两部分组成,即合同信息编码和分项工程编码。分项工程编码一般按四级分类,如图2-4所示。

1	2	3	4	5	6	7	8	9	10	11	12	13	14	15	16
T	O	0	3	J	0	1	X	0	3	J	0	1	Z	0	4

土建3标B类合同　　　路基工程　　　第3座小桥　　　1号墩　　　第4根桩基

图2-4　工程计量支付台账编码组成

编码组成确定好后,就要确定编制规则。编制规则是对编码组成的细化说明。为了方便台账编制者查找相应分部、分项工程代码,编制办法还应提供完整的编码一览表及示例。例如,根据某项目工程计量支付台账编制办法,该项目将台账编码长度定为16位(表2-3)。

台账编码编制规则　　　　　　　　　　　　　　表2-3

组成	合同信息编码				分项工程编码											
意义	合同段性质		合同段序号		第一分类			第二分类			第三分类			第四分类		
序号	1	2	3	4	5	6	7	8	9	10	11	12	13	14	15	16
编码	T	O	0	3	J	0	1	X	0	3	J	0	1	Z	0	4

各位编码信息及取值说明如下：

1. 合同信息编码(第1~4位)

(1)第1位表示工程性质。"T"表示土建工程，"M"表示路面工程，"L"表示环保工程，"J"表示交通安全设施工程，"D"表示通信、监控及收费工程，"F"表示房建工程。

(2)第2位表示合同段性质，以"O"表示。

(3)第3、4位表示合同段序号，取值01、02、03等。

2. 分项工程编码(第5~16位)

分项工程编码由四个分类组成，表示3种逻辑关系，分别对应(子)单位、(子)分部、(子)分项工程。逻辑关系如表2-4所示。

分项工程逻辑关系　　　　　　　　　　　　　　表2-4

逻辑关系	第一分类	第二分类	第三分类	第四分类	适用范围
1	单位工程	分部工程	分项工程	子分项工程	①路基工程：小桥、人行天桥、渡槽；②路面工程；③互通交叉工程；④环保工程
2	单位工程	分部工程	分项工程	子分项工程	①路基工程：路基土石方工程，排水工程，通道、涵洞，砌筑防护，大型(组合式)挡土墙；②交通安全设施
3	单位工程	分部工程	分项工程	子分项工程	①桥梁工程；②隧道工程

(1)第一分类：第5位为第一分类号(英文字母)；第6、7位为该分类号下的序号，取值01、02、03等。

(2)第二分类：第8位为第二分类号(英文字母)；第9、10位为该分类号下的序号，取值01、02、03等。

(3)第三分类：第11位为第三分类号(英文字母)；第12、13位为该分类号下的序号，取值01、02、03等。

(4)第四分类：第14位为第四分类号(英文字母)；第15、16位为该分类号下的序号，取值01、02、03等。

各分类序号的划分应遵循分部、分项工程划分原则，如桥梁工程可按每座桥划分一个单位工程，基础、下部、上部、桥面系划分为一个或多个分部工程，再依次划分分项工程。

以某高速公路07合同段(TO07)第2座大桥第6孔预制混凝土空心板为例，其工程台账编码如图2-5所示。

以某高速公路1合同段第1座桥梁(中桥，上部结构为空心板)1号墩左幅1号桩基、2号墩右幅1号墩柱、6号台左幅1号盖梁为例，其台账编码如表2-5~表2-7所示。

1号墩左幅1号桩基　　　　　　　　　　　　　　表2-5

序号	1	2	3	4	5	6	7	8	9	10	11	12	13	14	15	16
编码	T	O	0	1	Q	0	1	J	0	1	B	0	1	Z	0	1

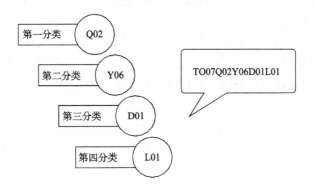

图 2-5 第 2 座大桥第 6 孔预制混凝土空心板编码树示意

2 号墩右幅 1 号墩柱　　　　　　　　　　　　　　　　　　表 2-6

序号	1	2	3	4	5	6	7	8	9	10	11	12	13	14	15	16
编码	T	O	0	1	Q	0	1	X	0	2	B	0	1	D	0	1

6 号台左幅 1 号盖梁　　　　　　　　　　　　　　　　　　表 2-7

序号	1	2	3	4	5	6	7	8	9	10	11	12	13	14	15	16
编码	T	O	0	1	Q	0	1	X	0	6	B	0	1	M	0	1

五、台账在项目信息化管理中的应用

公路工程建设项目一般以合同段为单位进行管理。一个合同段一般有一个或多个单位工程，一个单位工程有多个分部工程，一个分部工程有多个分项工程。分项工程是工程划分的最小单位，而工程计量支付台账在项目信息化管理应用中应与工程划分的最小单位对应，以实现台账支撑项目管理的各个业务环节。

从项目信息化管理角度来说，公路工程建设指挥部首先需要统一台账编码的规范，于总体开工前对施工单位提交的分项、分部、单位工程的划分予以审核、批准。分项、分部、单位工程的划分是加强工程统一管理的措施，经监理批准的科学、合理、详尽的工程划分能在工程管理过程中显出各分项工程之间的有机关系，为合理组织施工提供指导；同时，工程划分也是参建各方在分项、分部工程开工的申请和批准、分项工程的质量控制、验收、评定和中间交工以及分部、单位工程的质量评定和工程的计量支付等施工全过程管理的依据，该数据同时也为营运、养护期的数据查询提供统一规范的数据接口。

项目管理与控制的核心是投资控制、质量控制、进度控制。通过对工程台账和其相关联的业务数据的分析，可以形成项目批复概算、预算、施工合同、工程完成、决算信息的统计和汇总，贯穿公路项目建设管理全寿命、全过程。交通主管部门、项目建设单位可通过数据服务接口，掌握项目建设完成造价情况的统计信息，并为养护和运营期提供标准的信息接口，方便交通主管部门和业主对项目进行全过程的监控，实现项目的实时概预算执行情况对比，以及对各类单位、分部、分项工程的精细化监控。

利用工程台账对公路工程进行全寿命周期信息化管理，可以实现以下几方面目标：

(1) 能按项目或者按单项工程对上述过程中所发生的造价费用进行有效的归纳、分析。

(2) 能在项目执行的不同阶段(时间点),根据过程中实际发生的费用,有效地反应项目造价实际情况,以便投资人及时决策。

(3) 能对不同层面、不同时间点的项目预算执行情况、清单计量情况、工程台账执行情况、工程变更情况进行有效归纳、分析,并反映到台账审核、计量、支付、工程变更、决算等具体的项目管理行为上去,为测算各项经济技术指标、核算分部分项工程成本、分析定额基础数据提供重要依据。

(4) 项目最后竣工决算后,经审计认定的最终台账,可形成该项目的基础数据库,便于将来运营养护阶段资料查询,以及养护工程台账的延续,形成全寿命周期基础数据库。

第三章　计算工程量

第一节　常用工程结构实物工程量计算公式

工程结构物一般具有较规则的几何形体,或者可以将其划分为简单的几何形体组成的实体,通过计算几何图形的面积、体积来确定该实体结构的工程数量。

一、常用工程结构面积计算公式

1. 三角形平面图形面积计算公式(表3-1)

三角形平面图形面积　　　　　表3-1

图形		面积(A)	符号	重心(G)
三角形		$A = \dfrac{bh}{2} = \dfrac{1}{2}ab\sin\alpha$ $l = \dfrac{a+b+c}{2}$	h——高; l——1/2 周长; $a、b、c$——对应角 $A、B、C$ 的边长; α——$AB、AC$ 所夹内角	$GD = \dfrac{1}{3}BD$ $CD = DA$
直角三角形		$A = \dfrac{ab}{2}$ $c = \sqrt{a^2 + b^2}$ $a = \sqrt{c^2 - b^2}$ $b = \sqrt{c^2 - a^2}$	$a、b$——两直角边长; c——斜边	$GD = \dfrac{1}{3}BD$ $CD = DA$
锐角三角形		$A = \dfrac{bh}{2}$ $= \dfrac{b}{2}\sqrt{a^2 - \left(\dfrac{a^2+b^2-c^2}{2b}\right)^2}$ 设 $s = \dfrac{1}{2}(a+b+c)$ 则 $A = \sqrt{s(s-a)(s-b)(s-c)}$	$a、b、c$——边长; h——高	$GD = \dfrac{1}{3}BD$ $AD = DC$
钝角三角形		$A = \dfrac{bh}{2}$ $= \dfrac{b}{2}\sqrt{a^2 - \left(\dfrac{c^2-a^2-b^2}{2b}\right)^2}$ 设 $s = \dfrac{1}{2}(a+b+c)$ 则 $A = \sqrt{s(s-a)(s-b)(s-c)}$	$a、b、c$——边长; h——高	$GD = \dfrac{1}{3}BD$ $AD = DC$

续上表

图 形	面积(A)	符 号	重心(G)
等边三角形	$A = \frac{\sqrt{3}}{4}a^2 = 0.433a^2$	a——边长	三角平分线的交点
等腰三角形	$A = \frac{1}{2}ah_a$	a——底边； b——两腰； h_a——a边上高	$GD = \frac{1}{3}h_a$ ($BD = DC$)

2. 四边形平面图形面积计算公式(表3-2)

四边形平面图形面积　　　　表3-2

图 形	面积(A)	符 号	重心(G)
正方形	$A = a^2$ $a = \sqrt{A} = 0.707d$ $d = 1.414a = 1.414\sqrt{A}$	a——边长； d——对角线	在对角线交点上
长方形	$A = ab$ $d = \sqrt{a^2 + b^2}$	a——短边； b——长边； d——对角线	在对角线交点上
平行四边形	$A = bh = ab\sin\alpha$ $= \dfrac{\overline{AC} \cdot \overline{BD}}{2}\sin\beta$	a、b——邻边； h——对边间的距离； α——AB、AD 所夹内角； β——两对角线夹角	在对角线交点上
梯形	$A = \dfrac{a+b}{2}h$	$CE = AB$； $AF = CD$； $a = CD$（上底边）； $b = AB$（下底边）； h——高	$HC = \dfrac{h}{3} \cdot \dfrac{a+2b}{a+b}$ $KG = \dfrac{h}{3} \cdot \dfrac{2a+b}{a+b}$
任意四边形	$A = \dfrac{1}{2}d_1 d_2 \sin\varphi = \dfrac{1}{2}d_2(h_2 + h_2)$ $= \sqrt{(p-a)(p-b)(p-c)(p-d) - abcd\cos\varphi}$ $p = \dfrac{1}{2}(a+b+c+d)$ $\varphi = \dfrac{1}{2}(\angle A + \angle C)$ 或 $\varphi = \dfrac{1}{2}(\angle B + \angle D)$	a、b、c、d——四边长； d_1、d_2——两对角线； φ——两对角线夹角	

3. 内接多边形平面面积计算公式(表3-3)

内接多边形平面面积　　　　　　　　　　　　　　表3-3

图　形		面积(A)	重心(G)
正五边形		$A = 2.3777R^2 = 3.6327r^2$ $a = 1.1756R$	在内接圆的圆心处
正六边形		$A \dfrac{3\sqrt{3}a^2}{2} = 2.5981a^2 = 2.5981R^2 = 2\sqrt{3}r^2 = 3.4641r^2$ $R = a = 1.155r$ $r = 0.866a = 0.866R$	在内接圆的圆心处
正七边形		$A = 2.7365R^2 = 3.3714r^2$	在内接圆的圆心处
正八边形		$A = 4.828a^2 = 2.828R^2 = 3.314r^2$ $R = 1.307a = 1.082r$ $r = 1.207a = 0.924R$ $a = 0.765R = 0.828r$	在内接圆的圆心处
正多边形		$\beta = 180° - (360° \div n)$ $a = 2\sqrt{R^2 - r^2}$ $A = \dfrac{nar}{2} = \dfrac{na}{2}\sqrt{R^2 - \dfrac{a^2}{4}}$ $R = \sqrt{r^2 + \dfrac{a^2}{4}}, r = \sqrt{R^2 - \dfrac{a^2}{4}}$	在内接圆的圆心处

注:表中符号 A 表示面积;α、β 表示角度;a、b 表示边长;R 表示外接圆半径;n 表示边数;r 表示内切圆半径。

4. 圆形、椭圆形平面面积计算公式(表3-4)

圆形、椭圆形平面面积　　　　　　　　　　　　　　表3-4

图　形		面积(A)	符　号	重心(G)
圆形		$A = \pi r^2 = \dfrac{1}{4}\pi d^2$ $= 0.785d^2 = 0.07958p^2$ $p = \pi d$	r——半径; d——直径; p——圆周长	在圆心上
椭圆形		$A = \dfrac{\pi}{4}ab$	$a、b$——主轴	在主轴交点 G 上

续上表

图形		面积(A)	符 号	重心(G)
扇形		$A=\dfrac{1}{2}rl=\dfrac{\alpha}{360}\pi r^2$ $l=\dfrac{\alpha\pi}{180}r$	r——半径; l——弧长; α——弧的对应中心角; b——弦长	$GO=\dfrac{2}{3}\cdot\dfrac{rb}{l}$ 当 $\alpha=90°$ 时, $GO=\dfrac{4}{3}\cdot\dfrac{\sqrt{2}}{\pi}r\approx 0.6r$
弓形		$A=\dfrac{1}{2}r^2\left(\dfrac{\alpha\pi}{180}-\sin\alpha\right)$ $=\dfrac{1}{2}[r(l-b)+bh]$ $l=r\alpha\dfrac{\pi}{180}=0.0175r\alpha$ $h=r-\sqrt{r^2-\dfrac{1}{4}\alpha^2}$	r——半径; l——弧长; α——中心角; b——弦长; h——高	$GO=\dfrac{1}{12}\cdot\dfrac{b^2}{A}$ 当 $\alpha=180°$ 时, $GO=\dfrac{4r}{3\pi}=0.4244r$
圆环		$A=\pi(R^2-r^2)$ $=\dfrac{\pi}{4}(D^2-d^2)$ $=\pi R_{pj}t$	R——外半径; r——内半径; D——外直径; d——内直径; t——环宽; R_{pj}——平均直径	在圆心 O 处
部分圆环		$A=\dfrac{\alpha\pi}{360}(R^2-r^2)=\dfrac{\alpha\pi}{360}R_{pj}t$	R——外半径; r——内半径; t——环宽; R_{pj}——圆环平均半径	$GO=38.2\dfrac{R^3-r^3}{R^2-r^2}\cdot$ $\dfrac{\sin\dfrac{\alpha}{2}}{\dfrac{\alpha}{2}}$
抛物线形		$l=\sqrt{b^2+1.3333h^2}$ $A=\dfrac{2}{3}bh=\dfrac{4}{3}S$	l——曲线长; b——底边; h——高; S——ABC 的面积	

二、实物工程结构体积和表面积计算公式

实物工程结构的体积和表面积计算公式,如表 3-5 所示。

多面体的体积和表面积　　　　表 3-5

图形		体积(V)、底面积(F)、 表面积(S)、侧表面积(S_1)	符 号	重心(G)
立方体		$V=a^3$ $S=6a^2$ $S_1=4a^2$	a——棱; d——对角线长	在对角线交点上

续上表

图 形		体积(V)、底面积(F)、表面积(S)、侧表面积(S_1)	符 号	重心(G)
长方体(棱柱)		$V = a \cdot b \cdot c$ $S = 2(ab + ah + bh)$ $S_1 = 2h(a + b)$ $d = \sqrt{a^2 + b^2 + h^2}$	a、b、h——边长； O——底面对角线交点	$GO = \dfrac{h}{2}$
三棱柱		$V = F \cdot h$ $S = (a + b + c) \cdot h + 2F$ $S_1 = 2h(a + b + c)$	a、b、c——边长； h——高； O——底面对角线交点	$GO = \dfrac{h}{2}$
棱锥		$V = \dfrac{1}{3}F \cdot h$ $S = nf + F$ $S_1 = nf$	f——一个组合三角形的面积； n——组合三角形个数	$GO = \dfrac{3h}{4}$
正六角柱		$V = \dfrac{3\sqrt{3}}{2}a^2 h = 2.5981 a^2 h$ $S = 3\sqrt{3}a^2 + 6ah = 5.1962 a^2 + 6ah$ $S_1 = 6ah$ $d = \sqrt{h^2 + 4a^2}$	a——底边长； h——高； d——对角线	$GQ = \dfrac{h}{2}$ (P、Q 分别为上下底重心)
棱台		$V = \dfrac{1}{3}h(F_1 + F_2 + \sqrt{F_1 F_2})$ $S = an + F_1 + F_2$ $S_1 = an$	F_1、F_2——两平行底面的面积； h——底面间的距离； a——一个组合梯形面积； n——组合梯形个数	$GQ = \dfrac{h}{4} \cdot$ $\dfrac{F_1 + 2\sqrt{F_1 F_2} + 3F_2}{F_1 + \sqrt{F_1 F_2} + \sqrt{F_2}}$
圆柱体		$V = \pi r^2 h$ $S = 2\pi r(r + h)$ $S_1 = 2\pi rh$	r——底面半径； h——高	$GQ = \dfrac{h}{2}$ (P、Q 分别为上下底圆心)
空心圆柱体(管)		$V = \pi h(R^2 - r^2) = 2\pi \bar{R} t h$ $S = M + 2\pi(R^2 - r^2)$ $S_1 = 2\pi h(R + r) = 4\pi h \bar{R}$	R——外半径； r——内半径； $\bar{R}$——平均半径； t——管壁厚度； h——高	$GQ = \dfrac{h}{2}$

续上表

图　形	体积(V)、底面积(F)、表面积(S)、侧表面积(S_1)	符　号	重心(G)
斜截直圆柱	$V=\pi r^2 \dfrac{h_1+h_2}{2}$ $S=\pi r(h_1+h_2)+\pi r^2\left(1+\dfrac{1}{\cos\alpha}\right)$ $S_1=\pi r(h_1+h_2)$	h_1——最小高度； h_2——最大高度； r——底面半径	$GQ=\dfrac{h_1+h_2}{4}+$ $\dfrac{r^2\tan^2\alpha}{4(h_1+h_2)}$ $GK=\dfrac{r^2\tan^2\alpha}{2(h_1+h_2)}$
圆锥体	$V=\dfrac{1}{3}\pi r^2 h$ $S_1=\pi r\sqrt{r^2+h^2}=\pi r l$ $l=\sqrt{r^2+h^2}$ $S=S_1+\pi r^2$	r——底面半径； h——高； l——母线长	$GO=\dfrac{h}{4}$
圆台	$V=\dfrac{\pi h}{3}(R^2+r^2+Rr)$ $S=\pi l(R+r)$ $l=\sqrt{(R-r)^2+h^2}$ $S=S_1+\pi(R^2+r^2)$	R、r——底面半径； h——高； l——母线长	$GQ=\dfrac{h(R^2+2Rr+3r^2)}{4(R^2+Rr+r^2)}$ （P，Q 分别为上、下底圆心）
球	$V=\dfrac{4}{3}\pi r^3=\dfrac{\pi d^3}{6}=0.5236d^3$ $S=4\pi r^2=\pi d^2$	r——半径； d——直径	在球心上
球扇形（球楔）	$V=\dfrac{2}{3}\pi r^2 h\approx 2.0944 r^2 h$ $S=\pi r(2h+a)$ 侧表面（锥面部分）： $S_1=\pi a r$	r——球半径； a——弓形底圆半径； h——拱高； α——锥角（弧度）	$GO=\dfrac{3}{8}(2r-h)$
球冠（球缺）	$V=\dfrac{\pi h}{6}(3a^2+h^2)=\dfrac{\pi h^2}{3}(3r-h)$ $S=\pi(2rh+a^2)=\pi(h^2+2a^2)$ 侧面积（锥面部分）： $S_1=2\pi rh=\pi(a^2+h^2)$	r——球半径； a——拱底圆半径； h——拱高	$GO=\dfrac{3(2r-h)^2}{4(3r-h)}$
圆环体	$V=2\pi^2 Rr^2=\dfrac{1}{4}\pi^2 Dd^2$ $S=4\pi^2 Rr=\pi^2 Dd=39.478 Rr$	R——圆环体平均半径； D——圆环体平均直径； d——圆环体截面直径； r——圆环体截面半径	在环中心上

续上表

图　形	体积(V)、底面积(F)、表面积(S)、侧表面积(S_1)	符　号	重心(G)
球带体	$V = \dfrac{\pi h}{6}(3r_1^2 + 3r_2^2 + h^2)$ $S_1 = 2\pi Rh$ $S = 2\pi Rh + \pi(r_1^2 + r_2^2)$	R——球半径； r_1、r_2——底面半径； h——腰高； h_1——球心 O 至带底圆心 O_1 的距离	$GO = h_1 + \dfrac{h}{2}$
桶形	对于抛物线形桶板： $V = \dfrac{\pi l}{15}\left(2D^2 + Dd + \dfrac{3}{4}d^2\right)$ 对于圆形桶板： $V = \dfrac{\pi}{12}(2D^2 + d^2)$	D——中间断面直径； d——底直径； l——桶高	在轴交点上
椭球体	$V = \dfrac{4}{3}abc\pi$ $S = 2\sqrt{2}\,b\,\sqrt{a^2 + b^2}$	a、b、c——半轴	在轴交点上
交叉圆柱体	$V = \pi r^2\left(l + l_1 - \dfrac{2r}{3}\right)$	r——圆柱半径； l_1、l——圆柱长	在两轴线交点上
截头方锥体	$V = \dfrac{h}{6}[ab + (a + a')(b + b') + a'b']$ $a_1 = \dfrac{a'b - ab'}{b - b'}$	a'、b'、a、b——上下底边长； h——高； a_1——截头棱长	$GQ = \dfrac{PQ}{2} \cdot$ $\dfrac{ab + ab' + a'b + 3a'b'}{2ab + ab' + a'b + 2a'b'}$ （P、Q 分别为上下底重心）
弹簧	$V = Ax\,\sqrt{9.86965D^2 + p^2}$	A——截面积； x——圈数； D——截面直径； p——螺距	
楔形体	$V = \dfrac{(2a + c)bh}{6}$	a、b——下底边长； c——棱长； h——棱与底边距离（高）	

第二节　工程量清单以外的工程量确定

确定设计图纸和工程量清单以外的工程量，重点是施工组织设计中发生的合理工程量。这部分工程量是编制标底或者投标报价的重要依据，所以必须认真确定或计算。

一、确定临时工程及材料采集工程量

1. 汽车便道、便桥

(1)汽车便道路基宽度分别按7.0m、4.5m计算，便道路面分别按6.0m、3.5m计算，其中路基宽度4.5m的定额中已包括错车道的设置。

(2)汽车便道在使用期内需要养护的，所需的工、料、机数量可参照表3-6确定增加。

汽车便道养护定额　　　　　　　　　　表3-6

序　号	项　目	单　位	代　号	汽车便道路基宽度(m)	
				7.0	4.5
1	人工	工日	1001001	3.0	2.0
2	天然砂砾	m^3	5503009	18.00	10.80
3	6~8t光轮压路机	台班	8001078	2.20	1.32

(3)临时汽车便桥按桥面净宽4m、单孔跨径21m计算。

2. 其他临时工程

(1)轨道铺设中轻轨按11kg/m或15kg/m计算，重轨按32kg/m计算。

(2)混凝土搅拌台等小型工作台不作单独计量，其费用已包括在临时设施之中。

(3)混凝土集中拌和站的安装与拆卸按清单单独计量并用相应定额。

(4)人工夯打小圆木桩的土质划分及入土深度的计算与打入桩相同，其工程量确定可参照打入桩计算。

(5)便桥、输电、电信线路中的木料及电线应按规定计算回收。

3. 材料采集及加工

(1)材料计量中除特别说明外，土、黏土、砂、石屑、碎(砾)石、煤(矿)渣等均按堆方计算，片石、大卵石均按石方计算，料石、盖板石均按实方计算。

(2)开炸路基石方的片(块)石如需利用时，可按清单片(块)石项目计算。

二、路基工程量的确定

路基土石方中的土壤和岩石，应按施工难易依据交通运输部颁发的《公路工程预算定额》(JTG/T 3832—2018)各分为三类，即松土、普通土、硬土以及软石、次坚石、坚石。

1. 土石方体积计算

路基土石方按平均断面计算断面方时，除《公路工程预算定额》(JTG/T 3832—2018)另有说明外，挖方按天然密实体积计算，填方按压实后的体积计算；石方爆破按天然密实体积计算。当压实方和天然密实方间需换算时，可按表3-7中的系数换算。

特别值得注意的是，设计图纸给出的路基土、石方用量，是按工程实物的几何尺寸计算出来的压实方，除有的土石方调配表已考虑了换算系数外，必然存在着天然密实方和压实方之间的数量差，它直接影响到土石方数量的计算结果及其相应价格的确定。因此，在实际进行土石

方计算及调配中,应当合理考虑这一换算系数,下面举例予以说明。

压实方和天然密实方之间的换算系数 表 3-7

公路等级 \ 土壤类别	土方				石方
	松土	普通土	硬土	运输	
二级以上公路	1.23	1.16	1.09	1.19	0.92
三、四级公路	1.11	1.05	1.00	1.08	0.84

注:1. 表中的换算系数是压实方为 1 时的值。
  2. "运输"中的系数适应于人工挖运土方的增运定额和机动翻斗车、手扶拖拉机、自卸汽车运输土方的运输定额。
  3. "普通土"栏目中的系数适应于推土机、铲运机施工土方的增运定额。

【例 3-1】 某工程项第二合同段原设计土方如下:
(1)挖方 100000m³(天然密实方),其中:松土 20000m³、普通土 60000m³、硬土 20000m³;
(2)填方数量 120000m³(压实方);
(3)本断面挖方可利用方为 90000m³(天然密实方),其中:松土 10000m³、普通土 60000m³、硬土 20000m³;
(4)远运利用方为普通土 20000m³(天然密实方),试确定各土方的数量。

解:根据表 3-7 计算调整土方数量为:
(1)本断面土石利用方(压实方)为

$$\frac{10000}{1.23} + \frac{60000}{1.16} + \frac{20000}{1.09} = 78200(m^3)$$

(2)远运利用方(压实方)为

$$\frac{20000}{1.16} = 17200(m^3)$$

(3)借方(压实方)为

$$120000 - 78200 - 17200 = 24600(m^3)$$

(4)弃方(天然密实方)为

$$100000 - 90000 = 10000(m^3)$$

2. 清表土、填前压实及回填土方计算

路基工程施工前,应清除表土或粗略地填前压实后回填至原地面的高程,以及填方路堤两侧需超填,压实后切除等的土方数量,在施工组织设计中应合理计算,这部分土方就不直接计量,但其数量应摊入相应的单价中。

3. 其他应计入路基土石方的工程量

(1)填方路堤加宽超填部分如需清除或远运时,则按清除普通土及实际运距计算土方数量。
(2)零填及挖方地段基底压实面积等于路槽底面的宽度(m)和长度(m)的乘积。
(3)人工挖运土方、人工开炸石方、机械打眼开炸石方、抛坍爆破石方等定额中已包括开挖边沟的工、料、机消耗数量,因此开挖边沟的数量应合在路基本石方数量内计算。
(4)各种开炸石方定额中均已包括清理边坡工作。
(5)机械施工土石方,挖方部分机械达不到的地方需由人工完成,这部分的工程量由施工组织设计合理确定,其中人工操作部分按相应定额乘以 1.15 的系数。
(6)抛坍爆破的工程数量,按其设计计算。

(7)袋装砂井及塑料排水板处理软基时,其工程量为设计深度,不计预留长度。

(8)土工布的布设面积为锚固沟外边缘所包围的面积,包括锚固沟的底面积和侧面积。

(9)主要土方机械的经济运距为:

①推土机 50m 以内;

②拖式铲运机 50~300m;

③自行式铲运机 300~2000m;

④自卸汽车 1500~2000m 以上。

三、路面工程量的确定

在交通运输部颁发的《公路工程概算定额》(JTG/T 3831—2018)和《公路工程预算定额》(JTG/T 3832—2018)中,对路面工程量的计算作了相应规定,具体使用时,除沥青混合料路面以 100m³ 实体为计算单位外,其余路面均以 1000m³ 为计算单位。同时,沥青混合料路面压实体积按设计面积乘以压实厚度计算,在确定路面工程量时还应注意以下方面。

1. 路面压实厚度计算

不同路面结构与压实厚度规定如下。

(1)各类垫层、级配碎石、级配砾石基层的压实厚度在 15cm 以内。

(2)填隙碎石基层的压实厚度在 12cm 以内。

(3)各类稳定土基层、其他种类的基层和底基层压实厚度在 20cm 以内。

(4)面层的压实厚度在 15cm 以内。

2. 路面及路肩厚度计算

路面厚度按压实厚度计算,填路肩厚度按净路肩的夯实厚度计算。鉴于填路肩土方在设计时已计入路基填方中,所以人工填路肩定额中没有计算借土费用。

3. 设计与定额配合比不同时有关换算公式

当设计稳定类基层配合比与定额标明的配合比不同时,其路面所用有关材料可分别按式(3-1)计算:

$$C_i = [C_d + B_d(H - H_0)] \times \frac{L_i}{L_d} \quad (3-1)$$

式中:C_i——按设计配合比换算后的材料数量;

C_d——定额中基本压实厚度的材料数量;

B_d——定额中压实厚度每增减 1cm 的材料数量;

H——设计的压实厚度;

H_0——定额的基本压实厚度;

L_i——设计配合比的材料百分率;

L_d——定额中标明的材料百分率。

4. 其他路面工程量的确定

(1)在冬五区、冬六区采用层铺法施工沥青路面时,其油量应按定额用油量乘以下列系数。

①沥青表面处治 1.05;

②沥青贯入式基层 1.02;

③沥青面层 1.028;

④沥青上拌下贯式中的下贯部分 1.043；
⑤沥青透层 1.11；
⑥沥青黏层 1.20。

(2)在路面工程定额中，凡列有洒水汽车的细目，均按 5km 范围内洒水汽车在水源处自吸水编制，不计水费。如工地附近无天然水源利用，必须采用自来水时，可根据定额细目中洒水汽车的台班数量，按每台班 35m³ 计算定额用水量，乘以供水部门规定的水价增计水费。若其平均运距超过 5km 时，可按路基工程的洒水汽车洒水定额中的"增运定额"，增计洒水汽车台班，此台班不得再计水费。

(3)施工单车道的路面时，由于路面宽度的限制，压路机不能按施工规范进行错轮碾压，导致效率降低。此时应乘以下列系数：两轮光轮压路机乘以 1.14 的系数，三轮光轮压路机乘以 1.33 的系数，轮胎式和振动式压路机乘以 1.29 的系数。

(4)路面基层、面层采用集中拌和时，其拌和站的安、拆按实际需要量单独计算，并套用相应的定额。

四、桥涵工程量确定方法

1. 桥涵基础工程量

(1)开挖基础工程量的确定。

①基础开挖工程量，按《招标文件》中清单计量规则相应规定的计算办法计算基础容积。
②基础采用挡板支护时，其挡板工程量按原内需支挡的实际侧面积计算。
③挖坑路基础、墩台砌筑所需要的水泵台班，按《公路工程预算定额》(JTG/T 3832—2018)中"基础水泵台班消耗表"的规定计算，并计入挖基项目中。

(2)筑岛围堰及沉井工程量的确定。

①土、草、麻袋、竹笼围堰，其长度按围堰中心长度计算，高度按施工水深加 0.5m 计算。
②木笼围堰实体为木笼所包围的体积。
③套箱围堰为套箱结构的金属重量，套箱整体下沉时悬吊平台钢结构及套箱内支撑的钢结构均已综合在定额中，不得作为套箱工程量计算。
④沉井制作工程量，重力式沉井为设计图纸井壁横隔墙混凝土数量；钢丝网水泥灌壁沉井为刃脚及骨架、钢材的质量，但不包括钢丝网的质量；钢壳沉井为钢材的总质量。
⑤沉井下沉工程量是沉井刃脚外缘所包围的面积乘以刃脚下沉入土深度。在沉井下沉过程中，按土、石所在不同土层深度分别采用不同深度的定额，定额中已综合了翻砂数量，不得另加工程量。
⑥沉井浮运、接高、定位落床定额工程量为刃脚外缘所包围的面积，分节施工的沉井接高的工程量，应按各节沉井接高工程量之和计算。
⑦锚锭系统的工程量按施工组织设计的需要量计算。

(3)打桩工程量的确定。

①土质划分为Ⅰ、Ⅱ两组土壤，其中Ⅰ组为轻亚黏土、亚黏土、砂类土、腐殖土、湿的及松散的黄土；Ⅱ组为黏土、干的结块黄土、砂砾、卵石等。
②当打桩穿过两层土层时，如果打入Ⅱ组土层各厚度之和等于或大于土层总厚度的 50%，或者打入Ⅱ组土连续厚度大于 1.5m 时，按Ⅱ组土计算，否则按Ⅰ组土计算。
③打每组钢板桩时，用的夹板材料及钢板桩的接头、截头等材料，已在定额中摊销计入，不

得另行计算工程量。

④钢筋混凝土方桩和管柱的工程量,应根据设计尺寸及长度以体积计算,设计中规定的凿光的桩头部分的数量应计入设计工程量内。

⑤拔桩工程量按实际需要量计算。

⑥钢板桩工程量按设计需要的钢板桩质量计算。

⑦打桩用的工作平台工程量按施工组织设计所需的面积计算。

⑧船上打桩的工作平台工程量,根据施工组织设计,按一座桥梁实际需要打桩机的台数和每台打桩机需要的船上工作平台面积的总和计算。

(4)钻孔灌注桩工程量的确定。

①钻孔土质分为砂土、黏土、砂砾、砾石、卵石、软石、次坚石、坚石8类。

②机械钻孔工程量按设计入土深度计算。

③人工挖孔工程量按护筒外缘所围的面积乘以孔深计算。

④水下混凝土浇筑工程量按桩径设计断面积乘以设计桩长计算。

⑤桩工作平台工程量按施工组织设计需要的面积计算。

⑥钢护筒工程量按护筒的设计质量计算,此设计质量为加工后的成品质量,包括连接用法兰盘等全部钢材质量。

2. 拱盔及支架工程量

(1)桥梁拱盔、本支架及简单支架,均按有效宽度 8.5m 计,钢支架有效宽度则按 12m 计,如实际宽度与定额宽度不同时,可按比例换算。

(2)涵洞拱盔支架、拱涵支架的水平投影面积为涵洞长度乘以净跨径;桥梁拱盔定额单位的立面积系指起拱线以上的弓形面积,其工程量按式(3-2)及表3-8计算。

$$F = K \cdot (净跨)^2 \tag{3-2}$$

系数 K 值 表3-8

矢跨比	$\frac{1}{2}$	$\frac{1}{2.5}$	$\frac{1}{3}$	$\frac{1}{3.5}$	$\frac{1}{4}$	$\frac{1}{4.5}$	$\frac{1}{5}$	$\frac{1}{5.5}$
K	0.393	0.298	0.241	0.203	0.172	0.154	0.138	0.125
矢跨比	$\frac{1}{6}$	$\frac{1}{6.5}$	$\frac{1}{7}$	$\frac{1}{7.5}$	$\frac{1}{8}$	$\frac{1}{9}$	$\frac{1}{10}$	
K	0.113	0.104	0.096	0.090	0.084	0.076	0.067	

(3)梁支架的立面积为桥梁净跨径乘以高度,拱桥高度为起拱线以下至地面的高度,梁式桥高度为墩、台帽至地面的高度,这里的地面是指支架底部的地面。

(4)钢拱架的工程量为钢拱架及支座金属构件的质量之和,其设备摊销费按4个月计算,若实际使用期与定额不符时可以调整。

3. 砌筑工程量

(1)砌筑工程定额中已计入脚手架工程量,桥涵拱圈砌筑定额中,未包括拱盔和支架,需要时另行计算。

(2)砌筑工程量为砌体的实际体积,包括构成砌体的砂浆体积。

4. 混凝土及钢筋混凝土工程量

(1)混凝土工程量的确定。

①定额中混凝土工程量计算时注意使用条件。

②定额中混凝土已包括操作范围内的混凝土运输,若混凝土平均运距超过50m时,应根

据施工组织设计的混凝土平均运距增加混凝土运输费。

③凡预埋在混凝土中的钢板、型钢、钢管等,均作为附属材料已列入混凝土定额中。

④定额中混凝土所必需的外掺剂费用,已计入有关项目的其他材料费中。

⑤在体积混凝土必须采用埋设冷却管来降低混凝土水化热时,可根据实际需要另行计算。

⑥定额中泵送混凝土项目,均已包括水平和垂直泵送所消耗的人工、机械,但泵送水平距离超过定额范围时,按定额表有关规定增加水平泵送的人工和机械消耗量;垂直泵送不得调整。

(2)钢筋工程量的确定。

①定额中Ⅰ、Ⅱ级钢筋的比例规定:若施工图中钢筋比例与定额有出入时,可以调整钢筋品种的比例关系。

②直径在10mm以上的钢筋接头,定额中均用电弧搭接或电阻对焊;如果实际施工中采用其他焊接方法,接头数量应另行计算。

(3)模板工程量的确定。

①模板不单独计量,钢模板、组合钢模板、木模板等混凝土所需的模板均按周转摊销量计入现浇混凝土或预制混凝土定额中。

②模板工程定额中包括各种模板的维修和保养所需的工、料及费用。

③定额中钢模板质量包括立模所需的钢支撑及有关配件;组合钢模质量仅为其自重,不包括立模所需的支撑、栏杆等配件;木模按工地制作编制确定工程量。

(4)现浇混凝土及钢筋混凝土工程量的确定。

①现浇混凝土及钢筋混凝土上部结构所需的拱盔、支架或底模(土牛胎)的工程量按实际需要计算。

②扒杆、提升模架、脚手架、悬浇挂篮等金属设备,也按实际需要量计算。

③索塔、横梁、顶梁、腹系高度、安装垫板、束道、锚固箱的高度均为桥面顶到索塔顶的高度。

5.预制和安装混凝土及钢筋混凝土构件工程量

(1)预制场、拌和站用地、平整、碾压、简易路面等工程量,大型预制、张拉工作台、底座、蒸汽养护池等工程量,拌和站规模及数量等都依据施工组织设计计算。

(2)预制构件的工程量为不包括空心部分的实际体积,但是预应力混凝土构件的工程量为构件预制体积与构件端头封锚混凝土体积之和,而预制空心板的堵头混凝土工程量已包括在定额内,此时计算工程量不应计入这部分混凝土的工程量。

(3)安装构件的工程量为其外围体积,构件安装时的现浇混凝土,其工程量为现浇混凝土和砂浆的数量之和。

(4)预应力钢绞线、预应力精轧螺纹粗钢筋及预应力钢丝,其工程量为锚固长度与工作长度的质量之和。

(5)镦头锚的预应力钢丝,其工程量为锚围长度的质量,混凝土镦头锚具工程量为锚具质量,不包括锚具内填料及张拉时拉杆和连接杆的质量。

(6)缆索吊装的索跨指两塔间的水平距离。

6.钢结构工程量

安装钢斜拉桥的钢箱及桥面板,其工程量为钢箱梁、内横隔板、桥面板、横梁质量之和。

7.桥梁其他工程量的确定

(1)T形梁、工形梁等截面箱形梁,其工程量计算式为:

底座面积=(梁长+2.00m)×(梁宽+1.00m)

(2)曲线箱梁

梁底为曲面的箱梁,其底面积计算式为:底座面积=构件下弧长×底座实际宽度。

(3)蒸汽养护室面积

其有效面积按每一养护室安装2片梁,梁间距为0.8m,并按长度每端加1.5m、宽度每边加1.0m考虑。

(4)施工电梯

施工电梯所需的台班按施工组织设计计算。

五、隧道及防护工程量的确定

1.隧道工程量有关规定

(1)按现行隧道技术规范,将围岩分为土质、软石、次坚石和坚石4种。

(2)洞内工程项目如果需套用其他相关项目定额时,所采用的工、料、机费用应乘以1.26的系数。

(3)隧道开挖工程量按成洞断面加衬砌断面的设计断面计算,不得加入超挖工程量。

(4)隧道锚杆工程量为锚杆、垫板及螺母等材料质量之和。

(5)隧道喷射混凝土工程量按设计厚度乘以喷护面积计算。

(6)隧道模筑混凝土工程量按设计厚度乘以模筑面积计算。

(7)隧道回填工程量为设计容许超挖数量,一般控制在设计开挖量的4%以内。

(8)洞口墙工程量为主墙、翼墙、截水沟等圬工体积之和。

2.防护工程量规定

(1)挖基土石方及基础垫层工程量按实际需要计算。

(2)铺花格或草皮的工程量按所铺边坡上的总面积计算。

六、其他沿线设施工程量的确定

1.沿线安全设施工程量计量规定

(1)钢筋混凝土防撞护栏中铸铁柱和钢管栏杆,其工程量按柱和杆的总质量计算,预埋螺栓、螺母及垫圈等已综合在定额中,不得另行计量。

(2)波形钢板护栏中钢管柱、工形柱的工程量按标的成品质量计算。

(3)波形钢板的工程量按波形钢板、端头板及撑架的总质量计算,柱帽、固定螺栓、钢丝绳、螺母及垫圈等附件已综合在定额内,不得另行计量。

(4)隔离栅中钢管柱工程量按钢管和网框型钢的总质量计算,其定额中也综合了螺栓、螺母、垫圈及柱帽钢板数量。

(5)钢板网面积按各网框外边缘所包围的净面积之和计算。

(6)刺铁丝网按刺铁丝的总质量计算。

(7)铁丝纺织网面积按网高网长计算。

(8)中间带隔离墩的钢管栏杆与防眩板,分别按钢管和钢板的总质量计算。

(9)金属标志牌包括板面、横梁、法兰盘及固定槽钢、螺栓、螺母、垫板等附件,按其总质量计算。

(10)路面标志线按画线的净面积计算。

2.公共汽车站设施工程量计量规定

(1)路边停靠站防雨篷中的钢结构、防雨篷长度,按顺路方面防雨篷两根立柱中间的长度计算。

(2)钢筋混凝土防雨篷的水泥混凝土体积,按水泥混凝土垫层、基础、立柱及顶篷的体积之和计算。

第四章　计算材料平均运距

计算材料预算单价时,运费中必须考虑材料运距问题。交通运输部颁发的《公路基本建设工程概预算编制办法》规定:一种材料如有两个以上供应点时,应根据不同的运距、运量、运价采用加权平均的方法计算运费。其中,材料平均运距计算是确定运费的关键,下面详细介绍材料平均运距计算方法。

第一节　材料经济供应范围的确定

一、起点和终点及材料运距

1. 运距起点和终点的确定

(1)材料运距:指材料供应地点至工地仓库或堆料场的实际里程。

(2)运距的起点:指材料供应点。

(3)运距的终点:指工地仓库或堆料场。

当工地现场不能提供仓库或堆料场的位置时,其运距终点按下列方法确定:

①石方工程为各集中石方路段的中心桩号。

②大中桥为桥址中心桩号。

③路面工程为各类路面的中心桩号。

④小桥涵其他构造物,如果分布均匀,可取路段中心桩号;分布不均匀时,应划分路段加权平均确定终点位置。

⑤沿线房屋为其相应路线桩号加横向距离。

2. 一个供应点时材料运费计算规定

运费是指将材料从供应点运到工地仓库的费用。利用铁路、水运、汽车、拖拉机及牛、马车运输的材料,按铁路、航运及当地交通部门规定的运价计算运费。施工单位自办运输,30km 以上长途汽车运输按当地交通部门统一的运价计算运费;30km 及以下的短途,当施工现场交通不便,社会运输能力缺乏时,允许单程在 10~30km 的汽车运输按当地交通部门的统一运价加50% 计算运费;10km 及以内的汽车运输和人力场外运输,按预算定额计算运费,其中人力装卸和运费另按工费加计辅助生产间接费。

二、确定料场经济供应范围

1. 当有若干料场时材料平均运距计算

当公路沿线有若干个同种材料的料场时,应在相邻两料场之间确定一个经济供应范围的分界点。其确定原则是从两个料场运到该路段的材料总费用(料场价格加运费)最省。

图 4-1 表示某路段两相邻料场 A 和 B 的分布图,其有关参数如表 4-1 所示。

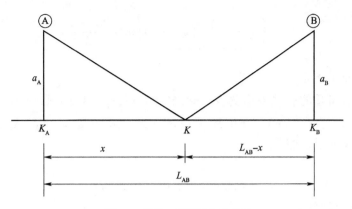

图 4-1 料场 A 和料场 B 分布图

料场 A 和料场 B 参数　　　　　　　　　　　表 4-1

项目	料场 A	料场 B
材料单价(元/m³)	c_A	c_B
上路距离(km)	a_A	a_B
单位运费[元/(km·m³)]	f_A	f_B
材料需要量(m³)	kx	$k(L_{AB}-x)$

求 A、B 两料场在该路段上经济供应范围的分界点 K。

当路用材料沿线均匀分布时,材料用量与路线长度成正比,可用 kx 和 $k(L_{AB}-x)$ 分别代表 $K_A \sim K$ 和 $K \sim K_B$ 两路段的材料用量,k 为比例系数。

计算 A、B 两料场运到 $K_A \sim K_B$ 路段上的总费用为 P。

$$P = kx\left[c_A + \left(a_A + \frac{x}{2}\right)f_A\right] + k(L_{AB}-x)\cdot\left[c_B - \left(a_B + \frac{L_{AB}-x}{2}\right)f_B\right]$$

根据极值理论,当 $\frac{dP}{dx}=0$ 时,总费用 P 最小。

$$\frac{dP}{dx} = k[(c_A - c_B) + (a_A f_A - a_B f_B) - L_{AB}f_B + (f_A + f_B)x] = 0 \tag{4-1}$$

解得

$$x = \frac{1}{f_A + f_B}[L_{AB}f_B + (c_B - c_A) + (a_B f_B - a_A f_A)] \tag{4-2}$$

分析得

$$c_A + (a_A + x)f_A = c_B + [a_B + (L_{AB}-x)]f_B \tag{4-3}$$

综合式(4-2)和式(4-3)可知,分界点 K 按下列两条原则确定:材料从料场 A、B 运至 L_{AB} 路段的总费用最小的原则;材料从料场 A、B 运到分界点 K 的费用相等的原则。两种计算方法的结果是一致的。

当相邻两料场单价相等,即 $c_A = c_B$ 时,单位运费也相等,即 $f_A = f_B$,可求得

$$a_A + x = a_B + (L_{AB} - x) \tag{4-4}$$

解得

$$x = \frac{1}{2}[L_{AB} + (a_B - a_A)] \tag{4-5}$$

L_{AB} 路段材料的平均运距 L 为

$$L = \frac{x\left(a_A + \frac{x}{2}\right) + (L_{AB} - x)\left(a_B + \frac{L_{AB} - x}{2}\right)}{L_{AB}} \tag{4-6}$$

2. 应用示例计算分析

已知两料场 Ⅰ 和 Ⅱ 的有关参数为：$c_1 = 4.50$ 元/m^3，$c_2 = 4.80$ 元/m^3；$a_1 = 5.50$km，$a_2 = 4.20$km；$f_1 = 0.32$ 元/($m^3 \cdot$ km)，$f_2 = 0.30$ 元/($m^3 \cdot$ km)；$K_1 = K_{3+206}$，$K_2 = K_{6+800}$。求材料经济供应范围分界点 K 的里程桩号。

由于
$$L_{12} = 6.800 - 3.206 = 3.594 (\text{km})$$

所以按式(4-2)计算得

$$\begin{aligned} x &= \frac{1}{f_1 + f_2}[L_{12}f_2 + (c_2 - c_1) + (a_2 f_2 - a_1 f_1)] \\ &= \frac{1}{0.32 + 0.30}[3.594 \times 0.30 + (4.80 - 4.50) + (4.20 \times 0.3 - 5.50 \times 0.32)] \\ &= 1.416 (\text{km}) \end{aligned}$$

由式(4-3)计算得
$$c_1 + (a_1 + x)f_1 = c_2 + [a_2 + (L_{12} - x)]f_2$$

即
$$4.50 + (5.50 + x) \times 0.32 = 4.80 + [4.20 + (3.594 - x)] \times 0.30$$

解得
$$x = 1.416 (\text{km})$$
$$L_{12} - x = 3.594 - 1.416 = 2.178 (\text{km})$$

分界点 K 的里程桩号为
$$K_{3+206} + 1.416 = K_{4+622}$$

L_{12} 路段的材料平均运距 L 为

$$\begin{aligned} L &= \frac{x\left(a_1 + \frac{x}{2}\right) + (L_{12} - x)\left(a_2 + \frac{L_{12} - x}{2}\right)}{L_{12}} \\ &= \frac{1.416 \times (5.5 + 1.416/2) + 2.178 \times (4.2 + 2.178/2)}{3.594} \\ &= 5.65 (\text{km}) \end{aligned}$$

第二节 计算各类工程结构材料平均运距

一、各类结构材料平均运距计算步骤

当公路工程沿线各个料场的位置和料场供应的工程结构类型都确定以后，可按以下步骤计算材料平均运距：

(1)确定每两个相邻料场之间材料经济供应范围的分界点里程桩号。
(2)计算各分界点之间工程构造物的材料用量及其运距。
(3)计算每个料场供应范围的材料平均运距。

(4)根据各段材料用量和各料场平均运距加权计算全部供料的平均运距。

二、各类工程结构材料平均运距计算方法

1. 计算路面工程材料平均运距

当公路沿线路面结构类型和料场位置确定之后,首先定相邻两种料场经济供应范围的分界点,然后按各路段的材料用量及运距,用加权平均的方法求各个料场和全线路面材料的平均运距。

假设路面工程料场的分布情况如图4-2所示,以各运料路段的中心桩号为运料终点,计算各料场的平均运距和全线路面材料的平均运距。

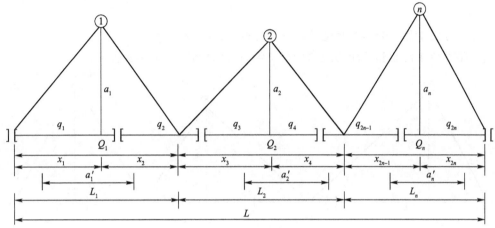

图4-2 路面工程材料料场分布图

计算材料场1的材料平均运距。

料场1的供应路段 $L_1 = x_1 + x_2$；q_1、q_2 分别为 x_1、x_2 路段内材料供应量；$Q_1 = q_1 + q_2$，为 L_1 路段内材料供应量。

当 L_1 路段内路面类型一致且路面厚度 h_1 及宽度 b_1 相同时,则材料供应量 q 与路段长度 x 成正比,即

$$q_1 = h_1 b_1 x_1$$
$$q_2 = h_1 b_1 x_2$$

故料场1的材料平均运距 S_1 为

$$S_1 = \frac{q_1\left(a_1 + \frac{x_1}{2}\right) + q_2\left(a_1 + \frac{x_2}{2}\right)}{q_1 + q_2} = \frac{a_1(x_1 + x_2) + \frac{1}{2}(x_1^2 + x_2^2)}{x_1 + x_2} \tag{4-7}$$

将式(4-7)近似地改写成

$$S_1 = \frac{a_1(x_1 + x_2) + \frac{1}{2}(x_1^2 + 2x_1 x_2 + x_2^2)}{x_1 + x_2} = a_1 + \frac{1}{2}(x_1 + x_2) \tag{4-8}$$

则

$$S_1 = a_1 + a_1'$$

由于式(4-8)中分子增加 $x_1 x_2$ 一项,算出的平均运距稍大。

同理可求得其他料场的平均运距为

$$S_2 = a_2 + a_2', S_3 = a_3 + a_3', \cdots, S_n = a_n + a_n'$$

式中,a_i'为上路交点至两边供应范围内路面中间点的距离,即

$$a_1' = \frac{1}{2}(x_1 + x_2) = \frac{L_1}{2}, a_2' = \frac{1}{2}(x_3 + x_4) = \frac{L_2}{2}, \cdots, a_n' = \frac{1}{2}(x_{2n-1} + x_{2n}) = \frac{L_n}{2}$$

全线路面材料的平均运距为

$$S = \frac{Q_1 S_1 + Q_2 S_2 + \cdots + Q_n S_n}{Q_1 + Q_2 + \cdots + Q_n} = \frac{h_1 b_1 L_1 S_1 + h_2 b_2 L_2 S_2 + \cdots + h_n b_n L_n S_n}{h_1 b_1 L_1 + h_2 b_2 L_2 + \cdots + h_n b_n L_n} = \frac{\sum_{i=1}^{n} h_i b_i L_i S_i}{\sum_{i=1}^{n} h_i b_i L_i} \quad (4\text{-}9)$$

当路面宽度不变时,上式可化简为

$$S = \frac{\sum_{i=1}^{n} h_i L_i S_i}{\sum_{i=1}^{n} h_i L_i} \quad (4\text{-}10)$$

2. 公路沿线小桥涵和其他构造物分布均匀时,计算材料平均运距

当公路沿线小桥涵和其他构造物分布均匀时,其分布图如图4-3所示。

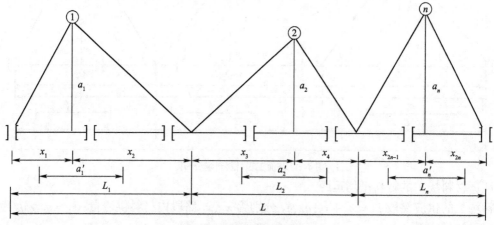

图4-3 路线构造物均匀分布图

假设 n_1、n_2、n_3 等分别是 x_1、x_2、x_3 等路段内构造物的个数,N_1、N_2、N_3 等分别为 L_1、L_2、L_3 等路段内构造物的个数。

因为每个构造物的材料用量相差不大,且各构造物沿线均匀分布,所以各路段内材料供应量 Q_i 与该路段的构造物个数 N_i 成正比,也与该路段长度 L_i 成正比,即

$$Q_i = kN_i \quad 或 \quad N_i = kL_i \quad 或 \quad n_i = kx_i$$

式中,k 近似为常数。

料场1的平均运距 S_1 为

$$S_1 = \frac{n_1\left(a_1 + \frac{x_1}{2}\right) + n_2\left(a_1 + \frac{x_2}{2}\right)}{n_1 + n_2} = \frac{a_1(x_1 + x_2) + \frac{1}{2}(x_1^2 + x_2^2)}{x_1 + x_2} \quad (4\text{-}11)$$

上式与路面工程材料平均运距公式(4-7)相同。

同理可算出其他料场的平均运距为

$$S_2 = a_2 + a_2', S_3 = a_3 + a_3', \cdots, S_n = a_n + a_n'$$

全线小桥涵及其他构造物的材料平均运距 S 为

$$S = \frac{N_1 S_1 + N_2 S_2 + \cdots + N_n S_n}{N_1 + N_2 + \cdots + N_n} = \frac{\sum_{i=1}^{n} N_i S_i}{\sum_{i=1}^{n} N_i} \quad (4\text{-}12)$$

3. 公路沿线小桥涵和其他构造物分布不均匀时,计算材料平均运距

当公路沿线小桥涵和其他构造物分布不均匀时,其分布图如图4-4所示。

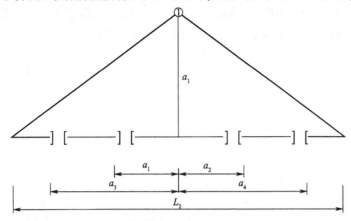

图4-4 沿线构造物非均匀分布图

先求每个料场供应路段的平均运距 S_i。

料场1的平均运距 S_1 为

$$S_1 = \frac{(a+a_1)+(a+a_2)+(a+a_3)+\cdots+(a+a_{Ni})}{N_i} = a + \frac{\sum_{i=1}^{N_1} a_i}{N_1} \tag{4-13}$$

式中,N_1 为料场1供应的构造物个数。

全线小桥涵及其他构造物材料平均运距 S 为

$$S = \frac{N_1 S_1 + N_2 S_2 + \cdots + N_n S_n}{N_1 + N_2 + \cdots + N_n} = \frac{\sum_{i=1}^{n} N_i S_i}{\sum_{i=1}^{n} N_i} \tag{4-14}$$

式中,n 为全线料场的个数。

如果由于小桥涵及其他构造物的孔径大小、多少和结构类型的差异,使材料用量相差较大时,可用适当的系数通过式(4-14)调整计算,系数可事先概略确定。例如,某料场供应构造物个数为 N_1,但各构造物所用材料相差太大,则利用一种构造物为准,概略计算其他构造物用量约为该构造物的多少倍(如2倍、0.8倍等),倍数即是系数。这样,原构造物的个数便可调整为 N_1',材料平均运距即可按 N_1' 个数进行计算。

4. 外购材料的平均运距计算

外购材料由交货地点运到几个工地仓库时,其运输线路示意如图4-5所示。若 $Q_1、Q_2、\cdots、Q_n$ 为各工地仓库的材料入库量,$S_1、S_2、\cdots、S_n$ 为各库至交货地点的运距,则平均运距计算公式如下

$$S = \frac{\sum_{i=1}^{n} Q_i S_i}{\sum_{i=1}^{n} Q_i}$$

由图4-5知

$$S_1 = y + X_1$$
$$S_2 = y + X_2$$
$$S_3 = y + X_3$$

值得注意的是,以上计算前提为某材料的各料场单价相等,否则应考虑料场价格不相等的

因素。

例如,根据调查,某公路施工现场需要水泥来源地及各供应水泥厂占需要量的比重资料为:甲厂32%(83km),乙厂46%(103km),丙厂22%(52km),则加权平均运距为

$$S = (83 \times 32\% + 103 \times 46\% + 52 \times 22\%)/100\% = 85.38(\text{km})$$

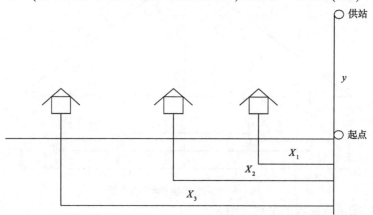

图4-5 材料供应示意图

下篇 工程量清单计量规则

第100章 总 则

第101节 通 则

101.01 范围

(1)本规范适用于新建、扩建或改建项目的施工与管理。

(2)本规范对工程在施工中使用的原材料、半成品或成品,隐蔽工程以及施工原始资料和记录,均进行一系列的控制与检查,使工程质量符合规定的质量标准。在每一章节的施工要求中,均对质量标准、质量等级、检验内容和方法等提出了要求。如有未写明之处,应按照国家和交通运输部现行有关规范规定且经监理人批准后执行。

(3)本规范仅为方便起见划分为若干章节,阅读时应将本规范视作一个整体。

(4)凡本规范或与本规范有关的其他规范及图纸中未规定的细节,或在涉及任何条款的细节没有明确的规定时,都应认为指的是需经监理人同意的我国公路工程的常规做法。

101.02 定义

1. 一般要求

(1)本计量规则各章节是按《招标文件》"技术规范"的相应章节编号的,因此,各章节工程子目的工程量计量规则应与"技术规范"相应章节的施工规范结合起来理解、解释和应用。

(2)本规则所有工程项目,除个别注明者外,均采用我国法定的计量单位,即国际单位及国际单位制导出的辅助单位进行计量。

(3)本规则的计量与支付,应与合同条款、工程量清单以及图纸同时阅读,工程量清单中的支付项目号和本规则的章节编号是一致的。

(4)任何工程项目的计量,均应按本规则规定或监理人书面指示进行。

(5)按合同提供的材料数量和完成的工程数量所采用的测量与计算方法,应符合本规则规定。所有这些方法,应经监理人批准或指示。承包人应提供一切计量设备和条件,并保证其设备精度符合要求。

(6)除非监理人另有准许,一切计量工作都应在监理人在场情况下,由承包人测量、记录。有承包人签名的计量记录原本,应提交给监理人审查和保存。

(7)工程量应由承包人计算,由监理人审核。工程量计算的副本应提交给监理人并由监理人保存。

（8）除合同特殊约定单独计量之外,全部必需的模板、脚手架、装备、机具、螺栓、垫圈和钢制件等其他材料,应包括在工程量清单中所列的有关支付项目中,均不单独计量。

（9）除监理人另有批准外,凡超过图纸所示的面积或体积,都不予计量与支付。

（10）承包人应严格进行标准计量基础工作和材料采购检验工作。沥青混凝土、沥青碎石、水泥混凝土、高强度等级水泥砂浆的施工现场必须使用电子计量设备称重。因不符合计量规定引发质量问题,所发生的费用由承包人承担。

（11）第 104 节"承包人驻地建设"与第 105 节"施工标准化"属选择性工程子目,由发包人根据工程项目管理实际情况选择使用或同时使用。

2. 质量

（1）凡以质量计量或以质量作为配合比设计的材料,都应在精确与批准的磅秤上,由称职合格的人员在监理人指定或批准的地点进行称重。

（2）称重计量时应满足以下条件:监理人在场;称重记录;载明包装材料、支撑装置、垫块、捆束物等质量的说明书在称重前提交给监理人作为依据。

（3）钢筋、钢板或型钢计量时,应按图纸或其他资料标示的尺寸和净长计算。搭接、接头套筒、焊接材料、下脚料和固定、定位架立钢筋等,则不予另行计量。钢筋、钢板或型钢应以千克计量,四舍五入,不计小数。钢筋、钢板或型钢由于理论单位质量与实际单位质量的差异而引起材料质量与数量不相匹配的情况,计量时不予考虑。

（4）金属材料的质量不得包括施工需要加放或使用的灰浆、楔块、填缝料、垫衬物、油料、接缝料、焊条、涂敷料等质量。

（5）承运按质量计量的材料的货车,应每天在监理人指定的时间和地点称出空车质量,每辆货车还应标示清晰易辨的标记。

（6）对有规定标准的项目,例如钢筋、金属线、钢板、型钢、管材等,均有规定的规格、质量、截面尺寸等指标,这类指标应视为通常的质量或尺寸;除非引用规范中的允许偏差值加以控制,否则可用制造商的允许偏差。

3. 面积

除非另有规定,计算面积时,其长、宽应按图纸所示尺寸线或按监理人指示计量。对于面积在 $1m^2$ 以下的固定物(如检查井等)不予扣除。

4. 结构物

（1）结构物应按图纸所示净尺寸线,或根据监理人指示修改的尺寸线计量。

（2）水泥混凝土的计量应按监理人认可的并已完工工程的净尺寸计算,钢筋的体积不扣除,倒角不超过 $0.15m \times 0.15m$ 时不扣除,体积不超过 $0.03m^3$ 的开孔及开口不扣除,面积不超过 $0.15m \times 0.15m$ 的填角部分也不增加。

（3）所有以米计量的结构物(如管涵等),除非图纸另有表示,应按平行于该结构物位置的基面或基础的中心方向计量。

5. 土方

（1）土方体积可采用平均断面积法计算,但与似棱体公式(prismoidal formula)计算结果比较,如果误差超过 $\pm 5\%$,监理人可指示采用似棱体公式。

（2）各种不同类别的挖方与填方计量,应以图纸所示界线为限,而且应在批准的横断面图上标明。

(3)用于填方的土方量,应按压实后的纵断面高程和路床面为准来计量。承包人报价时,应考虑在挖方或运输过程中引起的体积差。

(4)在现场钉桩后56d内,承包人应将设计和进场复测的土方横断面图连同土方的面积与体积计算表一并提交监理人批准。所有横断面图都应标有图题框,其大小由监理人指定。一旦横断面图得到最后批准,承包人应交给监理人原版图及三份复制图。

6. 运输车辆体积

(1)用体积计量的材料,应以经监理人批准的车辆装运,并在运到地点进行计量。

(2)用于体积运输的车辆,其车厢的形状和尺寸应使其容量能够容易而准确地测定并应保证精确度。每辆车都应有明显标记。每车所运材料的体积应于事前由监理人与承包人相互达成书面协议。

(3)所有车辆都应装载成水平容积高度,车辆到达送货点时,监理人可以要求将其装载物重新整平,对超过定量运送的材料将不支付。运量达不到定量的车辆,应被拒绝或按监理人确定减少的体积接收。根据监理人的指示,承包人应在货物交付点,随机将一车材料刮平,在刮平后如发现货车运送的材料少于定量时,从前一车起所有运到的材料的计量都按同样比例减为目前的车载量。

7. 质量与体积换算

(1)如承包人提出要求并得到监理人的书面批准,已规定要用立方米计量的材料可以称重,并将此质量换算为立方米计量。

(2)将质量计量换算为体积计量的换算系数应由监理人确定,并应在此种计量方法使用之前征得承包人的同意。

8. 沥青和水泥

(1)沥青和水泥应以千克(kg)为单位计量。

(2)如用货车或其他运输工具装运沥青材料,可以按经过检定的质量或体积计算沥青材料的数量,但要对漏失量或泡沫进行校正。

(3)水泥可以以袋作为计量的依据,但一袋的标准应为50kg。散装水泥应称重计量。

9. 成套的结构单元

如规定的计量单位是一成套的结构物或结构单元(实际上就是按"总额"或称"一次支付"计的工程子目),该单元应包括了所有必需的设备、配件和附属物及相关作业。

10. 标准制品项目

(1)如规定采用标准制品(如护栏、钢丝、钢板、轧制型材、管子等),而这类项目又是以标准规格(单位重、截面尺寸等)标识的,则这种标识可以作为计量的标准。

(2)除非所采用标准制品的允许误差比规范的允许误差要求更严格,否则,生产厂确立的制造允许误差不予认可。

101.08 税金和保险

(1)承包人应根据中华人民共和国税法的规定和地方政府的规定缴纳有关税费。

(2)在施工期及缺陷责任期内,承包人应按照合同条款要求办理保险,包括建筑工程一切险和第三者责任保险。

(3)承包人应按照合同条款要求为其履行合同所雇用的全部人员缴纳工伤保险费,在整个施工期间为其现场机构雇用的全部人员投保人身意外伤害险并为其施工设备办理保险,其费用由承包人负担。

101.09 各支付项的范围

(1)承包人应得到并接受按合同条款规定的报酬,作为实施各工程项目(不论是临时的或永久性的)与缺陷修复中需提供的一切劳务(包括劳务的管理)、材料、施工机械及其他事务的充分支付。

(2)除非另有规定,则工程量清单中各支付子目所报的单价或总额,都应认为是该支付子目全部作业的全部报酬。包括所有劳务,材料和设备的提供、运输、安装和临时工程的修建、维护与拆除,责任和义务等费用,均应认为已计入工程量清单标价的各工程子目中。

(3)工程量清单未列入的子目,其费用应认为已包括在相关的工程子目的单价和费率中,不再另行支付。

101.10 计量与支付

属履行第101节中各项要求的,除第101.08小节按下述规定办理外,其他不单独计量与支付。

1. 计量

(1)承包人按合同条款约定的保险费率及保费计算方法办理建筑工程一切险和第三者责任保险,根据保险公司的保单金额以总额为单位计量。

(2)保险期为合同约定的施工期及缺陷责任期。

(3)承包人应缴纳的所有税金(包括营业税、城市维护建设税和教育费附加)和雇佣人员工伤事故险保险费、人身意外伤害险保险费以及施工设备险保险费,由承包人摊入各相关工程子目的单价和费率之中,不单独计量。

2. 支付

合同条款中规定的建筑工程一切险和第三者责任险的保险费,将根据保险公司的保单经监理人签证后支付。如果由发包人统一与保险公司办理上述两项保险,则由发包人扣回。

3. 支付子目(表101-1)

支付子目　　　　　　　　　　　　　　　　　　表101-1

子目号	子目名称	单位
101-1	保险费	
-a	按合同条款规定,提供建筑工程一切险	总额
-b	按合同条款规定,提供第三者责任险	总额

第102节　工程管理

102.01 一般要求

含开工报审表、工程报告单、制订施工进度计划和施工方案说明、工程信息化系统。

(1)制订施工方案说明所发生的一切费用由承包人负担,即被认为是包括在合同单价之内,不另行计量与支付。

(2)提供施工工艺图所需费用,包含在图纸所属具体项目的合同价格中,不再另行支付。

(3)施工方法和说明的费用,已包含在相应的永久性工程项目之内,发包人不再另行支付。

(4)承包人提供的工程彩照和相册以及录像带的费用应包含在相应的工程项目之内由承包人支付,发包人不再另行支付。

(5)线外工程。由于工程施工破坏了沿线的原有道路、公共设施、排灌系统及其他设施,对受干扰或被破坏工程和设施的重建、改建或移位,以及未包含在本合同或责任范围内的工程,均被列为线外工程。在合同执行期间,发包人如委托当地政府部门或其他人员进行线外工程施工,承包人应通过监理人的联络与线外工程施工的其他承包人在工程计划、施工程序、施工现场的占用等方面进行协调,以确保尽量减少各方面的互相干扰。承包人上述合作所发生的费用已包括在合同价之内,不另行计量与支付。

(6)承包人编制交通流计划及采取相应措施等所发生的费用,已包括在合同价之内,不再另行计量与支付。

(7)除合同另有规定外,承包人因采取安全保护措施和处理事故等所发生的费用已包括在合同价之内,不再另行计量与支付。

102.14 计量与支付

1. 计量

(1)竣工文件按《公路工程竣(交)工验收办法》《公路工程竣(交)工验收办法实施细则》及合同条款规定进行编制,经监理人审查批准后,以总额计量。

(2)环境保护的工作内容包括防止水土流失和废料废方处理、文物保护、防止和减轻水和大气污染、绿色植被保护、土地资源保护、现有公用设施保护等一切与此有关的作业,经监理人检查验收后以总额计量。

(3)安全保护与事故报告中,安全生产费用按投标价(不含安全生产费及建筑工程一切险及第三者责任险的保险费)的1.5%(若招标人公布了投标控制价上限时,按投标控制价上限的1.5%计)以固定金额形式计入工程量清单支付子目102-3中,按《招标文件》技术规范102.13小节及合同条款规定落实安全生产。施工安全生产费用,应用于施工安全防护用具及设施的采购和更新、安全施工措施的落实、安全生产条件的改善,不得挪作他用。施工安全设施费及与此有关的一切作业经监理人对工程安全生产情况审查批准后,以总额计量。如承包人在此基础上增加安全生产费用以满足项目施工需要,则承包人应在本项目工程量清单其他相关子目的单价或总额价中予以考虑,发包人不再另行支付。

(4)信息化系统(暂估价)费用由发包人估定,以暂估价的形式按总额计入工程总价内。其费用包括工程信息化系统的配置、维护、备份管理及网络构筑;系统操作人员培训、劳务。

2. 支付

(1)102-1子目在监理人验收合格后一次支付。

(2)102-2子目费用每三分之一工期支付总额的30%。交工验收证书签发之后,支付总额的10%。

(3)102-3子目费用由监理人发出开工通知后支付总额的50%;在承包人的施工进度计划和施工方案说明被监理人批复后支付总额的25%;按规范要求及监理人的指示落实安全生产措施后支付剩余的25%。

(4)102-4子目经监理人验收后,支付监理人确认的实际金额的90%;交工验收证书签发之后,支付剩余的10%。

3. 支付子目(表102-1)

支付子目　　　　　　　　　　　　　　　　　表102-1

子目号	子目名称	单位
102	工程管理	
102-1	竣工文件	总额
102-2	施工环保费	总额
102-3	安全生产费	总额
102-4	信息化系统(暂估价)	总额

第103节　临时工程与设施

103.01　一般要求

临时工程与设施应包括为实施永久性工程所必需的各项相关的临时性工作,承包人应按不同的类型和需要,对临时工程与设施进行设计。

(1)临时工程与设施应包括为实施永久性工程所必需的各项相关的临时性工作,如:临时道路、桥涵的修建与维护,临时电力、电信线路的架设与维护,临时供水、排污系统的建设与维护,以及其他相关的临时设施等。承包人应按不同的类型和需要,对临时工程与设施进行设计。

(2)承包人在进行临时工程与设施的设计和施工时,应遵守当地运输管理、公安、供电、电信、供水、环保等有关部门的要求和规定。

(3)除非合同另有规定,按本节提供的全部临时工程与设施的费用,应被认为已包括了有关永久工程中所需要的所有临时工程与设施的全部费用。

(4)承包人应将临时工程的设计与说明书以及监理人认为需要的详细图纸,在开工前至少21d报监理人审批。没有监理人的批准,承包人不得在现场开始进行任何临时工程的施工。

(5)监理人应在收到承包人报送的临时工程和设计图纸后的7d内完成审批并通知承包人,这种批准是对于该项临时工程与设施开工的书面同意。

(6)各项临时工程开工之前,承包人应取得当地有关管理部门及其他当事人的同意,并取得书面协议。监理人将据此作为审批开工的条件。

(7)除非另有协议,当永久性工程完工后,承包人应移去、拆除和处理好全部临时工程与设施,并将临时工程所占用的区域进行清理或恢复原貌后,报监理人检查验收。

(8)临时工程的概念:临时工程只是起着参与永久性工程形成的作用,公路建成交付使用后,必须拆除使其恢复原状。它与辅助工程有相同的性质,不同点在于临时工程一般不单作专一的服务对象。现行《公路工程概预算定额》(JTG/T 3831—2018)、《公路工程预算定额》(JTG/T 3832—2018)规定,临时工程有汽车便道、临时便桥、临时码头、临时轨道铺设、临时输电和通信线路6项。例如,汽车便道既可运输生产物资,又可运输生活物资。又如,输电线路既可为生产机械供电,又可为生活照明供电。因此,在实际操作中难以将其综合到哪个费用项目内,为了便于工程造价计算,将其归纳为临时工程,单独列项予以反映。

103.02 临时设施

1. 供电

(1)承包人应对本工程的实施与维修所需全部电力(包括提供监理人驻地的用电)的供应与分配做出配置。此外,承包人应根据工程需要配备发电机组,作为后备电源,以保证电网停电时能继续进行施工。承包人应负责电力设备安装、连接、操作、维修及燃料供应等,直至交工验收证书签发之日止。

(2)承包人应将拟议的发电与配电系统的说明与图纸,报监理人批准。

(3)承包人的电力安装工作必须符合国家电力标准或监理人批准的其他标准。

(4)承包人应在发包人的协助下,负责就建立临时电力系统同当地政府和电力部门联系并取得批准。承包人应负担此项设备的修建、安装和维修的费用,并向供电管理部门缴纳有关费用。

(5)本工程交工时,承包人应将所安装的发电与配电系统(监理人驻地除外)全部拆除,但在交工前双方另有协议者除外。

2. 电信设备

承包人应在发包人协助下负责就建立临时电信系统同当地政府和电信部门联系,并取得批准。承包人应负担此项设备的修建、连接、安装和维修费用,并向有关管理部门缴纳有关电信费用。本工程交工时,承包人应拆除临时电信的所有设施,但在交工前双方另有协议者除外。

3. 供水

(1)承包人在实施和维修本工程期间,应负责提供、安装和保养全部施工和生活用水(包括监理人驻地用水)设施,并保证施工用水要求和国家规定的生活饮用水标准,持续不断地供水。

(2)承包人应将拟议的供水系统的说明与图纸,报监理人批准。

(3)本工程交工时,承包人应将临时供水设施全部拆除,但在交工前双方另有协议者除外。

4. 污水与垃圾处理

(1)承包人应负责安装、维修和管理临时排污系统,用以排放全部施工和生活污水和废水。

(2)排污系统的设置说明及图纸应报监理人批准,同时还应获得当地政府的水利部门和环境保护部门的认可。其设置必须符合环境保护要求,并且不妨碍当地排水和灌溉作业。

(3)承包人应收集和处理所有工作区域的垃圾,直到工程交工为止。

(4)承包人应提供工地污水处理与清洁工作所需的全部设备和劳力。

(5)工程交工时,承包人应将其排污设施全部拆除(监理人驻地除外),但在交工前双方另有协议者除外。

103.03 临时道路、桥涵

1. 一般要求

(1)承包人应将拟修建的临时道路和桥涵的详细设计与说明,提交监理人批准。

(2)修建的临时工程,应包含设置标志、护栏、警告装置以及其他工程安全设施。临时道路、桥涵的标准应满足施工条件的需要,且不低于现有道路、桥涵的标准。除非监理人另有准许,临时道路、桥涵的宽度应不小于现有道路、桥涵的宽度。

2. 临时道路、桥涵

(1)本工程的施工与现有的道路、桥涵发生冲突和干扰之处,承包人都要在本工程施工之前完成改道施工或修建临时道路。临时道路应满足现有交通量的要求,路面宽度应不小于现有道路的宽度,且应硬化。

(2)如果承包人利用现有的乡村道路作为临时道路,应将该乡村道路进行修整、加宽、加固及设置必要的交通标志,并经监理人验收合格方可通行。

(3)其他临时道路(包括进出取、弃土场的临时道路)应满足本规范的相关要求。

(4)工程施工期间,承包人应配备人员,对临时道路进行养护,以保证临时道路和结构物的正常通行。

(5)工程结束时,除监理人另有批准外,应将临时道路和结构物做一次全面维修保养,恢复原有的交通标志。凡因施工需要而临时增加的设施均应拆除,并应经监理人检验合格。

103.04 临时占地

(1)临时占地由承包人向当地政府土地管理部门申请,并办理租用手续。承包人按有关规定直接支付其费用,发包人对此将予以协调。

临时占地范围包括承包人的办公室、食堂、宿舍、道路和机械设备停放场、材料堆放场地、弃土场、预制场、拌和场、仓库、进场临时道路、临时便道、便桥等。承包人应在"临时占地计划表"范围内按实际需要与先后次序,提出具体计划报监理人同意,并报发包人。临时占地的面积和使用期应满足工程需要。

(2)临时占地退还前,承包人应自费恢复到临时占地使用前的状况。如因承包人撤离后未按要求对临时占地进行恢复或虽进行了恢复但未达到使用标准的,将由发包人委托第三方对其恢复,所发生的费用将从应付给承包人的任何款项内扣除。

103.05 计量与支付

1. 计量

(1)临时道路、电信设施及供水与排污设施的修建、维修及拆除等临时工程,根据施工过程中已完成的经监理人现场验收合格分别以总额计量。

(2)临时占地经监理人批准,以总额计量。取、弃土(渣)场的绿化、结构防护及排水在相应章节计量。

(3)临时供电设施架设、维护与拆除以总额为单位计量,按《招标文件》技术规范 103.02 小节及合同条款规定完成临时供电设施架设、维护与拆除。

(4)电信设施的提供、维修与拆除以总额为单位计量,按《招标文件》技术规范 103.02 小节及合同条款规定完成电信设施的提供、维修与拆除。

(5)临时供水与排污设施以总额为单位计量,按《招标文件》技术规范 103.02 小节及合同条款规定完成临时供水与排污设施的修建、维修与拆除。

(6)为完成上述各项设施所需的一切材料、机械设备、人员及与此有关的一切作业费用均含入相关子目单价或总额价之中,不另行计量。

2.支付

临时工程完工后,由监理人验收合格后分期支付,所报总额的80%,应在第1次至第4次进度付款证书中,以4次等额予以支付;所报总价中余下的20%,待交工验收证书颁发后支付,或按招标文件规定支付。

3.支付子目(表103-1)

支付子目　　　　　　　　　　　　　　　　　　　表103-1

子目号	子目名称	单位
103	临时工程与设施	
103-1	临时道路修建、养护与拆除(包括原道路的养护费)	总额
103-2	临时占地	总额
103-3	临时供电设施架设、维护与拆除	总额
103-4	电信设施的提供、维修与拆除	总额
103-5	临时供水与排污设施	总额

第104节　承包人驻地建设

104.01　一般要求

(1)承包人应按改善提高作业人员的工作环境与生活条件,保护生态环境,促进安全生产及文明施工的总体要求,合理规划、布置和进行驻地建设。

(2)承包人应建立、配备施工与管理所需的办公室、住房、医疗卫生、车间、工作场地、仓库与储料场及消防设施。

(3)驻地由承包人自行选择地质条件好、不受自然灾害的地方,但应服从合同条款的有关规定。

(4)驻地建设的总平面布置包括防护、围墙、临时便道和安全、环保、防火安排,应经监理人事先批准。

(5)驻地建设的管理与维护,应满足科学管理、文明施工的要求。工程交工之后,承包人应将驻地恢复原貌,并经监理人验收合格,但交工时双方另有协议者除外。

104.02　办公室、住房及生活区

(1)承包人应按施工组织设计合理布置生产、生活设施并随时保持施工营地的整洁、卫生、有序。

(2)承包人应在其中心驻地区域内,建造现场办公室、会议室和供所有人员使用的住房和生活区。驻地用房根据需要采用砖混结构或其他结构,但不得采用简易棚式结构。

(3)承包人应配置与工程规模相适应的现场办公设备(包括计算机联网所需的机型及软件)、测量仪器、试验仪器设备和交通工具。

(4)承包人应绿化、美化生产、生活营地。承包人应将消防、安全设施配备齐全,并处理好临时雨、污水排放,以防止污染环境。

104.03 工地试验室

(1)在合同实施期间,承包人应在其驻地建立工地试验室,并在大桥、隧道工地及拌和站(场)或独立工点建立工地试验室或流动试验室,负责材料检验与工程质量的控制试验。工地试验室应在取得交通运输行业主管部门核发的相应资质证书后方可启用。试验用检测设备均应经相应的计量部门或检测机构检定合格,并须在使用中定期进行校正。试验室用房和试验仪器、设备及一切供应等均由承包人负责提供。

(2)工地试验室应能承担各项与工程质量控制有关的检测、试验,还应承担对拟采用的材料进行标准试验及混合料配合比试验等有关的试验。

(3)承包人应委派具有相应资质的试验检测技术人员开展试验工作,并负责设备维护、检修等工作。

(4)工地试验室及流动试验室的试验结果应按有关规定及时送交监理人批准。

(5)承包人应在签订合同后14d内向监理人提交工地试验室必须配备的设备、仪器、物品清单及试验室平面布置图,报监理人审查批准。

(6)工程交工后,承包人应将工地试验室与流动试验室的所有设施、设备、器材及其他物资等移走。

104.04 医疗卫生与消防设施

1. 工地医疗

(1)工程实施期间,承包人应负责为工地人员提供必要的医疗和急救服务。在传染病易发期,承包人应配合当地防疫、卫生管理部门及医疗机构做好消毒预防、隔离感染人员、抢救和疫情防控等工作。在传染病传播期,承包人还应建立人员流动登记制度、信息报告制度,并应与当地卫生防疫部门取得联系,做好各项防范措施的落实工作。

(2)承包人应为工地聘请有行医资格的、在卫生保健与急救方面具有丰富经验的医务人员。

(3)承包人配备的医疗设施(包括房间、器械、药品、急救车辆等)应取得当地医疗卫生管理部门的批准。

(4)承包人应就有关供水、环境卫生、垃圾与污水处理以及工人健康等方面的有关问题,取得并遵从有关医疗卫生防疫和管理部门的意见。

(5)承包人应对施工人员进行疾病控制等知识教育,尤其是一些传染病,如鼠疫、霍乱、艾滋病、非典型性肺炎(SARS)、人感染高致病性禽流感或病毒性肝炎等。

2. 消防设施

(1)承包人应按当地消防管理部门的有关规定,配备消防器材和消防用水,做到布局合理,并经常检查、维护、保养,保证灭火器材灵敏有效、水源充足。施工驻地应有明显的防火宣传标志,并设专人负责对工地人员进行防火知识教育。

(2)施工驻地用电及使用的电气设备必须符合防火要求。临时用电必须安装过载保护装置,严禁超负荷使用电气设备。

(3)施工材料的存放场地和使用应符合防火要求。易燃易爆物品必须有严格的保管制度和防火措施,专人负责,分类单独存放,还必须设置危险地点及危险物品安全警告标志牌,确保安全。

104.05 其他建设

1. 车间与工作场地

(1)为了对本工程使用的所有施工机械进行养护、检修或改进以及对工程材料(如钢筋、钢板等)进行再加工,车间必须配有相适应的加工设备。

(2)施工机械停放场应保持整洁和便于工人操作,并保证出入通道畅通。

2. 仓库、储料场及拌和场

(1)仓库区的规模和组成应能为储存材料、燃料、备件及其他物件提供足够的面积,所储存的材料及备件数量能保证本工程的需求。仓库、储料场及拌和场应保持整洁,地面应硬化,不同材料应设标识分别堆放,灰粉状材料应遮盖,并应防止有害物质污染和混杂于其他物质之中。

(2)预制(拌和)场占地面积应满足施工需要。

(3)桥涵梁板及其他预制构件不得零星生产,承包人应根据合同段桥涵分布及小型预制构件的工程量,建立集中预制场统一预制。

3. 车间、库房等其他建设

车间、库房等其他建设,应固定、稳定,布置合理,不得采用彩条布等易老化的材料做车间、库房的立墙,也不得使用油毡、石棉瓦等做屋顶。

4. 隔离措施及道路硬化

承包人应合理选择预制(拌和)场的设置地点,并修筑隔离围墙和设置监控系统;材料堆放区、拌和区、作业区、模板及钢筋制作区应分开或隔离;场内主要作业区、堆放区及场内道路应做硬化处理。

104.06 承包人驻地设施的拆迁

工程交工时,承包人驻地中的一切建筑物及其固定设备和附件均属承包人财产,承包人应全部拆迁。

104.07 计量与支付

1. 计量

承包人驻地建设计量内容包括:施工与管理所需的办公室、住房、工地试验室、车间、工作场地、预制场地、仓库与储料场、拌和场、医疗卫生与消防设施等;驻地的建设、管理与维护;工程交工时,按照合同或协议要求将驻地移走、清除、恢复原貌。

驻地建设完成后,经监理人现场核实,以总额计量。

2. 支付

104 – 1 子目所报总价的90%,应在第1~3次进度付款证书中,以3次等额支付;余下的10%,应在承包人驻地建设已经移走和清除,并经监理人验收合格时予以支付。

3. 支付子目(表104-1)

支付子目　　　　　　　　　　　　　　　　表104-1

子　目　号	子　目　名　称	单　　位
104	承包人驻地建设	
104-1	承包人驻地建设	总额

第 105 节　施工标准化

105.01　一般要求

(1) 对于高等级公路路基、路面、桥涵、隧道工程的施工,承包人应充分发挥工厂化、集约化施工的优势,按标准化、规范化、精细化的要求组织施工;对于一级及以下公路路基、路面、桥涵、隧道工程的施工,承包人可参照本节的标准化要求执行。

(2) 施工标准化应始终贯穿于整个施工周期,承包人应加强对设施的维护与管理,确保各种设施始终保持良好的状况。

(3) 各种标志标牌、展板及图表应统一设计、制作,规范布置。

(4) 标准化设施应符合合同约定。

105.02　工地标准化

1. 施工驻地

(1) 选址应安全,严禁设置在泥石流、滑坡体、洪水位下等危险区域,避开取土、弃土、塌方、落石、危岩等地段,距离集中爆破区 500m 以外。

(2) 驻地采用院落式封闭管理,办公区、生活区、车辆停放区、活动场地等功能区设置科学合理,必须严格区分,与生产区分离。各功能区面积应满足规定要求,庭院内适当绿化,环境优美整洁。

(3) 办公区内应设项目经理室、各部门办公室和档案资料室、会议室等;生活区内应设宿舍、食堂、浴室、厕所、文体活动室、图书室等,还应配置室外文体设施,如篮球场、羽毛球场、室外健身器材等。

(4) 场内主要道路应硬化处理,面层材料应为水泥混凝土路面或沥青路面。

(5) 办公用房应门窗齐全,通风、照明良好,房间净空高度控制在 2.8m 以上。采用板房结构必须吊顶,砖混结构墙面抹灰刷白,地面硬化,镶贴地板砖。项目经理部人均办公面积不小于 $6m^2$。

(6) 会议室必须能够容纳 30 人同时开会且不小于 $80m^2$,应设置 2 个门,门向外开启,保证发生危险时能及时疏散参会人员。

(7) 档案资料室面积应不小于 $30m^2$。所有档案资料宜保存在专用金属柜内,资料柜要分门别类,做好标识,归档的档案盒样式统一。

(8) 员工宿舍人均住宿面积不低于 $8m^2$,以人为本配置宿舍设施。宿舍内夏季有消暑、防蚊虫叮咬措施,冬季有保暖和防煤气中毒措施。

(9) 食堂位置距厕所、垃圾等有害物质不小于 30m。食堂布置整齐、合理、安全,卫生有保障。

(10) 厕所面积按现场平均人数设置,人均 $0.2m^2$,且最小不得小于 $20m^2$。应采用水冲式或移动式厕所且保持清洁。

(11) 应分设男女浴室,浴室面积按现场平均人数设置,人均 $0.2m^2$,且最小不得小于 $20m^2$。

(12) 应设置活动(学习)室,房间净空高度应控制在 2.8m 以上,室内具备活动(学习)条件,设施良好。

(13)在偏远地区施工的,应设置医务室,并配备必备药品及救助设施。在高海拔地区施工的,应设置医务室,并配备必备药品及医疗设备,包括急救车辆、高压氧舱、多参数心电监护仪等。

(14)其他必备设施。包括垃圾收集站、洗手池、消防设施、自来水装置及照明设施。

2.工地试验室

(1)工地试验室应按工作区、生活区分设。

(2)试验室应根据工程内容和规模,分设样品间、土工室、集料室、水泥室、水泥混凝土室、力学室、沥青室、沥青混合料室、标准养护室等功能室。

(3)工地试验室各功能室面积应符合规定。

(4)试验室应备有专门的发电设备(功率≥15kW),保证试验检测工作正常、连续开展。试验室电路应为独立的专用线,在总闸及力学室、标准养护室应安装漏电保护器。

(5)办公室及功能室外应悬挂或张贴有统一规格的门牌标识。

(6)办公室内墙体上应悬挂工地试验室组织机构框图及人员配置图。条件允许的工地试验室可将主要管理制度及人员岗位职责同时上墙,但应注意布局协调、美观。

(7)功能室内主要设备旁边墙体上应悬挂统一规格的仪器设备操作规程。

(8)对有环境条件要求的功能室,应配置相应设施,如喷湿装置、温控装置、抽湿装置、防振动装置等。

3.其他设施

拌和站、钢筋加工场、预制梁(板)场及预制构件场、其他库房及存放场地、施工便道等,均按照技术规范105.02节规定设置。

105.03 施工标准化

(1)承包人应按照规范要求,优化施工工艺,严格工艺管理,提高施工效率和实体工程质量。

(2)规范质量检验与控制,强化各类验证试验和标准试验,做到检测项目完整齐全、检测频率符合要求、检测数据真实可靠。

(3)加强对隐蔽工程、关键工序的过程控制和验收,确保工程各项指标抽检合格率达到规范要求。

(4)施工过程中,施工原始记录应与施工工序同步,工程现场验收应与施工资料签认同步,对隐蔽工程应保留相关影像资料。

(5)严格执行试验路、试验段及首件工程验收制,未经验收总结,不得进行规模生产。

105.04 管理标准化

承包人应严格执行公路建设法律法规和强制性标准,在工程管理中查找薄弱环节,健全管理制度,优化管理流程,把技术标准、管理标准、作业标准落实到施工全过程,实现工程进度合理均衡,安全措施落实,节能环保措施到位,档案资料收集齐全、整理规范。加强从业人员管理和培训,统一从业人员持证和着装。

105.05 计量与支付

1.计量

施工标准化按《招标文件》技术规范第105节施工标准化的内容和要求执行,以总额为单位计量,包括与标准化施工有关的一切作业费用。

2. 支付

施工标准化完工后,经监理人验收合格按《招标文件》规定支付。

3. 支付子目(表105-1)

支 付 子 目　　　　　　　　　表105-1

子目号	子目名称	单　位	子目号	子目名称	单　位
105	施工标准化		105-4	钢筋加工场	总额
105-1	施工驻地	总额	105-5	预制场	总额
105-2	工地试验室	总额	105-6	仓储存放地	总额
105-3	拌和站	总额	105-7	各场(厂)区、作业区连接道路及施工主便道	总额

第200章 路　　基

第201节 通　　则

201.01　范围

本章为路基工程,其工作内容包括路基土石方工程、排水工程及路基防护工程施工及其有关的作业。

(1)路基土石方工程包括:填方路基、挖方路基和特殊路基处理及其有关的作业。

(2)排水工程包括:坡面排水的施工及其有关的作业。

(3)路基防护工程包括:石砌护坡、护面墙、挡土墙、抗滑桩、河道防护及锥坡和其他防护工程的砌筑,以及其基础开挖与回填的施工作业。

201.02　一般要求

(1)在公路路基土石挖方中用不小于112.5kW推土机单齿松动器无法松动,须用爆破或用钢楔大锤、气钻方法开挖的,以及体积大于或等于$1m^3$的孤石为石方,余为土方。其土石分类应以设计为依据由监理人批准确定。

(2)承包人应在开工之前进行现场恢复和固定路线。其内容包括:导线、中线的复测,水准点的复测与增设,横断面的测量与绘制等。承包人应对所有的测量进行记录并整理这些资料。每段测量完成后,测量记录本及成果资料由承包人的测量员及其主管技术人员共同签字,送交监理人核查。在监理人核查全部或任何一部分工程的测量成果时,承包人应无偿提供设备及辅助人员。在监理人核准测量成果后,承包人应按图纸要求现场设置路基用地界桩和坡脚、路堑堑顶、截水沟、边沟、护坡道、取土坑、弃土堆等的具体位置桩,标明其轮廓,报请监理人检查批准。

(3)施工期间防水、排水。在路基工程施工期间,为防止工程或附近农田、建筑物及其他设施受冲刷、淤积,应修建临时排水设施,以保持施工场地处于良好的排水状态。临时排水设施应与永久性排水设施相结合。施工场地流水不得排入农田、耕地或污染自然水源,也不应引起淤积、阻塞和冲刷。施工时,不论挖方或填方,均应做到各施工层表面不积水,因此,各施工层应随时保持一定的泄水横坡或设置纵向排水通道。挖方路基顶面或填方基底含水率过大时,承包人应采取措施降低其含水率。

201.04　计量与支付

本节工作内容均不做计量与支付,其所涉及的费用应包括在与其相关工程子目的单价或费率之中。

第202节　场地清理

202.01　范围

本节工作内容为公路用地范围及借土场地的清理、拆除和挖掘,以及必要的平整场地等有关作业。

202.02　一般要求

(1)承包人应在施工前确定现场工作界线,并保护所有规定保留和监理人指定保留的植物及构造物。

(2)场地清理拆除及回填压实后,承包人应重测地面高程,并将填挖断面和土石方调配图提交监理人审核。

(3)清理及拆除工作完成后,应由监理人进行现场检查验收,在验收合格后方可进行下一工序的施工。

(4)复测及放样。

恢复和固定路线包括中线及高程的复测,水准基点复测及增设,横断面的检查与补测等。复测及放样过程中应注意复查土石分类是否恰当,地下水、地表水状况及由此影响的土基干湿状态是否与设计文件一致,砂石料的状况是否出入过大等。发现设计文件存在不妥时,应提出变更设计的方案,进行补充测量,及时办理变更手续。

复测及放样的费用在承包人其他工程费项下的施工辅助费中开支,不予计量及支付。但当承包人复测及放样过程中引发其他重大变更设计方案的勘察设计工作,其费用则不应由承包人承担。

(5)路基用地范围内的旧桥梁、旧涵洞、旧路面和其他障碍物等应予以拆除。正在使用的旧桥梁、旧涵洞、旧路面及其他排水结构物,应在对其正常交通和排水做出妥善的安排之后,才能拆除。对于废弃材料,承包人应按监理人的指示自费妥善处理。承包人由于拆除施工造成其他建筑物、设施等的损坏时,应自费负责赔偿。

202.04　计量与支付

1.计量

(1)清理现场依据图纸所示位置及范围(路基范围以外临时工程用地清场等除外),按路基开挖线或填筑边线之间的水平投影面积,以平方米为单位计量。清理现场包括灌木、竹林、胸径小于10cm树木的砍伐及挖根;清除场地表面0~30cm范围内的垃圾、废料、表土(腐殖土)、石头、草皮;与清理现场有关的一切挖方、坑穴的回填、整平、压实;适用材料的装卸、移运、堆放及非适用材料的移运处理;现场清理。

(2)砍伐树木依据图纸所示路基范围内胸径10cm以上(含10cm)的树木,按实际砍伐数量,以棵为单位计量。包括砍伐、截锯、装卸、移运至指定地点堆放、现场清理等一切有关的作业。

(3)挖除树根依据图纸所示路基范围内胸径10cm以上(含10cm)树木的树根,按实际挖除数量,以棵为单位计量。包括挖除树根;装卸、移运至指定地点堆放;现场清理等一切有关的作业。

(4)挖除旧路面依据图纸所示位置,挖除路基范围内原有的旧路面,按不同的路面结构类型,以立方米为单位计量。包括挖除;装卸、移运处理;场地清理、平整等一切有关的作业。

(5)拆除结构物依据图纸所示位置,拆除路基范围内原有的各种结构物,以立方米为单位计量。包括挖除;装卸、移运处理;场地清理、平整等一切有关的作业。

(6)植物移栽依据图纸所示位置,起挖路基范围内原有的乔(灌)木并移栽,按成活的各类乔(灌)木数量,以棵为单位计量。包括植物起挖;保护、装卸、运输;坑(穴)开挖;种植;支撑、养护;场地清理等一切有关的作业。

2. 支付

按上述规定计量,经监理人验收并列入工程量清单的以下支付子目的工程量,其每一计量单位,将以合同单价支付。此项支付包括材料、劳力、设备、运输等及其为完成此项工程所必需的全部费用。

3. 支付子目(表202-1)

支付子目   表202-1

子目号	子目名称	单位	子目号	子目名称	单位
202	场地清理		-a	钢筋混凝土结构	m^3
202-1	清理与掘除		-b	混凝土结构	m^3
-a	清理现场	m^2	-c	砖、石及其他砌体结构	m^3
-b	砍伐树木	棵	-d	金属结构	kg
-c	挖除树根	棵	202-4	植物移栽	
202-2	挖除旧路面	m^3	-a	移栽乔(灌)木	棵
202-3	拆除结构物		-b	移栽草皮	m^2

第203节 挖方路基

203.01 范围

本节工作内容为挖方路基施工和边沟、截水沟、排水沟以及改河、改渠、改路等开挖有关作业。

203.02 一般要求

(1)在挖方路基开工前至少28d,承包人应将开挖工程断面图报监理人批准,否则不得开挖。

(2)所有挖方作业均应符合图纸和《公路路基施工技术规范》(JTG/T 3610—2019)的有关规定,并应按监理人的要求施工。

(3)挖方作业应保持边坡的稳定,不得对邻近的各种结构物及设施产生损坏或干扰,否则由此引起的后果应由承包人自负。

(4)在开挖中出现石方时,承包人应测量土石分界线,经监理人鉴定认可后,分层进行开挖。如果出现零星石方,承包人应在事前量测石方数量,报经监理人批准后,方能继续施工。

(5)路堑挖方材料应尽量予以利用,但不得重复计算利用材料的开挖数量。可作为路基填料的土方,应分类开挖、分类使用。除图纸规定或被定为非适用材料外,不得任意废弃,并力争填、挖、借、弃合理。

(6)如路床面开挖超过图纸或监理人的要求时,承包人应回填并压实。

(7)在整个施工期间,承包人必须始终保证路基排水畅通。如因排水不当而造成工程损坏时,承包人应立即对其进行修补。

(8)施工前,应对图纸提供的弃土方案进行现场核对,若有疑问,应及时处理。沿线弃土堆的设置应符合图纸要求和《公路路基施工技术规范》(JTG/T 3610—2019)的相关规定。

203.05　计量与支付

1.计量

(1)挖土方依据图纸所示地面线、路基设计横断面图、路基土石比例,采用平均断面面积法计算,包括边沟、排水沟、截水沟的土方,按照天然密实体积以立方米为单位计量;路床顶面以下挖松至300mm深再压实,作为挖土方的附属工作,不另行计量;取弃土场的绿化、防护工程、排水设施在相应章节内计量。工程内容包括:挖除、装载、运输、卸车;填料分理、弃土整形、压实;施工排水处理;边坡整修、路床顶面以下挖松至300mm深再压实、路床清理等一切相关作业。

(2)挖石方依据图纸所示地面线、路基设计横断面图、路基土石比例,采用平均断面积法计算,包括边沟、排水沟、截水沟的石方,按照天然体积以立方米为单位计量;弃土场绿化、防护工程、排水设施在相应章节内计量。工程内容包括:石方爆破;挖除、装载、运输、卸车;填料分理、弃土整形、压实;施工排水处理;边坡整修、路床顶面凿平或填平压实、路床清理等一切相关作业。

(3)挖除非适用材料(不含淤泥、岩盐、冻土)依据图纸所示位置,挖除路基范围内非适用材料(不含淤泥、岩盐、冻土),以立方米为单位计量;弃土场绿化、防护工程、排水设施在相应章节内计量。工程内容包括:施工排水处理;挖除、装载、运输、卸车、堆放;现场清理等一切相关作业。

(4)挖淤泥依据图纸所示位置,挖除路基范围内淤泥,以立方米为单位计量;弃土场绿化、防护工程、排水设施在相应章节内计量。工程内容包括:施工排水处理;挖除、装载、运输、卸车、堆放;现场清理等一切相关作业。

(5)挖岩盐依据图纸所示地面线、路基设计横断面图、路基土石比例,采用平均断面积法计算,按照天然体积以立方米为单位计量;弃土场绿化、防护工程、排水设施在相应章节内计量;路床顶面岩盐破碎、润洒卤水、碾压整平等作为挖岩盐的附属工作,不另行计量。工程内容包括:石方爆破或机械开挖;挖除、装载、运输、卸车;填料分理、施工排水处理;路床顶面岩盐破碎、润洒饱和卤水、碾压整平、路床清理等一切相关作业。

(6)挖冻土依据图纸所示位置,挖除冻土,以立方米为单位计量;弃土场绿化、防护工程、排水设施在相应章节内计量。工程内容包括:爆破或机械开挖;挖除、装载、运输、卸车、堆放;施工排水处理;现场清理等一切相关作业。

2.支付

(1)按上述规定计量,经监理人验收并列入工程量清单的以下支付子目的工程量,每一计量单位,将以合同单价支付。此项支付包括材料、劳力、设备、运输等及其为完成此项工程所必需的全部费用。

(2)土方和石方的单价费用,包括开挖、运输、堆放、分理填料、装卸、弃方和剩余材料的处理,以及其他有关的全部施工费用。

3.支付子目(表203-1)

支付子目　　　　　　　　　　　　　　　　表203-1

子目号	子目名称	单位	子目号	子目名称	单位
203	挖方路基		203-2	改河、改渠、改路挖方	
203-1	路基挖方		-a	挖土方	m^3
-a	挖土方	m^3	-b	挖石方	m^3
-b	挖石方	m^3	-c	挖除非适用材料（不含淤泥、岩盐、冻土）	m^3
-c	挖除非适用材料（不含淤泥、岩盐、冻土）	m^3	-d	挖淤泥	m^3
-d	挖淤泥	m^3	-e	挖岩盐	m^3
-e	挖岩盐	m^3	-f	挖冻土	m^3
-f	挖冻土	m^3			

203.06 挖方工程量计算示例

【例203-1】 某路段长为L,其路基为挖方路基,两端截面的横断面如图203-1所示,计算挖方路基工程量。

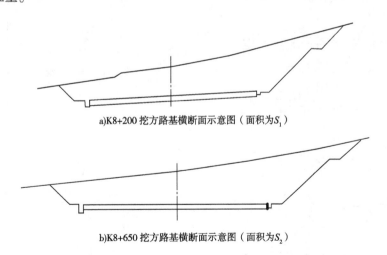

a)K8+200挖方路基横断面示意图（面积为S_1）

b)K8+650挖方路基横断面示意图（面积为S_2）

图203-1　横断面示意图

解:图203-1为端截面的横断面示意图,路段的挖方工程量为

$$V_{12} = S_{12} \times L_{12}$$

其中

$$S_{12} = \frac{S_1 + S_2}{2}$$

$$L_{12} = L_2 - L_1$$

L_1、L_2 分别为 1、2 横断面处挖方段桩号。横断面面积 S 的计算常用积距法,即先把横断面图形划分为若干宽度为 e 的小条形,这些小条形一般可视为三角形、梯形或矩形。量出每个小条形的平均高度 h_i,然后乘以 e,即可分别得出各条形的面积,然后累加和即为该横断面的近似面积 S_i。

若挖方路基横断面变化较大,可以根据横断面面积的变化幅度,将整个路段划分为 n 段,按照式(203-1)分别计算各段的挖方工程量,然后求和,见式(203-2)。

$$V_{n(n+1)} = S_{n(n+1)} \times L_{n(n+1)} \tag{203-1}$$

$$V = \sum \left[S_{12} \times L_{12} + \cdots + S_{n(n+1)} \times L_{n(n+1)} \right] \tag{203-2}$$

式中:S_n——某挖方横断面面积,$S_{n(n+1)} = (S_n + S_{n+1})/2$;

L_n——某挖方段桩号,$L_{n(n+1)} = L_{n+1} - L_n$。

【例 203-2】 图 203-2 为某挖方路基桩号 K351+780~K352+020 间各断面示意图,表 203-2 为路基土石方挖方工程量。

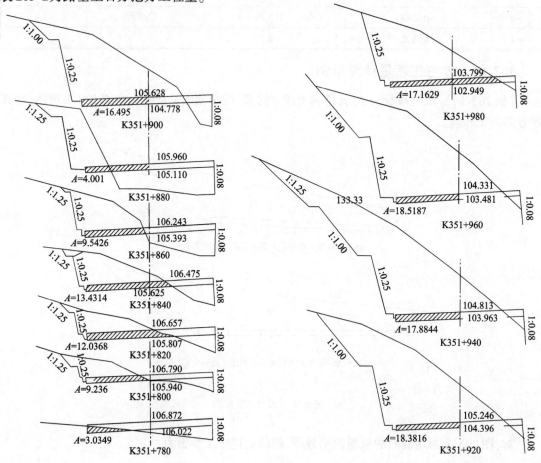

图 203-2 K351+780~K350+920 路段挖方路基各横断面示意图

路基土石方挖方工程量　　　　　表203-2

桩　　号	设计高程 （m）	本次计量高程 （m）	挖方断面面积 （m²）	平均断面面积 （m²）	距离 （m）	挖方工程量 （m³）
K351+780	106.872	106.022	3.0439	6.135	20	122.7
K351+800	106.790	105.940	9.236	10.636	20	212.72
K351+820	106.657	105.807	12.0368	12.734	20	254.68
K351+840	106.475	105.625	13.4314	11.487	20	229.74
K351+860	106.243	105.392	9.5426	6.772	20	135.44
K351+880	105.960	105.110	4.001	10.248	20	204.96
K351+900	105.628	104.778	16.495	17.438	20	348.76
K351+920	105.246	104.396	18.3816	18.133	20	362.66
K351+940	104.813	103.963	17.8844	18.202	20	364.04
K351+960	104.331	103.481	18.5187	17.841	20	356.82
K351+980	103.799	102.949	17.1629	9.572	20	191.44

第204节　填方路基

204.01　范围

本节工作内容为填筑路基和结构物处的台背回填以及改路填筑等有关的施工作业。

204.02　填方工程量计算

（1）路基横断面设计图所显示的挖填方工程量，一般称为"断面方"。断面方中包含填方与挖方，填方系按压实后的体积计算，称"压实方"；挖方是按天然密实体积计算，称"天然密实方"。实践表明，天然密实的1m³土体开挖运来填筑路堤，并不等于1m³的压实方。公路工程定额规定：当以填方压实体积为工程量，采用天然密实方为计量单位的定额时，所采用定额应乘以调整系数。由于调整系数的采用，应在路基土石方工程数量的计算及填挖平衡调运过程中充分注意和考虑，不应简单地只按断面方进行调配。公路工程定额中规定的天然密实方折算为压实方的调整系数。

填筑路堤的土石方数量，应以横断面地面线为基础，按不同来源计价。计价土石方的数量必须通过土石方调配后来确定。其土石方数量关系如下（设计中的填挖数量已考虑松方系数）：

设计断面方数量 = 挖方（天然密实方）数量 + 填方（压实方）数量

计价方数量 = 挖方（天然密实方）数量 + 借方（压实方）数量

＝挖方（天然密实方）数量 + 填方（压实方）数量 - 利用方（压实方）数量

借方（压实方）数量 = 填方（压实方）数量 - 利用方（压实方）数量

弃方 = 挖方（天然密实方）数量 - 利用方（天然密实）数量

（2）因特殊路基处理的路基填筑改为砂垫层或砂砾垫层等，不应重计相应填土方工程量。

（3）路基工程有以下几项应予增加的数量，并计入填方内计算。清除表土或零填方地段的基底压实，耕地填前夯实，回填至原地面高程的土石方数量；路基沉陷需要增加的土石方数量,或进行路堤预压需增加的填料数量;为保证路基边缘的压实度需加宽填筑时,需要增加的土石方数量,其填方数量计价不计量,即将所需数量发生的填方费用摊入填方单价内,为保证路基填方在接近最佳含水率时进行碾压,应结合工程实际情况和计划在最干季节完成的工程量,计算所需的洒水量;对路基土石方的综合利用,做出必要的安排,如改土造田、利用开山石方作为构造物和路面用料等。

204.06 计量与支付

1. 计量

(1)路基填筑依据图纸所示地面线、路基设计横断面图,按平均断面面积法计算压实的体积,以立方米为单位计量。工程内容包括:基底翻松、压实、挖台阶;临时排水、翻晒;分层摊铺;洒水、压实、刷坡;整形。对于填石路段还包括边坡码砌;小石块(或石屑)填缝、找补等一切相关作业。

(2)利用土方填筑是指填料中石料含量小于30%。利用石方填筑是指填料中石料含量大于70%。土石混填是指填料中石料含量大于30%,小于70%。

(3)满足施工需要,预留路基宽度宽填的填方量作为路基填筑的附属工作,不另行计量。

(4)填前压实、地面下沉增加的填方量按填料来源参照路基填筑计量。

(5)借土场绿化、防护工程、排水设施、临时用地在相应章节内计量。

(6)吹填砂路堤填筑工程内容包括:吹砂设备安设;吹填;施工排水处理(排水沟、反滤层设置);封闭及整形等一切相关作业。

(7)EPS路堤填筑依据图纸所示,按铺筑的EPS体积以立方米为单位计量。工程内容包括:下承层处理;铺设垫层;EPS块加工及铺装等一切相关作业。

(8)结构物台背回填是依据图纸所示结构物台背回填数量,按照压实的体积以立方米为单位计量,挡土墙墙背回填不另行计量。工程内容包括:基底翻松、压实、挖台阶;填料的选择;临时排水;分层摊铺;洒水、压实;整形等一切相关作业。

(9)锥坡及台前溜坡填土是依据图纸所示锥坡及台前溜坡填土数量,按照压实的体积以立方米为单位计量。工程内容包括:基底翻松、压实、挖台阶;填料的选择;临时排水;分层摊铺;洒水、压实;整形等一切相关作业。

2. 支付

按上述规定计量,经监理人验收并列入工程量清单的以下支付子目的工程量,其每一计量单位,将以合同单价支付。此项支付包括材料、劳力、设备、运输等及其为完成此项工程所必需的全部费用。

3. 支付子目(表204-1)

支付子目　　　　　　　　　　　　　　　　　　　　　　表204-1

子目号	子目名称	单位	子目号	子目名称	单位
204	填方路基		-g	EPS路堤	m^3
204-1	路基填筑(包括填前压实)		-h	结构物台背回填	m^3
-a	利用土方	m^3	-i	锥坡及台前溜坡填土	m^3
-b	利用石方	m^3	204-2	改河、改渠、改路填筑	
-c	利用土石混填	m^3	-a	利用土方	m^3
-d	借土填方	m^3	-b	利用石方	m^3
-e	粉煤灰及矿渣路堤	m^3	-c	利用土石混填	m^3
-f	吹填砂路堤	m^3	-d	借土填方	m^3

204.07 填方路基工程量计算示例

【例 204-1】 如图 204-1 所示为某填方路基横断面图,路基顶面宽度为 $L_1 = 25\text{m}$,边坡坡率 $n = 1:1.5$,阴影图形的高 $H = 2.0\text{m}$,路拱横坡度为 $m = 3\%$,试计算其土石方数量。

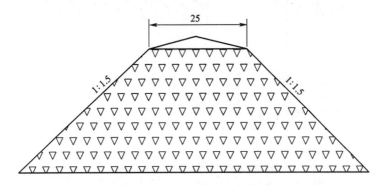

图 204-1 某填方路基横断面(尺寸单位:m)

解: 可以将横断面的面积 A 分为两个部分计算,即阴影图形(梯形)的面积 S_1 和上部三角形的面积 S_2,即 $A = S_1 + S_2$。

(1)设梯形的下底边长度为 L_2,则 $L_2 = L_1 + \dfrac{H}{n} \times 2 = 25 + 2.0 \times 1.5 \times 2 = 31\text{m}$,故梯形面积 $S_1 = \dfrac{1}{2} \times (L_1 + L_2) \times H = \dfrac{1}{2} \times (25 + 31) \times 2.0 = 56(\text{m}^2)$。

(2)设上部三角形的高为 h,则 $h = \dfrac{1}{2} \times L_1 \times m = \dfrac{1}{2} \times 25 \times 3\% = 0.375\text{m}$,故三角形的面积 $S_2 = \dfrac{1}{2} \times L_1 \times h = \dfrac{1}{2} \times 25 \times 0.375 \approx 4.69(\text{m}^2)$。

(3)横断面面积 $A = S_1 + S_2 = 56 + 4.69 = 60.69(\text{m}^2)$。

(4)路基土石方数量:当各中桩的横断面面积计算出后,一般采用平均断面法来计算数量,两断面里程相减得出其间距 L,按棱柱体的体积计算:

$$V = L \times \dfrac{A_1 + A_2}{2}$$

式中:A_1、A_2——两个横断面的面积。

【例 204-2】 某结构物台背侧面图及剖面图分别如图 204-2、图 204-3 所示,试计算该台背工程量。

解: 该台背工程量由 V_1、V_2、V_3、V_4 四部分体积组成。其中:

(1)V_1 部分为棱柱,其体积为 $V_1 = S_1 \times h_1$,S_1 为棱柱体底面积(图 204-3 a-a 处),h_1 为棱柱体的高。

(2)V_2 部分可近似为三棱柱,其体积为 $V_2 = S_2 \times h_2$,S_2 为图 204-2 中的三角形部分面积(图 204-3 b-b 处),h_2 为图 204-3 阴影部分的宽。

(3)V_3 部分:

①当台背填高不大于 8m 时,V_3 部分为三棱锥,其体积为 $V_3 = 1/3 \times S_3 \times H_3$,$S_3 = S_2$,$h_3 = 1.5 \times (8 - h_{路面})$。

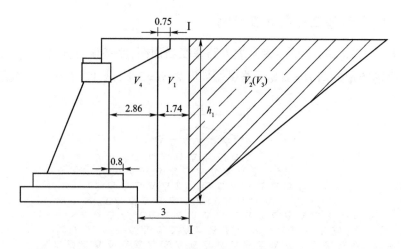

图 204-2 台背侧面图(尺寸单位:m)

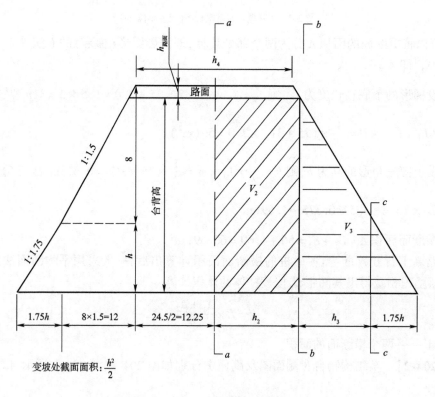

图 204-3 台背 I - I 剖面图(尺寸单位:m)

②当台背填高大于 8m 时，V_3 部分以 8m 处为分界线分为三棱锥与三棱台，则：

$$三棱台体积 = \frac{1}{3} \times h_3 \times (S_3 + S_{8m处截面} + \sqrt{S_3 \times S_{8m处截面}})$$

$$三棱锥体积 = \frac{1}{3} \times S_{8m处截面} \times 1.75h$$

$S_{8m处截面}$ 见图 204-3 c-c 处。

(4) V_4 部分：为长方形扣除基础等所占体积后的剩余体积，$V_4 = S_4 \times h_4$，h_4 为路基顶宽。
故该台背工程量 $= V_1 + (V_2 + V_3) \times 2 + V_4$。

第 205 节 特殊地区路基处理

205.01 范围

本节工作内容包括:软土地区路基、滑坡地段路基、岩溶地区路基、膨胀土地区路基、黄土地区路基、盐渍土地区路基、风积沙及沙漠地区路基、季节性冻土地区路基和河、塘、湖、海地区路基的处理及其有关的工程作业。

205.13 计量与支付

1. 计量

本节所完成的工程,经验收后,由承包人计算监理人校核的数量作为计量的工程数量。

(1)抛石挤淤软土路基处理,依据图纸所示位置和范围,按照抛石体积的片石数量,以立方米为单位计量。工程内容包括:临时排水;抛填片石;小石块、石屑填塞垫平;重型压路机压实等一切相关作业。

(2)爆炸挤淤软土路基处理,依据图纸所示位置和范围,按照设计的爆炸挤淤的淤泥体积,以立方米为单位计量。工程内容包括:超高填石;爆炸设计;布置炸药;爆破;填石;钻探(或物探)检查等一切相关作业。

(3)各类垫软土路基处理,根据材料种类不同,依据图纸所示位置和断面尺寸,按图示材料垫层密实体积,以立方米为单位计量;因换填而挖除的非适用材料列入 203-1 相关子目计量。工程内容包括:基底清理;临时排水;分层铺筑;分层碾压;路基边部片石砌护;石灰购置、运输、消解、拌和等一切相关作业。

(4)土工合成材料软土路基处理,根据土工织物种类不同依据图纸所示位置和规格,按土层中分层铺设土工织物的累计净面积,以平方米为单位计量;接缝的重叠面积和边缘的包裹面积不予计量。工程内容包括:清理下承层;铺设及固定;接缝处理(搭接、缝接、粘接);边缘处理等一切相关作业。

(5)真空预压软土路基处理,依据图纸所示的沿密封沟内缘线密封膜覆盖的路基面积,以平方米为单位计量;真空联合堆载预压的堆载土方在 205-1-e-2 子目计量;砂垫层作为真空预压的附属工作不另行计量。工程内容包括:场地清理及埋设沉降观测设施;铺设砂垫层及密封薄膜;施工密封沟;安装真空设备;抽真空、沉降观测;拆除、清理场地;围堰与临时排水等一切相关作业。

(6)超载预压软土路基处理,依据图纸所示预压范围(宽度、高度、长度)预压后体积,以立方米为单位计量。工程内容包括:场地清理及埋设沉降观测设施;指标试验;围堰及临时排水;挖运、堆载、整形及碾压;沉降观测等一切相关作业。

(7)袋装砂井软土路基处理,依据图纸所示位置和断面尺寸,按不同直径袋装砂井的长度,以米为单位计量。工程内容包括:场地清理;(轨道铺、拆)装砂袋;桩机定位;打钢管;下砂袋;拔钢管;起重机(门架)、桩机移位等一切相关作业。

(8)塑料排水板软土路基处理,依据图纸所示位置和断面尺寸,按图示不同类型的塑料排水板长度,以米为单位计量;不计伸入垫层内的塑料排水板长度。工程内容包括:场地清理;(轨道铺、拆)桩机定位;穿塑料排水板;安桩靴;打拔钢管;剪断排水板;起重机(门架)、桩机移位等一切相关作业。

(9)粒料桩软土路基处理,依据图纸所示位置和断面尺寸,按图示不同桩径的桩长度,以米为单位计量。工程内容包括:场地清理;成桩设备安装与就位;成孔;灌砂;桩机移位等一切相关作业。

(10)加固土桩软土路基处理,依据图纸所示位置和断面尺寸,按图示不同桩径的桩长度,以米为单位计量。工程内容包括各类桩的一切相关作业。

(11)强夯软土路基处理,依据图纸所示位置和处理面积,按图示路堤底面积,以平方米为单位计量。工程内容包括:场地清理;拦截、排除地表水;防止地表水下渗等防渗措施;强夯处理;路基整形;压实;沉降观测等一切相关作业。

(12)强夯置换软土路基处理,依据图纸所示位置,按图示置换的体积,以立方米为单位计量。工程内容包括:场地清理;拦截、排除地表水;防止地表水下渗等防渗措施;挖除材料;铺设置换材料;强夯;路基整形;承载力检测等一切相关作业。

(13)红黏土及膨胀土路基处理(包括石灰和水泥改良土),依据图纸所示位置和断面尺寸,对不良填料进行掺石灰或水泥改良处理,按不同材料掺量的压实体积,以立方米为单位计量;仅指石灰或水泥改良土作业,包括石灰或水泥的购置、运输、消解、拌和、洒水;土石方挖运、摊平、压实、整形在204节计量;包边土方在第204节计量。工程内容包括:原状土开挖翻松及晾晒;石灰或水泥消解;掺灰或水泥拌和。

(14)清除滑坡体,依据图纸所示位置,按照清除滑坡体土方与石方的天然体积,分别以立方米为单位计量。工程内容包括:地表水引排、防渗、地下水疏导引离;挖除、装载;运输到指定地点堆放;现场清理。

(15)岩溶洞回填处理,依据图纸所示位置和范围,按照图纸要求的回填材料的密实体积,以立方米为单位计量。工程内容包括:清除覆土;炸开顶板;地下水疏导引离;挖除充填物;分层回填;碾压、夯实。

(16)陷穴处理湿陷性黄土路基处理(包括灌砂和灌水泥砂浆),依据图纸所示位置,按照灌砂或水泥砂浆的体积,以立方米为单位计量。工程内容包括:施工排水处理;开挖;灌砂及压实;水泥砂浆拌制及灌注。

(17)强夯法处理湿陷性黄土路基,依据图纸所示位置和处理面积,按图示路堤底面积,以平方米为单位计量。工程内容包括:场地清理;拦截、排除地表水;防止地表水下渗等防渗措施;强夯处理;路基整形;压实;沉降观测。

(18)强夯置换法处理湿陷性黄土路基,依据图纸所示位置,按图示置换的体积,以立方米为单位计量。工程内容包括:场地清理;拦截、排除地表水;防止地表水下渗等防渗措施;挖除材料;铺设置换材料;强夯;路基整形;承载力检测等一切相关工作内容。

(19)石灰改良土法处理湿陷性黄土路基,依据图纸所示位置和断面尺寸,对不良填料进行掺石灰改良处理,按不同掺灰量的压实体积,以立方米为单位计量;仅指石灰改良土作业,包括石灰的购置、运输、消解、拌和、洒水;土石方挖运、摊平、压实、整形在204节计量。工程内容包括:原状土开挖翻松及晾晒;石灰消解;掺灰拌和等一切相关工作内容。

(20)灰土桩法处理湿陷性黄土路基,依据图纸所示位置和断面尺寸,按图示不同直径的灰土桩的长度,以米为单位计量。工程内容包括:场地清理;钻机安装与就位;钻孔;喷(水泥)粉,搅拌;复喷、二次搅拌;桩机移位等一切相关工作内容。

(21)垫层法处理盐渍土路基处理(包括砂垫层和砂砾垫层),依据图纸所示位置和断面尺寸,按图示砂垫层密实体积,以立方米为单位计量;因换填而挖除的非适用材料列入203-1相关子目计量。工程内容包括:基底清理;临时排水;分层铺筑;分层碾压等一切相关工作内容。

(22)防渗土工膜法处理盐渍土路基,依据图纸所示位置和规格,按土层中分层铺设防渗土工膜的累计净面积,以平方米为单位计量;接缝的重叠面积和边缘的包裹面积不予计量。工程内容包括:清理下承层;铺设及固定;接缝处理(搭接、缝接、粘接);边缘处理等一切相关工作内容。

(23)土工格栅法处理盐渍土或风积沙路基,依据图纸所示位置和规格,按土层中分层铺设土工格栅的累计净面积,以平方米为单位计量;接缝的重叠面积和边缘的包裹面积不予计量。工程内容包括:清理下承层;铺设及固定;接缝处理(搭接、缝接、粘接);边缘处理等一切相关工作内容。

(24)土工格室或蜂窝式塑料网处理风积沙路基,依据图纸所示位置和规格,按土层中分层铺设材料的累计净面积,以平方米为单位计量;接缝的重叠面积和边缘的包裹面积不予计量。工程内容包括:清理下承层;铺设及固定;接缝处理(搭接、缝接、粘接);边缘处理等一切相关工作内容。

(25)XPS保温板隔热层法处理冻土路基,依据图纸所示位置和断面形状、尺寸,按图示粘贴的XPS保温板面积,以平方米为单位计量。工程内容包括:备保温板、运输;裁剪保温板;清理粘贴面;涂刷或批刮黏结胶浆;贴到图示墙面或地面等一切相关工作内容。

(26)通风管隔热层法处理冻土路基,依据图纸所示位置和断面形状、尺寸,按设置的通风管长度,以米为单位计量。工程内容包括:基础开挖;通风管制作;通风管安装;回填砂砾;压实等一切相关工作内容。

(27)热棒隔热层法处理冻土路基,依据图纸所示位置和尺寸,按图示设置的热棒数量,以根为单位计。工程内容包括:场地清理;备水电、材料、机具设备;钻机定位;钻进、成孔;起吊安装热棒;热棒四周灌砂密实;钻机移位等一切相关工作内容。

(28)工地沉降观测作为承包人应做的工作,不予计量与支付。

(29)临时排水与防护设施认为已包括在相关工程中,不另行计量。

2. 支付

按上述规定计量,经监理人验收,第一次支付按完成工程数量的85%支付,其余部分经监理人核准承包人递交的沉降监测报告后再支付15%。此项支付包括材料、劳力、设备、运输等及其他为完成安装工程所必需的全部费用。

3. 支付子目(表205-1)

支付子目   表205-1

子目号	子目名称	单位	子目号	子目名称	单位
205	特殊地区路基处理		-c-5	灰土垫层	m^3
205-1	软土地基处理		-d	土工合成材料	
-a	抛石挤淤	m^3	-d-1	反滤土工布	m^2
-b	爆炸挤淤	m^3	-d-2	防渗土工膜	m^2
-c	垫层		-d-3	土工格栅	m^2
-c-1	砂垫层	m^3	-d-4	土工格室	m^2
-c-2	砂砾垫层	m^3	-e	预压与超载预压	
-c-3	碎石垫层	m^3	-e-1	真空预压	m^2
-c-4	碎石土垫层	m^3	-e-2	超载预压	m^3

续上表

子目号	子目名称	单 位	子目号	子目名称	单 位
-f	袋装砂井	m	205-5	湿陷性黄土路基处理	
-g	塑料排水板	m	-a	陷穴处理	
-h	粒料桩		-a-1	灌砂	m^3
-h-1	砂桩	m	-a-2	灌水泥砂浆	m^3
-h-2	碎石桩	m	-b	强夯及强夯置换	
-i	加固土桩		-b-1	强夯	m^2
-i-1	粉喷桩	m	-b-2	强夯置换	m^3
-i-2	浆喷桩	m	-c	石灰改良土	m^3
-j	CFG桩	m	-d	灰土桩	m
-k	Y形沉管灌注桩	m	205-6	盐渍土路基处理	
-l	薄壁筒型沉管灌注桩	m	-a	垫层	
-m	静压管桩	m	-a-1	砂垫层	m^3
-n	强夯及强夯置换		-a-2	砂砾垫层	m^3
-n-1	强夯	m^2	-b	土工合成材料	
-n-2	强夯置换	m^3	-b-1	土工格栅	m^2
205-2	红黏土及膨胀土路基处理		-b-2	土工格室	m^2
-a	石灰改良土	m^3	-b-3	蜂窝式塑料网	m^2
-b	水泥改良土	m^3	205-8	冻土路基处理	
205-3	滑坡处理		-a	隔热层	
-a	清除滑坡体	m^3	-a-1	XPS保温板	m^2
205-4	岩溶洞处理		-b	通风管	m
-a	回填	m^3	-c	热棒	根

第206节 路基整修

206.01 范围

本节包括按规范规定进行的路堤整修和路堑边坡的修整,达到符合图纸所示的线形、纵坡、边坡、边沟和路基断面的有关作业。

206.05 计量与支付

本节工作内容均不作计量与支付,路基整修(或整形)工作的费用应摊入路基土石方作业的相关填挖方工程单价内,不单独计算。

第207节 坡面排水

207.01 范围

本节工作为坡面排水和路界内地表水排除,包括边沟、排水沟、跌水与急流槽、盲沟和截水沟等结构物的施工及有关的作业。

207.06 计量与支付

1. 计量

(1)边沟、排水沟、截水沟、跌水与急流槽法进行坡面排水,依据图纸所示位置及断面尺寸,按照不同材料、不同强度等级的体积,以立方米为单位计量。工程内容包括:场地清理;地基平整夯实,断面补挖;铺设垫层;砂浆或混凝土拌制;砌筑、勾缝、抹面、养护;模板制作、安装、拆除;钢筋制作与安装;混凝土拌和、运输、浇筑、养护;预制件预制、运输、装卸;预制件安装;回填等一切相关工作内容。

(2)盲沟(渗沟)法进行坡面排水,依据图纸所示位置及断面尺寸,分不同类型及规格的盲沟(渗沟),按长度以米为单位计量。工程内容包括:基础开挖;进出水口处理;铺设防渗材料;铺设透水管及泄水管;填料填筑及夯实;设置反滤层;设置封闭层;现场清理等一切相关工作内容。

(3)挖土(石)方蒸发池法进行坡面排水,依据图纸所示地面线、断面尺寸、土石比例,按开挖的天然密实体积,以立方米为单位计量。工程内容包括:场地清理;开挖、集中、装运;施工排水处理;弃方处理等一切相关工作内容。

(4)圬工蒸发池法进行坡面排水,依据图纸所示位置及断面尺寸,分不同类型及强度等级,按圬工体积,以立方米为单位计量。工程内容包括:场地清理;基坑开挖及弃方处理;地基平整夯实,断面补挖;浆砌片石、勾缝、抹面、养护;回填等一切相关工作内容。

(5)涵洞上下游改沟、改渠铺砌法进行坡面排水,依据图纸所示位置及断面尺寸,按照不同材料、不同强度等级的体积,以立方米为单位计量。工程内容包括:场地清理;地基平整夯实,沟、渠断面补挖;铺设垫层;砂浆拌制;砌筑、勾缝、抹面、养护;模板制作、安装、拆除;钢筋制作与安装;混凝土拌和、运输、浇筑、养护;预制件预制、运输、装卸;预制件安装;回填等一切相关工作内容。

(6)仰斜式排水孔法进行坡面排水,依据图纸所示位置及孔径、材质等,按照不同管径排水管长度,以米为单位计量。工程内容包括:搭拆脚手架;安拆钻机;管体制作、包裹渗水土工布(反滤膜);安装管,排水口处理;现场清理等一切相关工作内容。

2. 支付

按上述规定计量,经监理人验收的列入工程量清单的以下工程子目的工程量,其每一计量单位将以合同单价支付。此项支付包括材料、劳力、设备、运输等及其他为完成地面排水工程所必需的所有费用,是对完成工程的全部偿付。

3. 支付子目(表207-1)

支付子目　　　　　　　　　　　　　　　　　表207-1

子目号	子目名称	单位	子目号	子目名称	单位
207	坡面排水		-a	浆砌片石	m³
207-1	边沟		-b	浆砌块石	m³
-a	浆砌片石	m³	-c	现浇混凝土	m³
-b	浆砌块石	m³	-d	预制安装混凝土	m³
-c	现浇混凝土	m³	-e	预制安装混凝土盖板	m³
-d	预制安装混凝土	m³	-f	干砌片石	m³
-e	预制安装混凝土盖板	m³	207-3	截水沟	
-f	干砌片石	m³	-a	浆砌片石	m³
207-2	排水沟		-b	浆砌块石	m³

续上表

子目号	子目名称	单　　位	子目号	子目名称	单　　位
-c	现浇混凝土	m³	-a	挖土(石)方	m³
-d	预制安装混凝土	m³	-b	圬工	m³
-e	干砌片石	m³	207-7	涵洞上下游改沟、改渠铺砌	
207-4	跌水与急流槽		-a	浆砌片石铺砌	m³
-a	干砌片石	m³	-b	现浇混凝土铺砌	m³
-b	浆砌片石	m³	-c	预制混凝土铺砌	m³
-c	现浇混凝土	m³	207-8	现浇混凝土坡面排水结构物	m³
-d	预制安装混凝土	m³	207-9	预制混凝土坡面排水结构物	m³
207-5	盲沟(渗沟)		207-10	仰斜式排水孔	
-a	盲沟	m	-a	钻孔	m
-b	渗沟	m	-b	排水管	m
207-6	蒸发池		-c	软式透水管	m

207.07　坡面排水工程量计算示例

【例 207-1】　如图 207-1 所示是某路段浆砌片石排水沟横断面，计算其工程量。

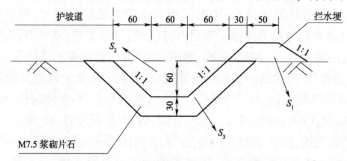

图 207-1　某路段排水沟横断面(尺寸单位：cm)

解：

$$S_1 = \frac{1}{2} \times (0.5 + 0.5 + 0.3 \times 2) \times 0.3 = 0.24 (\text{m}^2)$$

$$S = S_3 - S_2$$

$$S_2 = \frac{1}{2} \times (0.6 \times 3 + 0.6) \times 0.6 = 0.72 (\text{m}^2)$$

$$S_3 = \frac{1}{2} \times [(0.6 \times 3 + 0.3 \times \sqrt{2} \times 2) \times 2 - (0.6 + 0.3 \times \tan 22.5 \times 2)] \times (0.6 + 0.3)$$

$$= 4.574 (\text{m}^2)$$

将 S_2、S_3 代入得

$$S = 1.574 - 0.72 = 0.854 (\text{m}^2)$$

$$S_{总} = S_1 + S = 0.24 + 0.854 = 1.094 (\text{m}^2)$$

故该路段排水沟 M7.5 浆砌片石的每延米的工程量为 0.854(m³/m)。

第 208 节　护坡、护面墙

208.01　范围

本节工作内容包括：植物护坡、浆砌片(块)石或预制混凝土块护坡、护面墙、封面等有关的施工作业。

208.05 计量与支付

1. 计量

(1) 护坡垫层依据图纸所示位置和密实厚度,按照不同材料类别的垫层体积,以立方米为单位计量。工程内容包括:坡面清理、修整;垫层材料铺筑;压实、捣固;弃渣处理等一切相关工作内容。

(2) 片石护坡、浆砌骨架护坡依据图纸所示位置、铺砌厚度、水泥砂浆强度,扣除急流槽所占体积,以立方米为单位计量,含碎落台、护坡平台满铺砌片石数量。工程内容包括:清理边坡,坡面夯实,基础开挖;砌片石;回填;勾缝、抹面、养护;清理现场等一切相关工作内容。

(3) 混凝土护坡依据图纸所示位置及断面尺寸,按照不同强度等级混凝土浇筑或铺砌坡面体积,以立方米为单位计量,含碎落台、护坡平台满铺混凝土数量。工程内容包括:清理边坡,坡面夯实,基坑开挖;模板制作、安装、拆除;混凝土拌和、运输、浇筑、养护;预制场建设;预制件预制、运输、装卸;预制件安装;回填;清理现场等一切相关工作内容。

(4) 封面和捶面依据图纸所示位置及断面尺寸,按照不同厚度的封面和捶面面积,以平方米为单位计量。工程内容包括:坡面清理;封面和捶面施工;清理现场等一切相关工作内容。

(5) 防护系统依据图纸所示,按被动和主动防护系统网面面积,以平方米为单位计量;网片搭接部分作为附属工作,不另行计量。工程内容包括:坡面清理;基础及立柱施工;支撑绳穿绳、张拉、固定;挂网、网片连接、缝合、固定;钻孔、清孔、套管装拔,锚杆制作、安装、锚固、锚头处理;浆液制备、注浆、养护;网面调整等一切相关工作内容。

2. 支付

按上述规定计量,经监理人验收并列入了工程量清单的以下支付子目的工程量,其每一计量单位,将以合同单价支付。此项支付包括材料、劳力、设备、运输等及其为完成防护工程所必需的费用,是对完成工程的全部偿付。

3. 支付子目(表208-1)

支付子目　　　　　　　　　　　　　　　　　　表208-1

子目号	子目名称	单位	子目号	子目名称	单位
208	护坡、护面墙		-e	浆砌片石	m^3
208-1	护坡垫层	m^3	208-5	护面墙	
208-2	干砌片石护坡	m^3	-a	浆砌片(块)石护面墙	m^3
208-3	浆砌片石护坡	m^3	-b	现浇混凝土护面墙	m^3
-a	满铺浆砌片石护坡	m^3	-c	预制安装混凝土护面墙	m^3
-b	浆砌骨架护坡	m^3	208-6	封面	
-c	现浇混凝土	m^3	-a	封面	m^2
208-4	混凝土护坡		208-7	捶面	
-a	现浇混凝土满铺坡	m^3	-a	捶面	m^2
-b	混凝土预制件满铺护坡	m^3	208-8	坡面柔性防护	
-c	现浇混凝土骨架护坡	m^3	-a	主动防护系统	m^2
-d	混凝土预制件骨架护坡	m^3	-b	被动防护系统	m^2

208.07 防护工程工程量计算示例

【例208-1】 如图208-1、图208-2所示分别是某路基防护工程的浆砌片石拱形护坡的平面图和横断面图,图中 h 为防护高度,n 为衬砌拱排数,h 与 n 的关系为 $h/n=(4h-1)/7$,其中 $h=15$,n 取 8,计算衬砌防护拱的工程量。

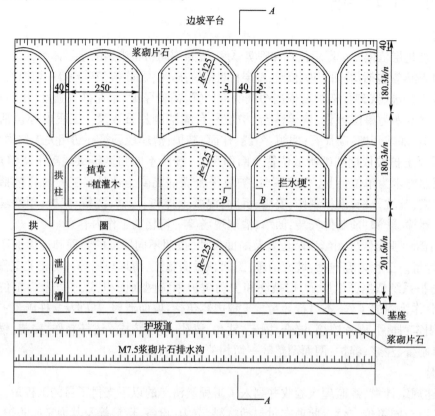

图 208-1　某路基浆砌片石拱形护坡平面图(尺寸单位:cm)

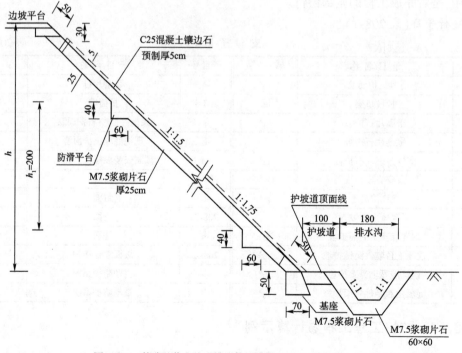

图 208-2　某路基浆砌片石拱形护坡横断面图(尺寸单位:cm)

解:此防护工程量主要包括两个方面:M7.5 浆砌片石的工程量和 C25 混凝土预制块的工程量。浆砌片石拱形护坡工程量的计算因为边坡率不同,所以分两块进行。

(1)边坡率为 1:1.5 的上部拱形防护结构的工程量

$$M7.5 \text{ 浆砌片石的工程量} = 0.0624h + 0.0985n + 0.558$$

$$C25 \text{ 混凝土预制块的工程量} = 0.00428n + 0.0108h$$

(2)边坡率为 1:1.75 的下部拱形防护结构的工程量

$$M7.5 \text{ 浆砌片石的工程量} = 0.0766h + 0.1n + 0.558$$

$$C25 \text{ 混凝土预制块的工程量} = 0.00428n + 0.012h$$

因此,每延米浆砌片石拱形护坡的工程量:

$$M7.5 \text{ 浆砌片石的工程量} = 0.0624h + 0.0985n + 0.558 + 0.0766h + 0.1n + 0.558$$
$$= 0.139h + 0.1985n + 1.116$$
$$= 2.085 + 0.5955 + 1.116 \approx 4.79(\text{m}^3)$$

$$C25 \text{ 混凝土预制块的工程量} = 0.00428n + 0.0108h + 0.00428 + 0.012h$$
$$= 0.00856n + 0.0228h$$
$$= 0.00856 \times 8 + 0.0228 \times 15$$
$$\approx 0.41(\text{m}^3)$$

第 209 节 挡 土 墙

209.01 范围

本节工作内容包括砌体挡土墙、干砌挡土墙及混凝土挡土墙的施工及其相关作业。

209.06 计量与支付

1. 计量

(1)挡土墙垫层依据图纸所示位置及垫层密实厚度,按照不同材料的垫层体积,以立方米为单位计量。工程内容包括:基底清理;临时排水;铺筑垫层;夯实等一切相关工作内容。

(2)挡土墙基础依据图纸所示位置和断面尺寸,按图示不同强度等级水泥砂浆砌石体积或不同强度混凝土体积,以立方米为单位计量。工程内容包括:基坑开挖、清理、平整、夯实,废方弃运;拌、运砂浆;砌筑、养护;混凝土制作、运输、浇筑、振捣、养护;回填、清理现场等一切相关工作内容。

(3)挡土墙工程依据图纸所示位置和断面尺寸、图示砂浆强度等级及混凝土强度等级,分别以立方米计量,不扣除沉降缝、泄水孔、预埋件所占体积。工程内容包括:基坑开挖、清理、平整、夯实;砌片(块)石,设泄水孔及其滤水层;接缝处理;勾缝、抹面、墙背排水设施设置、墙背填料分层填筑;清理、废方弃运一切相关工作内容。

(4)混凝土挡土墙的钢筋,依据图纸所示及钢筋表所列钢筋质量,以千克为单位计量;固定钢筋的材料、定位架立钢筋、钢筋接头、吊装钢筋、钢板、铁丝作为钢筋作业的附属工作,不另行计量。工程内容包括:钢筋的保护、储存及除锈;钢筋整直、接头;钢筋截断、弯曲;钢筋安设、支承及固定。

2. 支付

按上述规定计量,经监理人验收并列入了工程量清单的以下支付子目的工程量,其每一计量单位,将以合同单价支付。此项支付包括材料、劳力、设备、运输等及其为完成防护工程所必需的费用,是对完成工程的全部偿付。

3. 支付子目(表209-1)

支付子目　　　　　　　　　　　　　　　　　　　　　　　　表209-1

子目号	子目名称	单位	子目号	子目名称	单位
209-1	垫层	m³	-a	浆切片(块)石基础	m³
209-2	基础		-b	混凝土基础	m³
209-3	砌体挡土墙		209-5	混凝土挡土墙	
-a	浆砌片(块)石	m³	-a	混凝土	m³
209-4	干砌挡土墙	m³	-b	钢筋	kg

209.07 挡土墙工程量计算示例

【例209-1】 如图209-1所示是路段 K287+254.02~K287+258 间的某挡土墙,挡土墙数据如表209-2所示,计算其工程量。

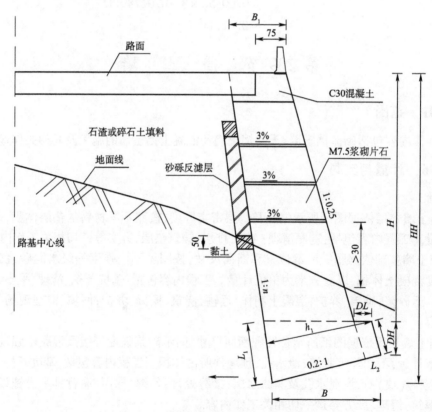

图209-1　某浆砌片石挡土墙(尺寸单位:cm)

挡土墙数据　　　　　　　　　　　表209-2

桩号	墙体平均高度 H (cm)	墙顶宽 B_1 (cm)	墙趾宽 DL (cm)	墙趾高 DH (cm)	全墙平均高度 HH (cm)	墙底宽 B (cm)	背坡率 n	路面厚度 h (cm)
K287+254.02 ~K287+258	1395.5	190	85	140	1588	262	0.25	70

— 98 —

解:设 $\tan\alpha = 1:0.25 = 4$,$\tan\beta = 0.2:1 = 0.2$。

在图示中作三条辅助线,则横断面的面积 $S = S_{平行四边形} + S_{梯形1} - S_{梯形2}$,其中 $S_{梯形1}$ 为下部梯形的面积,设其高为 h_1;$S_{梯形2}$ 为图中 C30 混凝土左上角梯形的面积。

$$S_{平行四边形} = H \times B_1 = 13.955 \times 1.9 = 26.51(\text{m}^2)$$

$$S_{梯形1} = \frac{1}{2} \times (L_1 + L_2) \times h_1 = \frac{1}{2} \times (L_1 + L_2) \times \frac{B}{\cos\beta} \times \sin(\alpha + \beta)$$

$$= \frac{1}{2} \times (1.984 + 1.443) \times \frac{2.62}{0.981} \times 0.999 = 4.57(\text{m}^2)$$

$$S_{梯形2} = \left(B_1 - 75 + B_1 - 75 - \frac{0.7}{\tan\alpha}\right) \times \frac{h}{2} = \left(2.3 - \frac{0.7}{4}\right) \times 0.7 \times 2 = 0.74(\text{m}^2)$$

因此

$$S = S_{平行四边形} + S_{梯形1} - S_{梯形2} = 26.51 + 4.57 - 0.74 = 30.34(\text{m}^2)$$

故路段 K287+254.02~K287+258 间的某挡土墙的工程量 $= S \times (258 - 254.02) = 30.34 \times 3.98 = 120.75\text{m}^3$。

第 210 节 锚杆、锚定板挡土墙

210.01 范围

本节工作内容为锚杆挡土墙的施工及有关的工程作业。

210.05 计量与支付

1. 计量

(1)锚杆挡土墙、锚定板挡土墙工程计量,依据图纸所示位置及断面尺寸,按照不同强度等级混凝土体积,以立方米为单位计量。混凝土挡板、立柱、肋柱按照不同强度等级混凝土体积,以立方米为单位计量。

(2)锚杆、拉杆依据图纸所示位置,按照设计长度和规格计算质量,以千克为单位计量。工程内容包括一切相关工作内容。

(3)钢筋依据图纸所示及钢筋表所列钢筋质量,以千克为单位计量。固定钢筋的材料、定位架立钢筋、钢筋接头、吊装钢筋、钢板、铁丝作为钢筋作业的附属工作,不另行计量。工程内容包括一切相关工作内容。

(4)现浇混凝土墙身不扣除沉降缝、泄水孔、预埋件所占体积。

(5)锚孔的钻孔、锚杆的制作和安装、锚孔灌浆、钢筋混凝土立柱和挡土板的制作安装、墙背回填、防排水设置及锚杆的抗拔力试验等,以及一切未提及的相关工作均为完成锚杆挡土墙及锚定板挡土墙所必须做的工作,均含入相关支付子目单价之中,不单独计量。

2. 支付

按上述规定计量,经监理人验收并列入工程量清单的以下支付子目的工程量,其每一计量单位将以合同单价支付,此项支付包括材料、劳力、设备、运输、试验等及其他为完成本项工程所必需的费用,是对完成工程的全部偿付。

3. 支付子目(表210-1)

表210-1
支付子目

子目号	子目名称	单位	子目号	子目名称	单位
210	锚杆、锚定板挡土墙		210-3	现浇墙身混凝土、附属部位混凝土	
210-1	锚杆挡土墙		-a	现浇混凝土墙身	m³
-a	现浇混凝土立柱	m³	-b	现浇附属部位混凝土	m³
-b	预制安装混凝土立柱	m³	210-4	现浇桩基混凝土	m³
-c	预制安装混凝土挡板	m³	210-5	锚杆及拉杆	
210-2	锚定板挡土墙		-a	锚杆	kg
-a	现浇混凝土肋柱	m³	-b	拉杆	kg
-b	预制安装混凝土肋柱	m³	210-6	钢筋	kg
-c	预制安装混凝土锚定板	m³			

210.06 锚杆挡土墙工程量计算示例

【例210-1】 某锚杆挡土墙的横断面示意图如图210-1所示,试计算其工程量。

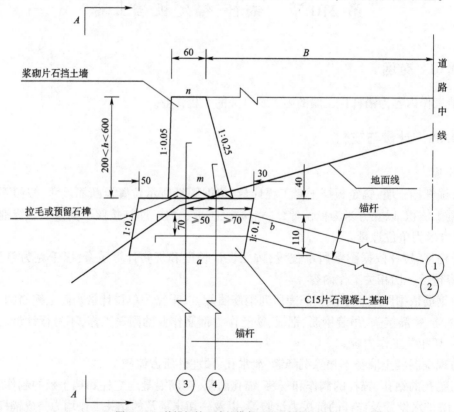

图210-1 某锚杆挡土墙的横断面(尺寸单位:cm)

解: 该锚杆挡土墙基础断面为平行四边形,墙身为梯形,设梯形底宽为 m,顶宽为 n,墙身高度为 h;基础底宽为 a,基础高为 b,挡土墙长度为 L,则该挡土墙的工程量为

$$V = \frac{m+n}{2} \times h \times L + a \times b \times L$$

钢筋和锚杆按设计图以质量计算。

第211节 加筋挡土墙

211.01 范围

本节工作内容包括在公路填方路段修建加筋土挡土墙及其有关的全部作业。

211.05 计量与支付

1. 计量

(1) 浆砌片石基础依据图纸所示位置和断面尺寸，按图示不同强度等级水泥砂浆砌石体积，以立方米为单位计量。工程内容包括一切相关工作内容。

(2) 混凝土依据图纸所示位置及断面尺寸，按照不同强度等级混凝土体积，以立方米为单位计量。加筋土挡土墙的路堤填料按第204节计量。工程内容包括一切相关工作内容。

(3) 扁钢加筋带依据图纸所示位置和断面尺寸，按铺设数量换算为质量，以千克为单位计量。工程内容包括：场地清理；铺设加筋带；填料摊平；分层压实等一切相关工作内容。

(4) 钢筋混凝土加筋带依据图纸所示位置和断面尺寸，按不同强度等级混凝土体积，以立方米为单位计量。混凝土中的钢筋作为加筋带的附属工作，不另行计量。工程内容包括：场地清理；铺设加筋带；填料摊平；分层压实等一切相关工作内容。

(5) 塑钢复合加筋带依据图纸所示位置和断面尺寸，按铺设数量换算为质量，以千克为单位计量。工程内容包括：场地清理；铺设加筋带；填料摊平；分层压实等一切相关工作内容。

(6) 塑料土工格栅加筋带依据图纸所示位置和规格、型号，按土层中分层铺设土工格栅的累计净面积，以平方米为单位计量；接缝的重叠面积和边缘的包裹面积不予计量。

(7) 聚丙烯土工带依据图纸所示位置和断面尺寸，按铺设数量换算为质量，以千克为单位计量。

(8) 挡土墙钢筋依据图纸所示及钢筋表所列钢筋质量，以千克为单位计量；固定钢筋的材料、定位架立钢筋、钢筋接头、吊装钢筋、钢板、铁丝作为钢筋作业的附属工作，不另行计量；加筋带中的钢筋不另行计量。

2. 支付

按上述规定计量，经监理人验收并列入了工程量清单的以下支付子目的工程量，其每一计量单位，将以合同单价支付。此项支付包括材料、劳力、设备、运输等及其他为完成加筋挡土墙工程所必需的费用，是对完成工程的全部偿付。

3. 支付子目（表211-1）

支付子目   表211-1

子目号	子目名称	单位	子目号	子目名称	单位
211	加筋土挡土墙		211-4	加筋带	
211-1	基础		-a	扁钢带	kg
-a	浆砌片石基础	m^3	-b	钢筋混凝土带	m^3
-b	混凝土基础	m^3	-c	塑钢复合带	kg
211-2	混凝土帽石		-d	塑料土工格栅	m^3
-a	现浇帽石混凝土	m^3	-e	聚丙烯土工带	kg
211-3	预制安装混凝土墙面板	m^3	211-5	钢筋	kg

第212节 喷射混凝土和喷浆边坡防护

212.01 范围

本节工作内容包括在挖方边坡上进行喷射素混凝土、喷浆防护、锚杆挂网喷射混凝土和喷浆防护以及土钉支护等有关的施工作业。

212.05 计量与支付

1. 计量

(1)喷浆和喷射混凝土防护边坡,依据图纸所示位置及砂浆或混凝土强度等级,按照不同厚度防护面积,以平方米为单位计量。

(2)锚杆依据图纸所示位置,按照锚杆设计长度和规格计算质量,以千克为单位计量。工程内容包括清理坡面、钻孔、制作安放锚杆、灌浆等一切相关工作内容。

(3)钢筋网、铁丝网依据图纸所示位置,按照设计数量,以千克为单位计量;因搭接而增加的钢筋网和铁丝网不予计量。工程内容包括清理坡面、铁丝网和钢丝网安设、支承及固定等一切相关工作内容。

(4)土工格栅依据图纸所示位置和规格、型号,按分层铺设土工格栅的累计净面积,以平方米为单位计量,接缝的重叠面积和边缘的包裹面积不予计量。

(5)土钉支护分不同类型组合的工程项目分别计量,工程内容包括一切相关工作内容。

①钻孔注浆钉依据图纸所示位置,按图示不同直径的土钉钻孔桩长度,以米为单位计量。

②击入钉依据图纸所示位置,按图示击入金属钉的质量,以千克为单位计量。

③喷射混凝土依据图纸所示位置及混凝土强度等级,按照不同厚度防护面积,以平方米为单位计量。

④钢筋依据图纸所示及钢筋表所列钢筋质量,以千克为单位计量。固定钢筋的材料、定位架立钢筋、钢筋接头、铁丝作为钢筋作业的附属工作,不另行计量;土钉用钢材不予计量。

⑤钢筋网依据图纸所示位置,按照设计数量,以千克为单位计量;因搭接而增加的钢筋网不予计量。

⑥网格梁、立柱、挡土板依据图纸所示位置及断面尺寸,按照混凝土体积,以立方米为单位计量。

⑦土工格栅依据图纸所示位置和规格、型号,按分层铺设土工格栅的累计净面积,以平方米为单位计量;接缝的重叠面积和边缘的包裹面积不予计量。

⑧永久排水系统依结构形式参照第207节规定计量。

⑨土钉支护施工中的土方工程、临时排水工程以及未提及的其他工程均作为土钉支护施工的附属工作,不予单独计量,其费用含入相关工程子目单价之中。

(6)喷射前的岩面清理、锚孔钻孔、锚杆制作以及钢筋网和铁丝网编织及挂网土工格栅的安装铺设等工作,均为承包人为完成锚杆喷射混凝土和喷射砂浆边坡防护工程应做的附属工作,不另行计量与支付。

2. 支付

按上述规定计量,经监理人验收并列入了工程量清单的以下支付子目的工程量,其每一计量单位,将以合同单价支付。此项支付包括材料、劳力、设备、运输等及其他为完成加筋挡土墙工程所必需的费用,是对完成工程的全部偿付。

3. 支付子目(表212-1)

支付子目　　　　　　　　　　　　　表212-1

子目号	子目名称	单位	子目号	子目名称	单位
212	喷射混凝土和喷浆边坡防护		212-3	坡面防护	
212-1	挂网土工格栅喷浆防护边坡		-a	喷浆边坡防护	m²
-a	喷浆防护边坡	m²	-b	喷浆混凝土边坡防护	m²
-b	铁丝网	kg	212-4	土钉支护	
-c	土工格栅	m²	-a	钻孔注浆钉	m
-d	锚杆	kg	-b	击入钉	m
212-2	挂网锚喷混凝土防护边坡(全坡面)		-c	喷射混凝土	m²
-a	喷射混凝土防护边坡	m²	-d	钢筋	kg
-b	钢筋网	kg	-e	钢筋网	kg
-c	铁丝网	kg	-f	网格梁、立柱、挡土板	m³
-d	土工格栅	m²	-g	土工格栅	m²
-e	锚杆	kg			

第213节　预应力锚索边坡加固

213.01　范围

本节工作为开挖边坡的加固,其内容包括钻孔、锚索制作、锚索安装、注浆、张拉、锚固及检验等有关施工作业。

213.05　计量与支付

1. 计量

(1)预应力钢绞线和无黏结预应力钢绞线依据图纸所示位置和钢绞线规格,按照各类锚索锚固端底至锚具外侧的长度,以米为单位计量。工程内容包括一切相关工作内容。

(2)锚杆依据图纸所示位置和规格、型号,按照安装的锚杆质量,以千克为单位计量。工程内容包括一切相关工作内容。

(3)混凝土框格梁和混凝土锚固板依据图纸所示位置及断面尺寸,按照不同强度等级混凝土浇筑体积,以立方米为单位计量。工程内容包括一切相关工作内容。

(4)钢筋依据图纸所示及钢筋表所列钢筋质量,以千克为单位计量;固定钢筋的材料、定位架立钢筋、钢筋接头、吊装钢筋、钢板、铁丝作为钢筋作业的附属工作,不另行计量。工程内容包括一切相关工作内容。

(5)钻孔、清孔、锚索安装、注浆、张拉、锚头、锚索护套、场地清理以及抗拔力试验等均为锚索的附属工作,不另行计量。

(6)混凝土的立模、浇筑、养护等为锚固板的附属工作,不另行计量。

2.支付

按上述规定计量,经监理人验收并列入工程量清单的以下支付子目的工程量,其每一计量单位将以合同单价支付。此项支付包括材料、劳力、设备、运输、试验等及其他为完成锚索工程所必需的费用,是对完成工程的全部偿付。

3.支付子目(表213-1)

支付子目　　　　　　　　　　　　　　　　表213-1

子目号	子目名称	单 位	子目号	子目名称	单 位
213	预应力锚索边坡加固		-b	预应力钢筋锚杆	kg
213-1	预应力钢绞线	m	213-4	混凝土框格梁	m³
213-2	无黏结预应力钢绞线	m	213-5	混凝土锚固板	m³
213-3	锚杆		213-6	钢筋	kg
-a	钢筋锚杆	kg			

213.06 预应力锚索框工程量计算示例

【例213-1】 某预应力锚索框格梁护坡的立面图与剖面图如图213-1所示,试计算其工程量。

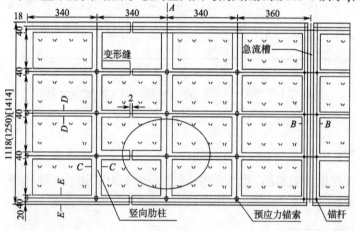

a)立面图

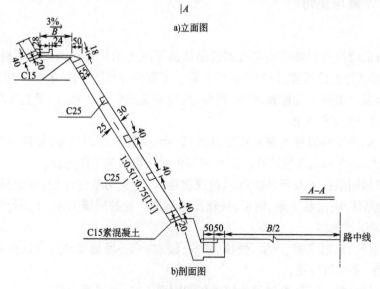

b)剖面图

图213-1　预应力锚索框格梁护坡(尺寸单位:cm)

解:该框格梁护坡的工程量 V 为表面积 S 与框格厚度 h 的乘积,即 $V = S \times h$,$S = S_{总} - S_{草}$,$S_{总}$ 为框格表面总面积,$S_{草}$ 为种草部分的面积。

设每 3.4m 为一个计算单元:

$$S = S_{总} - S_{草} = \frac{L}{3.4} \times \{3.4 \times a - 4 \times [b \times (3.4 - 0.4)]\} = \frac{L}{3.4} \times (3.4a - 4b - 12)$$

式中:a——边坡的宽度;
　　　b——种草部分的宽度。

第214节　抗　滑　桩

214.01　范围

本节工作内容包括设置抗滑桩及其有关的施工作业。

214.05　计量与支付

1. 计量

(1)现浇混凝土抗滑桩依据图纸所示位置及断面尺寸,按照不同强度等级混凝土体积,以立方米为单位计量;护壁混凝土及护壁钢筋为桩基混凝土的附属工作,不另行计量;声测管为现浇混凝土桩的附属工作,不另行计量。

(2)桩板式抗滑挡墙用钢筋依据图纸所示及钢筋表所列钢筋质量,以千克为单位计量;固定钢筋的材料、定位架立钢筋、钢筋接头、吊装钢筋、钢板、铁丝作为钢筋作业的附属工作,不另行计量;抗滑桩的护壁钢筋不予计量。

(3)桩板式抗滑挡墙挡土板依据图纸所示位置及断面尺寸,按照不同强度等级混凝土体积,以立方米为单位计量。

(4)土方工程、临时排水等相关工作均作为辅助工作不予计量,费用含入相关工程报价中。

2. 支付

按上述规定计量,经监理人验收并列入了工程量清单的以下支付子目的工程量,其每一计量单位将以合同单价支付。此项支付包括材料、劳力、设备、运输等及其为完成抗滑桩工程所必需的费用,是对完成工程的全部偿付。

3. 支付子目(表214-1)

支付子目　　　　　　　　　　　　　　　　　表214-1

子目号	子目名称	单位	子目号	子目名称	单位
214	抗滑桩		214-2	桩板式抗滑挡墙	
214-1	现浇混凝土桩		-a	挡土板	m³
-a	混凝土	m³	214-3	钢筋	kg

214.06　抗滑桩工程量计算示例

【例214-1】　某工程中滑坡处治抗滑桩如图214-1所示,试计算其工程量。

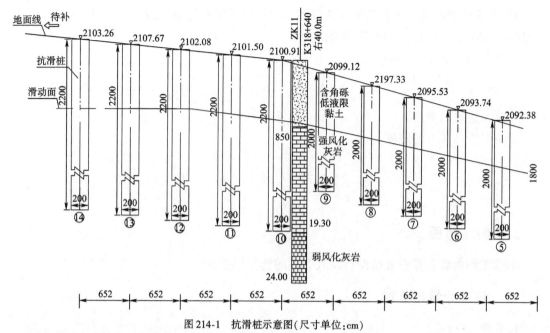

图 214-1 抗滑桩示意图（尺寸单位：cm）

解：(1) 该混凝土抗滑桩为圆柱体。设该段工程共有 n 根抗滑桩，每根抗滑桩的底面为圆形。其直径为 R，桩高为 h，则 n 根混凝土抗滑桩的工程量为

$$V = \pi \times \left(\frac{R}{2}\right)^2 \times h \times n$$

若桩的直径和桩长不一样时也可以换算。

(2) 该混凝土抗滑桩为棱柱体。设该段工程共有 n 根抗滑桩，每根抗滑桩的底面为长方形，若每根桩的边长和宽都相等，并且其边长为 a，宽为 b，桩高为 h，则 n 根混凝土抗滑桩的工程量为

$$V = a \times b \times h \times n$$

设该段工程共有 n 根抗滑桩，每根抗滑桩的底面都为长方形，若每根桩的边长和宽都不相等，其边长为 a_i，宽度为 b_i，桩高为 h_i，则单根混凝土抗滑桩的工程量为

$$V = a_i \times b_i \times h_i$$

则该段工程的工程量为

$$V = V_1 + V_2 + V_3 + \cdots + V_i + V_n$$

第 215 节 河道防护

215.01 范围

本节工作内容包括河床加固铺砌及顺坝、丁坝、调水坝及锥坡等砌筑工程及其有关的施工作业。

215.05 计量与支付

1. 计量

(1) 浆砌片石河道防护依据图纸所示位置和断面尺寸，按图示不同强度等级水泥砂浆铺砌体积，以立方米为单位计量。

(2) 混凝土河道防护依据图纸所示位置及断面尺寸，按照不同强度等级混凝土浇筑体积，以立方米为单位计量。

(3)石笼河道防护依据图纸所示位置和构造类型、结构尺寸,按照实际铺筑的石笼防护体积,以立方米为单位计量;石笼钢筋(铁丝)网片不另行计量,含在石笼报价之中。

(4)抛石防护依据图纸所示位置和断面尺寸,按照抛填石料体积,以立方米为单位计量。

(5)临时排水、基础开挖、回填、夯实、砌体勾缝、混凝土的拌和运输养护浇筑等工作,均作为承包人应做的附属工作,不另行计量与支付。

2. 支付

按上述规定计量,经监理人验收并列入了工程量清单的以下支付子目的工程量,其每一计量单位将以合同单价支付。此项支付包括材料、劳力、设备、运输等及其为完成防护工程所必需的费用,是对完成工程的全部偿付。

3. 支付子目(表215-1)

支付子目　　　　　　　　　　　　　　　　　表215-1

子目号	子目名称	单位	子目号	子目名称	单位
215	河道防护		-a	浆砌片石	m³
215-1	河床铺砌		-b	混凝土	m³
-a	浆砌片石铺砌	m³	-c	石笼	m³
-b	混凝土铺砌	m³	215-4	抛石防护	m³
215-3	导流设施(护岸墙、顺坝、丁坝、调水坝、锥坡)				

215.06　河道防护工程量计算示例

【例215-1】　图215-1及图215-2为某干砌拦砂坝立面图及横断面图,试计算其工程量。

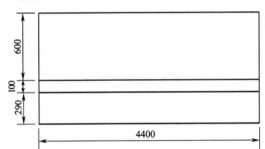

图215-1　某干砌拦砂坝立面图(尺寸单位:cm)

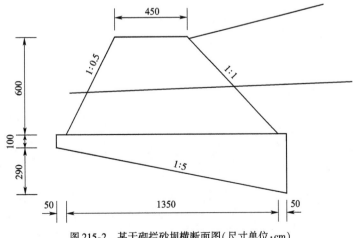

图215-2　某干砌拦砂坝横断面图(尺寸单位:cm)

解：$S_{坝身} = (a_1 + b_1) \times h_1 \div 2 = [450 + (450 + 300 + 600)] \times 600 \div 2 = 540000(\text{cm}^2)$

$S_{基础} = (a + b) \times h \div 2 = [100 + (100 + 290)] \times (1350 + 50 \times 2) \div 2 = 355250(\text{cm}^2)$

拦砂坝基础、墙身均为梯形。a、b、h 分别表示拦砂坝基础梯形的上底、下底和高；a_1、b_1、h_1 分别表示拦砂坝墙身梯形的上底、下底和高。

$$V_{基础} = S_{基础} \times L$$
$$V_{坝身} = S_{坝身} \times L$$

式中：L——坝体中轴线长度。

故拦砂坝的工程量

$$V = V_{基础} + V_{坝身} = (S_{基础} + S_{坝身}) \times L = (355250 + 540000) \times 4400 = 3939.1(\text{cm}^3)$$

第300章 路 面

第301节 通 则

301.01 范围

本章工作内容包括:在已完成并经监理人验收合格的路基上铺筑各种垫层、底基层、基层和面层;路面及中央分隔带排水施工;培土路肩、中央分隔带回填及路缘石设置,以及修筑路面附属设施等有关的作业。

301.09 计量与支付

本节包括材料标准、路面施工的一般要求、材料取样与试验、试验路段、料场作业、拌和场场地硬化及遮雨棚、雨季施工。本节工作内容均不作计量,其所涉及的作业应包含在与其相关工程子目之中。

第302节 垫 层

302.01 范围

本节工作内容是:在完成和验收合格经监理人批准的路基上铺筑碎石、砂砾、煤渣、矿渣和水泥稳定土、石灰稳定土垫层。它包括所需的设备、劳力和材料,以及施工、试验等全部作业。

302.05 计量与支付

1. 计量
(1)各类路面垫层依据图纸所示压实厚度,按照铺筑的顶面面积,以平方米为单位计量。
(2)对个别特殊形状的面积,应采用适当的计算方法并经监理人批准,以平方米为单位计量。除监理人另有指示外,超过图纸所规定的面积,均不予计量。

2. 支付
(1)费用的支付,主要包括:
①承包人提供工程所需的材料、机具、设备和劳力等。
②原材料的检验、级配颗粒组成与塑性指数的试验或混合料设计与试验,以及经监理人批准的按照规范所要求的试验路段的全部作业。
③铺筑前对下承层的检查和清扫、材料的运输、拌和、摊铺、整形、压实、养护等。
④质量检验所要求的检测、取样和试验等工作。

(2)按上述规定计量,经监理人验收并列入工程量清单的以下支付子目的工程量,其每一计量单位将以合同单价支付。此项支付包括一切为完成本项工程所必需的全部费用。

3. 支付子目(表302-1)

支付子目　　　　　　　　　　　　　　　　　　表302-1

子目号	子目名称	单位	子目号	子目名称	单位
302-1	碎石垫层		302-3	水泥稳定土垫层	
-a	厚…mm	m²	a	厚…mm	m²
302-2	砂砾垫层		302-4	石灰稳定土垫层	
-a	厚…mm	m²	a	厚…mm	m²

第303节　石灰稳定土底基层、基层

303.01　范围

本节工作内容是:在已完成并经监理人验收合格的路基或垫层上,铺筑石灰稳定土底基层或在底基层上铺筑石灰稳定土基层,包括所需的设备、劳力和材料,以及施工、试验等全部作业。

303.06　计量与支付

1. 计量

(1)石灰稳定土底基层、基层应按图纸所示压实厚度,按照铺筑的顶面面积,以平方米为单位计量。

(2)对个别特殊形状的面积,应采用监理人认可的计算方法计算。除监理人另有指示外,超过图纸所规定的计算面积或体积均不予计量。

(3)桥梁和明涵处的搭板、埋板下变截面石灰稳定土底基层依据图纸所示尺寸、范围,按照铺筑体积,以立方米为单位计量。

2. 支付

(1)费用的支付,主要包括以下内容:

①承包人提供工程所需的材料、机具、设备和劳力等。

②原材料的检验、混合料设计与试验,以及经监理人批准的按照规范所要求的试验路段的全部作业。

③铺筑前对下承层的检查和清扫、材料的拌和、运输、摊铺、压实、整形、养护等。

④质量检验所要求的检测、取样和试验等工作。

(2)按上述规定计量,经监理人验收并列入工程量清单的以下支付子目的工程量,其每一计量单位将以合同单价支付。此项支付包括一切为完成本项工程所必需的全部费用。

3. 支付子目(表303-1)

支付子目　　　　　　　　　　　　　　　　　　表303-1

子目号	子目名称	单位	子目号	子目名称	单位
303	石灰稳定土底基层、基层		303-2	搭板、埋板下石灰稳定土底基层	m³
303-1	石灰稳定土底基层	m²	303-3	石灰稳定土基层	m²

第304节 水泥稳定土底基层、基层

304.01 范围

本节工作内容是:在完成并经监理人验收合格的路基或垫层上,铺筑水泥稳定土底基层或在底基层上铺筑水泥稳定土基层,包括所需的设备、劳力和材料,以及施工、试验等全部作业。

304.06 计量与支付

1. 计量

(1)水泥稳定土底基层、基层依据图纸所示压实厚度,按照铺筑的顶面面积,以平方米为单位计量。

(2)对个别特殊形状的面积,应采用监理人认可的计算方法计量。除监理人另有指示外,超过图纸所规定的计算面积或体积均不予计量。

(3)桥梁及明涵的搭板、埋板下变截面水泥稳定土底基层依据图纸所示尺寸、范围,按照铺筑体积,以立方米为单位计量。

2. 支付

(1)费用的支付,主要包括以下内容:

①承包人提供工程所需的材料、机具、设备和劳力等。

②原材料的检验、混合料设计与试验,以及经监理人批准的按照规范所要求的试验路段的全部作业。

③铺筑前对下承层的检查和清扫、混合料的拌和、运输、摊铺、压实、整形、养护等。

④质量检验所要求的检测、取样和试验等工作。

(2)按上述规定计量,经监理人验收并列入工程量清单的以下支付子目的工程量,其每一计量单位将以合同单价支付。此项支付包括一切为完成本项工程所必需的全部费用。

3. 支付子目(表304-1)

支付子目　　　　　　　　　　　　　　　　表304-1

子目号	子目名称	单位	子目号	子目名称	单位
304	水泥稳定土底基层、基层		304-2	搭板、埋板下水泥稳定土底基层	m^3
304-1	水泥稳定土底基层	m^2	304-3	水泥稳定土基层	m^2

第305节 石灰粉煤灰稳定土底基层、基层

305.01 范围

本节工作内容是:在已完成并经监理人验收合格的路基或垫层上,铺筑石灰粉煤灰稳定土底基层,或在底基层上铺筑石灰粉煤灰稳定土基层。它包括所需的设备、劳力和材料,以及施工、试验等全部作业。

305.06　计量及支付

1. 计量

(1)石灰粉煤灰稳定土基层和底基层依据图纸所示压实厚度,按照铺筑的顶面面积,以平方米为单位计量。任何地段的长度应沿路幅中线水平量测。对个别不规则形状,应采用经监理人批准的计算方法计量。

(2)桥梁及明涵的搭板、埋板下变截面石灰粉煤灰稳定土底基层依据图纸所示尺寸、范围,按照铺筑体积,以立方米为单位计量。

2. 支付

(1)费用的支付,主要包括以下内容:

①承包人提供工程所需的材料、机具、设备和劳力等。

②原材料的检验、混合料设计与试验,以及经监理人批准的按照规范所要求的试验路段的全部作业。

③铺筑前对下承层的检查和清扫、混合料的拌和、运输、摊铺、压实、整形、养护等。

④质量检验所要求的检测、取样和试验等工作。

(2)按上述规定计量,经监理人验收并列入工程量清单的以下支付子目的工程量,其每一计量单位将以合同单价支付。此项支付包括一切为完成本项工程所必需的全部费用。

3. 支付子目(表305-1)

支付子目　　　　　　　　　　　　　　　　　　　　　　表305-1

子目号	子目名称	单位	子目号	子目名称	单位
305	石灰粉煤灰稳定土底基层、基层		305-2	搭板、埋板下石灰粉煤灰稳定土底基层	m³
305-1	石灰粉煤灰稳定土底基层	m²	305-3	石灰粉煤灰稳定土基层	m²

第306节　级配碎(砾)石底基层、基层

306.01　范围

本节工作内容是:在已完成并经监理人验收合格的路基或垫层上铺筑级配碎(砾)石底基层或在底基层上铺筑级配碎石基层。它包括所需的设备、劳力和材料,以及施工、试验等全部作业。

306.05　计量与支付

1. 计量

(1)级配碎(砾)石底基层和基层依据图纸所示压实厚度,按照铺筑的顶面面积,以平方米为单位计量。除监理人另有指示外,超过图纸所规定的面积,均不予计量。

(2)桥梁及明涵的搭板、埋板下变截面级配碎(砾)石底基层和基层依据图纸所示尺寸、范围,按照铺筑体积,以立方米为单位计量。

2. 支付

(1)费用的支付,主要包括:

①承包人提供工程所需的材料、机具、设备和劳力等。

②原材料的检验、级配颗粒组成与塑性指数的试验等。
③铺筑前对下承层的检查和清扫、材料的运输、拌和、摊铺、整形、压实等。
④质量检验所要求的检测、取样和试验等工作。

(2)按上述规定计量,经监理人验收并列入工程量清单的以下支付子目的工程量,其每一计量单位,将以合同单价支付。此项支付包括一切为完成本项工程所必需的全部费用。

3.支付子目(表306-1)

支付子目　　　　　　　　　　　　表306-1

子目号	子目名称	单位	子目号	子目名称	单位
306	级配碎(砾)石底基层、基层		306-4	级配砾石底基层	m^2
306-1	级配碎石底基层	m^2	306-5	搭板、埋板下级配砾石底基层	m^3
306-2	搭板、埋板下级配碎石底基层	m^3	306-6	级配砾石基层	m^2
306-3	级配碎石基层	m^2			

第307节　沥青稳定碎石基层(ATB)

307.01　范围

本节工作内容是:在完成的路面底基层上铺筑沥青碎石基层,包括所需的设备、劳力和材料,以及施工、试验等全部作业。

307.06　计量及支付

1.计量

沥青稳定碎石基层(ATB),依据图纸所示级配类型、铺筑压实厚度,按照铺筑的顶面面积,以平方米为单位计量。除监理人另有指示外,超过图纸所规定的面积均不予计量。

2.支付

(1)费用的支付,主要包括以下内容:
①承包人提供工程所需的材料、机具、设备和劳力等。
②原材料的检验、混合料设计与试验,以及经监理人批准的按照规范所要求的试验路段的全部作业。
③检查和清理下承层;拌和设备安装、调试、拆除;沥青铺筑材料加热、保温、输送,配运料,矿料加热烘干,拌和、出料;运输、摊铺、压实、成形;接缝;初期养护。
④质量检验所要求的检测、取样和试验等工作。

(2)按上述规定计量,经监理人验收并列入工程量清单的以下支付子目的工程量,其每一计量单位,将以合同单价支付。此项支付包括一切为完成本项工程所必需的全部费用。

3.支付子目(表307-1)

支付子目　　　　　　　　　　　　表307-1

子目号	子目名称	单位
307	沥青稳定碎石基层(ATB)	
307-1	沥青稳定碎石基层(ATB)	m^2

第308节 透层和黏层

308.01 范围

本节工作内容是:在已建成并经监理人验收合格的基层上洒布透层沥青;在沥青面层、水泥混凝土路面或桥面上洒布黏层沥青。它包括所需的设备、劳力和材料,以及施工、试验等全部作业。

308.04 计量与支付

1. 计量
(1)透层和黏层依据图纸所示沥青品种、规格、喷油量,按照洒布面积以平方米为单位计量。
(2)对个别特殊形状的面积,应采用适当的计算方法计量。除监理人另有指示外,超过图纸规定的计算面积均不予计量。
(3)透层、黏层、封层按设计需要铺设的面积计算。透层和封层一般按基层顶面面积计算,黏层按需要铺洒黏层油的两面层的下层的顶面面积计算。

2. 支付
(1)支付费用主要包括下列内容:
①承包人提供工程所需的材料,使用的工具、设备和劳力等。
②材料的检验、试验,以及按规范规定的全部作业。
③喷洒前对下承层的检查和清扫,材料的制备、运输、喷洒、养护等工作。
(2)按上述规定计量,经监理人验收并列入工程量清单的以下支付子目的工程量,将以合同单价支付。此项支付包括一切为完成本项工程所必需的全部费用。

3. 支付子目(表308-1)

支付子目　　　　　　　　　　　　　表308-1

子 目 号	子 目 名 称	单 位
308	透层和黏层	
308-1	透层	m²
308-2	黏层	m²

第309节 热拌沥青混合料面层

309.01 范围

本节工作内容是:在经监理人验收合格的基层上,按照图纸和监理人指示铺筑一层或多层的热拌沥青混合料面层。它包括提供全部设备、劳力和材料,以及施工、养护、试验等全部作业。

309.06 计量与支付

1. 计量
热拌沥青混合料面层,按粗、中、细粒式沥青混凝土依据图纸所示级配类型及铺筑压实厚度,按照铺筑的顶面面积,以平方米为单位计量。除监理人另有指示外,超过图纸所规定的面积均不予计量。

2. 支付

(1)费用的支付,主要包括以下内容:

①承包人提供工程所需的材料、机具、设备和劳力等。

②原材料的检验、混合料设计与试验,以及经监理人批准的按照规范所要求的试验路段的全部作业。

③铺筑前对下承层的检查和清扫、材料的拌和、运输、摊铺、压实、整形、养护等。

④质量检验所要求的检测、取样和试验等工作。

(2)按上述规定计量,经监理人验收并列入工程量清单的以下支付子目的工程量,将以合同单价支付。此项支付包括一切为完成本项工程所必需的全部费用。

3. 支付子目(表309-1)

支付子目　　　　　　　　　　　　　　表309-1

子目号	子目名称	单 位	子目号	子目名称	单 位
309	热拌沥青混合料		-a	厚…mm	m²
309-1	细粒式沥青混凝土		-b	厚…mm	m²
-a	厚…mm	m²	309-3	粗粒式沥青混凝土	
-b	厚…mm	m²	-a	厚…mm	m²
309-2	中粒式沥青混凝土		-b	厚…mm	m²

第310节　沥青表面处治与封层

310.01　范围

本节工作内容是:在按图纸施工并经监理人验收合格的基层上铺筑单层或多层沥青表面处治面层;在沥青面层或沥青面层延迟期较长的基层上铺筑封层。它包括所需的设备、劳力和材料,以及施工、试验等全部作业。

310.05　计量与支付

1. 计量

(1)沥青表面处治依据图纸所示沥青种类、厚度、喷油量,按照沥青表面处治面积,以平方米为单位计量。

(2)封层依据图纸所示沥青种类、厚度,按照封层面积以平方米为单位计量。

(3)表面处治除监理人另有指示外,超过图纸规定的面积不予计量。

2. 支付

(1)支付费用主要包括下列内容:

①承包人提供工程所需的材料,使用的工具、设备和劳力等。

②材料的检验、试验,以及按规范规定的全部作业。

③喷洒前对下承层的检查和清扫,材料的加热、运输、喷洒、养护等工作。

(2)按上述规定计量,经监理人验收并列入工程量清单的以下支付子目的工程量,将以合同单价支付。此项支付包括一切为完成本项工程所必需的全部费用。

3.支付子目(表310-1)

支付子目　　　　　　　　　　　　　　　　表310-1

子目号	子目名称	单位	子目号	子目名称	单位
310	沥青表面处治与封层		-b	厚…mm	m²
310-1	沥青表面处治		310-2	封层	m²
-a	厚…mm	m²			

第311节　改性沥青及改性沥青混合料

311.01　范围

本节工作内容是:在完成并经监理人验收合格的基层或其他沥青面层上,铺筑改性沥青混合料面层。它包括提供所需的设备、劳力和材料,以及施工、养护、试验等全部作业。

311.08　计量与支付

1.计量

改性沥青及改性沥青混合料依据图纸所示级配类型及压实厚度,按照铺筑的顶面面积以平方米为单位计量。

2.支付

(1)费用的支付,主要包括以下内容:

①承包人提供工程所需的材料、机具、设备和劳力等。

②原材料的检验、混合料设计与试验,以及经监理人批准的按照规范所要求的试验路段的全部作业。

③铺筑前对下承层的检查和清扫、材料的拌和、运输、摊铺、压实、整形、养护等。

④质量检验所要求的检测、取样和试验等工作。

(2)按上述规定计量,经监理人验收并列入工程量清单的以下支付子目的工程量,其每一计量单位,将以合同单价支付。此项支付包括一切为完成本项工程所必需的全部费用。

3.支付子目(表311-1)

支付子目　　　　　　　　　　　　　　　　表311-1

子目号	子目名称	单位	子目号	子目名称	单位
311	改性沥青及改性沥青混合料		-a	厚…mm	m²
311-1	细粒式改性沥青混合料路面		-b	厚…mm	m²
-a	厚…mm	m²	311-3	SMA路面	
-b	厚…mm	m²	-a	厚…mm	m²
311-2	中粒式改性沥青混合料路面		-b	厚…mm	m²

311.09　工程示例

【例311-1】　如图311-1所示是某高速公路的路面结构横断面示意图,其底基层为厚度

$d_1=18\mathrm{cm}$ 的水泥石灰稳定土,基层为厚度 $d_2=36\mathrm{cm}$ 的水泥稳定碎石,面层分为三层:下面层为厚度 $d_3=6\mathrm{cm}$ 的中粒式沥青混凝土,中面层为厚度 $d_4=7\mathrm{cm}$ 的粗粒式沥青混凝土,表面层为 $d_5=5\mathrm{cm}$ 的改性沥青混凝土,图中中间带底边的宽度为 $m=100\mathrm{cm}$,试计算各层的工程量。

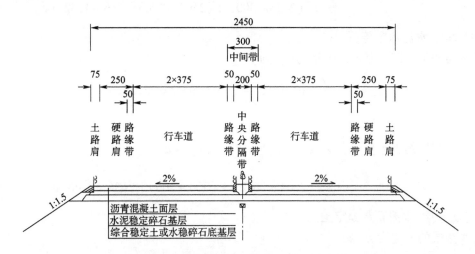

图 311-1　某高速公路路面结构横断面示意图

解:由图 311-1 和题意可设,路面宽度为 $L=2450\mathrm{cm}$,中间带宽度为 $l=300\mathrm{cm}$,边坡坡率为 $n=1:1.5=2/3$,则路面各结构层的工程量计算如下:

(1)表面层:改性沥青混凝土。

设表面层的底边即中面层的上边为 L_1,则

$$L_1 = L + \frac{d_5}{n} \times 2 = 2450 + 5 \times 1.5 \times 2 = 2465(\mathrm{cm})$$

故

$$\begin{aligned}表面层的工程量 &= \frac{1}{2} \times [(L-l) + (L_1-l)] \times d_5 \\ &= \frac{1}{2} \times [(2450-300) + (2465-300)] \times 5 \approx 1.08(\mathrm{m}^2)\end{aligned}$$

(2)中面层:粗粒式沥青混凝土。

设中面层的底边即下面层的上边为 L_2,则

$$L_2 = L_1 + \frac{d_4}{n} \times 2 = 2465 + 7 \times 1.5 \times 2 = 2486(\mathrm{cm})$$

故

$$\begin{aligned}中面层的工程量 &= \frac{1}{2} \times [(L-l) + (L_2-l)] \times d_4 \\ &= \frac{1}{2} \times [(2465-300) + (2486-300)] \times 7 \approx 1.52(\mathrm{m}^2)\end{aligned}$$

(3)下面层:中粒式沥青混凝土。

设下面层的底边即基层的上边为 L_3,则

$$L_3 = L_2 + \frac{d_3}{n} \times 2 = 2486 + 6 \times 1.5 \times 2 = 2504(\mathrm{cm})$$

故

$$下面层的工程量 = \frac{1}{2} \times [(L-l)+(L_3-l)] \times d_3$$
$$= \frac{1}{2} \times [(2486-300)+(2504-300)] \times 6 \approx 1.32(\text{m}^2)$$

(4)基层:水泥稳定碎石。

设基层的下边即底基层的上边为 L_4,则

$$L_4 = L_3 + \frac{d_2}{n} \times 2 = 2504 + 36 \times 1.5 \times 2 = 2612(\text{cm})$$

故

$$基层的工程量 = \frac{1}{2} \times [(L_3+L_4)-(l+m)] \times d_2$$
$$= \frac{1}{2} \times [(2504+2612)-(300+100)] \times 36 = 8.48(\text{m}^2)$$

(5)底基层:水泥石灰稳定土。

设底基层的下边为 L_5,则

$$L_5 = L_4 + \frac{d_1}{n} \times 2 = 2612 + 18 \times 1.5 \times 2 = 2666(\text{cm})$$

故

$$底基层的该工程量 = \frac{1}{2} \times (L_4+L_5) \times d_1 = \frac{1}{2} \times (2612+2666) \times 18 \approx 4.75(\text{m}^2)$$

第312节 水泥混凝土面板

312.01 范围

本节工作内容是:在完成并经监理人验收合格的基层上,铺筑水泥混凝土面板的工作。它包括提供所需的设备、人工和材料,以及施工、养护、试验、检测等全部作业。

312.16 计量与支付

1.计量

(1)水泥混凝土面板依据图纸所示厚度和混凝土强度等级,按照铺筑体积,以立方米为单位计量。除监理人另有指示外,任何超过图纸所规定尺寸的部分均不予计量。

(2)水泥混凝土路面的补强钢筋及拉杆、传力杆等钢筋,依据图纸所示水泥混凝土路面钢筋,按图示质量以千克为单位计量;因搭接而增加的钢筋作为附属工作,不另行计量。

(3)接缝材料等未列入支付子目中的其他材料均含入水泥混凝土路面单价之中,不单独计量与支付。

2.支付

(1)费用的支付,主要包括以下内容:

①承包人提供工程所需的材料、机具、设备和劳力等。

②原材料的检验,混合料设计与试验,以及经监理人批准的按照规范所要求的试验路段的

全部作业。

③铺筑混凝土面板前对基层的检查和清扫,混凝土混合料的拌和、运输、摊铺、装饰、接缝、养护等。

④质量检验所要求的检测、取样和试验等。

(2)按上述规定计量,经监理人验收并列入工程量清单的以下支付子目的工程量,其每一计量单位,将以合同单价支付。此项支付包括一切为完成本项工程所必需的全部费用。

3.支付子目(表312-1)

支付子目　　　　　　　　　　表312-1

子目号	子目名称	单位	子目号	子目名称	单位
312	水泥混凝土面板		312-2	钢筋	
312-1	水泥混凝土面板		-a	HPB235	kg
-a	厚…mm(混凝土弯拉强度…MPa)	m³	-b	HRB335	kg
-b	厚…mm(混凝土弯拉强度…MPa)	m³			

第313节　培土路肩、中央分隔带回填土、土路肩加固及路缘石

313.01　范围

本节工作内容包括路肩培土、中央分隔带的回填土以及土路肩加固工程等施工作业。

313.05　计量与支付

1.计量

(1)培土路肩及中央分隔带回填土依据图纸所示断面尺寸,按照压实体积以立方米为单位计量。

(2)混凝土加固土路肩依据图纸所示断面尺寸和混凝土强度等级,按照浇筑或预制安装体积以立方米为单位计量。

(3)混凝土预制块路缘石依据图纸所示断面尺寸和混凝土强度等级,按照预制安装体积以立方米为单位计量。

2.支付

按上述规定计量,经监理人验收并列入工程量清单的以下支付子目的工程量,其每一计量单位将以合同单价支付,此项支付包括材料、劳力、设备、运输等及其他为完成工程所必需的费用,是对完成工程的全部偿付。

3.支付子目(表313-1)

支付子目　　　　　　　　　　表313-1

子目号	子目名称	单位	子目号	子目名称	单位
313	培土路肩、中央分隔带回填土、土路肩加固及路缘石		313-3	现浇混凝土加固土路肩	m³
313-1	培土路肩	m³	313-4	混凝土预制块加固土路肩(厚…mm)	m³
313-2	中央分隔带回填土	m³	313-5	混凝土预制块路缘石	m³

第314节 路面及中央分隔带排水

314.01 范围

本节工作内容为路面和中央分隔带排水工程,包括纵、横、竖向排水管、渗沟、缝隙式圆形集水管、集水井、路肩排水沟和拦水带等结构物的施工及有关的作业。

314.05 计量与支付

1. 计量
(1)排水管依据图纸所示位置,分不同类型及规格,按埋设管长以米为单位计量。
(2)纵向雨水沟(管)依据图纸所示位置,分不同类型及规格,按埋设长度以米为单位计量。
(3)集水井依据图纸所示位置,分不同类型及规格,按设置的集水井数量,以座为单位计量。
(4)中央分隔带渗沟依据图纸所示位置,分不同类型,按埋设长度以米为单位计量。
(5)沥青油毡防水层依据图纸所示位置,按铺设的防水层面积以平方米为单位计量。
(6)路肩排水沟依据图纸所示位置及断面尺寸,按照不同类型的路肩排水沟的长度,以米为单位计量。
(7)拦水带依据图纸所示位置及断面尺寸,分不同类型,按照拦水带长度以米为单位计量。

2. 支付

按上述规定计量,经监理人验收并列入工程量清单的以下支付子目的工程量,其每一计量单位将以合同单价支付,此项支付包括材料、劳力、设备、运输等及其他为完成工程所必需的所有费用,是对完成工程的全部偿付。

3. 支付子目(表314-1)

支付子目　　　　　　　　　　　　　　　　　　　　　　　表314-1

子目号	子目名称	单位	子目号	子目名称	单位
314	路面及中央分隔带排水		314-4	中央分隔带渗沟	m
314-1	排水管	m	314-5	沥青油毡防水层	m²
314-2	纵向雨水沟(管)	m	314-6	路肩排水沟	m
314-3	集水井	座	314-7	拦水带	m

第315节 其他路面

315.01 范围

本节工作内容包括其他路面工程的施工作业。

315.05 计量与支付

1. 计量
(1)其他路面依据图纸所示沥青品种、规格、压实厚度或铺筑厚度,按照铺筑的顶面面积,以平方米为单位计量。工程内容包括相关工作的一切内容。

（2）贫混凝土基层依据图纸所示厚度和混凝土强度等级，按照铺筑体积，以立方米为单位计量。

（3）水泥混凝土预制块路面依据图纸所示厚度和混凝土强度等级，按照预制块铺筑体积，以立方米为单位计量。

（4）避险车道制动坡床路面依据图纸所示分不同材料，按照铺筑体积，以立方米为单位计量。

2．支付

按上述规定计量，经监理人验收并列入工程量清单的以下支付子目的工程量，其每一计量单位，将以合同单价支付。此项支付包括材料、劳力、设备、检验、运输及其他为完成工程所必需的费用，是对完成工程的全部偿付。

3．支付子目（表315-1）

支付子目　　　　　　　　　　　　　表315-1

子目号	子目名称	单位	子目号	子目名称	单位
315	其他路面		315-5	级配碎(砾)石路面	m²
315-1	沥青贯入式碎石路面		315-6	泥结碎(砾)石路面	m²
-a	石油沥青贯入式路面	m²	315-7	整齐块石路面	
-b	乳化沥青贯入式路面	m²	-a	水泥混凝土预制块路面	m³
315-2	上拌下贯式沥青碎石路面		-b	砖块路面	m²
-a	石油沥青贯入式路面	m²	-c	块石路面	m²
-b	乳化沥青贯入式路面	m²	315-8	避险车道	
315-3	贫混凝土基层	m³	-a	避险车道制动坡床路面	m³
315-4	天然砂砾路面	m²			

第400章 桥梁、涵洞

第401节 通 则

401.01 范围

(1)本章工程包括桥梁、涵洞及其附属结构物的施工。通道、排水、防护及隧道工程,亦可参照本章有关内容施工。

(2)特殊结构物的施工,必须同时按相应的有关规范及图纸要求编写项目专用本。

401.02 一般要求

1. 核对图纸和补充调查

承包人在施工开始前应对设计文件、图纸、资料进行现场核对,必要时应进行补充调查,并将调查结果提交监理人批准。

2. 平整场地

承包人应按照第202节要求,平整施工场地,并得到监理人认可。

3. 预制场地

预制场地由承包人自行选择。承包人应向监理人报送一份预制场地的平面位置布置图、预制场地的平整计划以及对环境保护采取的措施等。工程完成后,应将场地上的设备和废弃物清除干净,恢复原状,并得到监理人认可。

4. 图纸

承包人开工前应仔细阅读图纸,发现疑问应及时向监理人提出。当图纸内有关施工说明与本规范规定有矛盾时,以图纸为准。

5. 桥梁荷载试验

特大桥、结构复杂的大桥完工以后,承包人应协助和配合发包人,对桥梁或桥梁的某一部分进行荷载试验,以验证结构物是否具有足够承受设计荷载的能力。荷载试验由发包人委托有资质的科研或设计单位承担。根据试验结果,结构物或结构物的任一部分,如由于施工原因不能满足图纸要求,承包人应进行重建或补强,重建或补强结构物的费用由承包人负责。

401.07 计量与支付

1. 计量

(1)桥梁荷载试验(暂估价)依据图纸及桥梁荷载试验委托合同中约定的试验项目,以暂估价形式按总额为单位计量。工程内容包括选择有资质的单位签订桥梁荷载试验委托合同;按图纸所示及合同约定的测试项目及量测频率,对现场实施监控量测;数据采集、分析、编写提交监控量测报告。

(2)桥梁施工监控(暂估价)依据图纸及桥梁施工监控委托合同中约定的监控量测项目,以暂估价形式按总额为单位计量。工程内容包括选择有资质的单位签订桥梁施工监控委托合同;按图纸所示及合同约定的测试项目及量测频率,对现场实施监控量测;数据采集、分析、编写提交监控量测报告。

(3)地质钻探及取样试验按实际发生的,分不同钻径以米为单位计量。工程内容包括场地清理;钻机安拆、钻探;取样、试验等一切相关工作内容。

(4)本节的其他工程内容,均不计量。

2.支付

按上述规定计量,其每一计量单位将以合同单价支付。此项支付包括所需的全部材料、劳力、设备、试验及成果分析的全部费用。

3.支付子目(表401-1)

支付子目　　　　　　　　　　　　　　　表401-1

子目号	子目名称	单位	子目号	子目名称	单位
401	通则		401-2	桥梁施工监控(暂估价)	总额
401-1	桥梁荷载试验(暂估价)	总额	401-3	地质钻探及取样试验(暂定工程量)	m

第402节　模板、拱架和支架

402.01　范围

本节工作内容包括就地浇筑和预制混凝土、钢筋混凝土、预应力混凝土,石料及混凝土预制块砌体所用的模板、拱架和支架的设计制作、安装、拆卸施工等有关作业。

402.07　计量与支付

本节工作为有关工程的附属工作,不作计量与支付。

第403节　钢　　筋

403.01　范围

本节工作内容包括桥梁及结构物工程中钢筋的供应、试验、储存、加工及安装。

403.08　计量与支付

1.计量

(1)包括钢筋混凝土中的钢筋,预应力混凝土中的非预应力钢筋及混凝土桥面铺装中的钢筋。依据图纸所示及钢筋表所列钢筋质量,以千克为单位计量。

(2)固定钢筋的材料、定位架立钢筋、钢筋接头、吊装钢筋、钢板、铁丝作为钢筋作业的附属工作,不另行计量。因搭接而增加的钢筋不予计量。

(3)钢筋的防锈、截取、套丝、弯曲、场内运输、安装等,作为钢筋工程的附属工作,不另行计量。

(4)缘石、人行道、防撞墙、栏杆、桥头搭板、枕梁、抗震挡块、支座垫块等构造物,其所用钢筋以及伸缩缝预埋的钢筋,均列入附属结构钢筋子目计量。

(5)定额中各种钢筋工程量按设计图纸中钢筋的设计质量计算,施工操作损耗、一般钢筋因接长所需增加的钢筋质量不得计入钢筋设计质量内。但对于某些特殊的工程,必须在施工现场分段施工采用搭接接长时,其搭接长度的钢筋质量应在钢筋的设计质量内计算。

2. 支付

按上述规定计量,经监理人验收并列入工程量清单的以下支付子目的工程量,其每一计量单位,将以合同单价支付。此项支付包括材料、劳力、设备、检验、运输及其他为完成钢筋工程所必需的费用,是对完成工程的全部偿付。

3. 支付子目(表 403-1)

支付子目　　　　　　　　　　　　　　表 403-1

子目号	子目名称	单位	子目号	子目名称	单位
403	钢筋		403-2	下部结构钢筋	kg
403-1	基础钢筋(包括灌注桩、承台、沉桩、沉井等)	kg	403-3	上部结构钢筋	kg
			403-4	附属结构钢筋	kg

403.09 钢筋工程量计算示例

【例 403-1】 某桥梁灌注桩钢筋如图 403-1 所示,钢筋数量见表 403-2,计算光圆钢筋(HPB300)和带肋钢筋(HRB400)工程量。

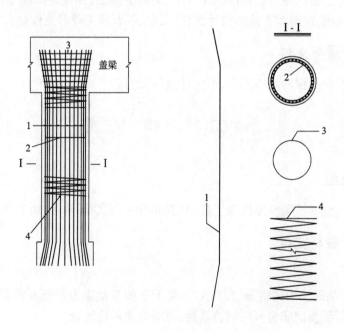

图 403-1　某桥梁灌注桩钢筋断面图

灌注桩钢筋数量表 表403-2

钢筋型号	编号	直径（mm）	单根长度（cm）	根数	共长（m）	单位重（kg/m）	共重（kg）
带肋钢筋（HRB400）	1	⌀22	502	28	140.56	2.984	419.43
	2	⌀16	366	2	7.32	1.578	11.55
光圆钢筋（HPB300）	3	φ8	533	4	21.32	0.395	8.42
	4	φ8	6841	1	68.41	0.395	27.02

解： 光圆钢筋(HPB300) = 8.42 + 27.02 = 35.44(kg)

带肋钢筋(HRB400) = 419.43 + 11.55 = 430.98(kg)

【**例 403-2**】 某桥梁立柱钢筋如图 403-2 所示，钢筋数量见表 403-3，计算光圆钢筋(HPB300)和带肋钢筋(HRB400)工程量。

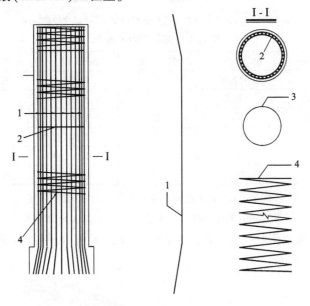

图 403-2 某桥梁立柱钢筋断面图

立柱钢筋数量表 表403-3

钢筋型号	编号	直径（mm）	单根长度（cm）	根数	共长（m）	单位重（kg/m）	共重（kg）
带肋钢筋（HRB400）	1	⌀28	605	36	217.80	4.830	1051.97
	2	⌀25	366	3	10.98	3.853	42.31
光圆钢筋（HPB300）	3	φ8	101	54	54.54	0.395	21.54
	4	φ8	13630	1	136.3	0.395	53.84

解： 光圆钢筋(HPB300) = 21.54 + 53.84 = 75.38(kg)

带肋钢筋(HRB400) = 1051.97 + 42.31 = 1094.28(kg)

【**例 403-3**】 某桥梁中梁上部结构钢筋如图 403-3 所示，钢筋数量见表 403-4，计算光圆钢筋(HPB300)和带肋钢筋(HRB400)工程量。

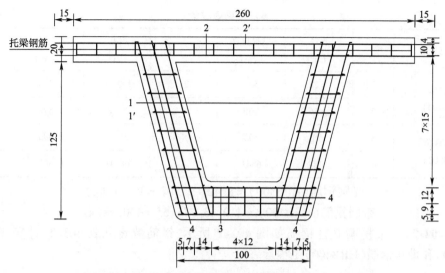

图 403-3 某桥梁中梁上部结构钢筋横断面图(尺寸单位:cm)

中梁上部结构钢筋数量表　　表 403-4

编　号	直径(mm)	单根长(cm)	根　数	共长(m)	共重(kg)	合计(kg)
1	φ12	157.0	6	9.42	8.4	21.3
1′	φ12	145.0	6	8.70	7.7	
2	φ12	290.0	2	5.80	5.2	
2′	⏀12	290.0	2	5.80	5.2	16
3	⏀12	均103.3	6	6.20	5.5	
4	⏀12	25.0	24	6.00	5.3	

解:　　　光圆钢筋(HPB300) = 8.4 + 7.7 + 5.2 = 21.3(kg)

带肋钢筋(HRB400) = 5.2 + 5.5 + 5.3 = 16(kg)

【**例 403-4**】 某桥梁桥面铺装钢筋示意图如图 403-4 所示,钢筋数量见表 403-5,计算光圆钢筋(HPB300)的工程量。

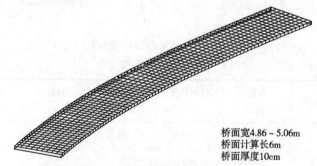

桥面宽4.86~5.06m
桥面计算长6m
桥面厚度10cm

图 403-4 某桥梁桥面铺装钢筋示意图

某桥梁桥面铺装钢筋数量表　　表 403-5

钢筋类型 (光圆钢筋)	钢筋直径 (mm)	单根长 (m)	根　数	总长 (m)	单位重 (kg/m)	总重 (kg)
横向钢筋	10	4.86	60	291.6	0.617	179.92
纵向钢筋	10	6	48	288	0.617	177.7
横向变截面钢筋	10	0.1	60	6	0.617	3.70
纵向变截面钢筋	10	3	1	3	0.617	1.85

解： 光圆钢筋(HPB300) = 179.92 + 177.7 + 3.7 + 1.85 = 363.17(kg)

【例 403-5】 某桥梁组合式护栏钢筋示意图如图 403-5 所示,钢筋数量见表 403-6,计算光圆钢筋(HPB300)和带肋钢筋(HRB400)的工程量。

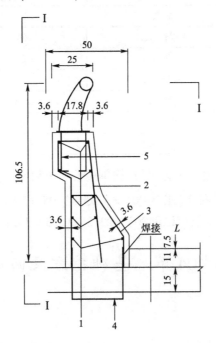

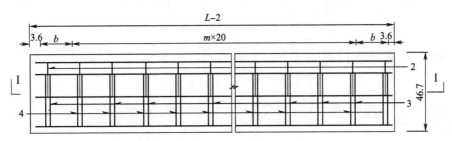

图 403-5 某桥梁组合式护栏钢筋示意图(尺寸单位:cm)

某桥梁组合式护栏钢筋数量表 表 403-6

编 号		部 位	
		端部	中部
N1(φ8)	根数	10	10
	每根长(cm)	100	100
	共长(m)	10	10
N2(⌀12)	根数	7	5
	每根长(cm)	168	168
	共长(m)	11.8	8.4
N3(⌀12)	根数	7	5
	每根长(cm)	100	100
	共长(m)	7	5

续上表

编号		部位	
		端部	中部
N4(Φ12)	根数	7	5
	每根长(cm)	100	100
	共长(m)	7	5
合计	Φ12 共长(m)	25.8	18.4
	Φ12 共重(kg)	22.8	16.3
	φ8 共长(m)	10	10
	φ8 共重(kg)	3.95	3.95

解：钢筋工程量 $= \sum_{i=1}^{n} i$ 号钢筋单根长 × 根数 × 单位质量

光圆钢筋(HPB300) = 3.95 + 3.95 = 7.9(kg)

带肋钢筋(HRB400) = 22.8 + 16.3 = 39.1(kg)

第404节 基础挖方及回填

404.01 范围

本节工作内容为结构物基坑的开挖与回填以及与之有关的场地清理、支护(撑)、排水、围堰等作业。

404.04 计量与支付

1. 计量

(1)根据图示,取用底、顶面间平均高度的棱柱体体积,分别按干处、水下及土、石,以立方米为单位计量。

(2)在地下水位以上开挖的为干处挖方;在地下水位以下开挖的为水下挖方。

(3)基坑底面、顶面及侧面的确定应符合下列规定:

①基坑开挖底面:按图纸所示的基底高程线计算。

②基坑开挖顶面:按设计图纸横断面上所标示的原地面线计算。

③基坑开挖侧面:按顶面到底面,以超出基底周边0.5m的竖直面为界。

(4)当承包人遇到特殊或非常规情况时,应及时通知监理人,由监理人定出特殊的基础挖方界线。凡未取得监理人批准,承包人以特殊情况为理由而完成的任何挖方将不予计量,其基坑超深开挖,应由承包人用砂砾或监理人批准的回填材料予以回填压实。

(5)为完成基础挖方所做的地面排水及围堰、基坑支撑及抽水、基坑回填与压实、错台开挖及斜坡开挖等,作为挖基工程的附属工作,不另行计量。

(6)台后路基填筑及锥坡填土在第204节内计量与支付。

(7)基坑土的运输作为挖基工程的附属工作,不另行计量与支付。

(8)计价时,基坑基底夯实与整修、检平石质基底、基坑回填与压实、挖边沟、挖集水井及排水作业用工均不应再单独计算费用,但弃土坑外运输、围堰、基坑支撑或挡土板、排水水泵等则应根据具体情况需要,单独计算相应的费用。当基坑采用取土回填时,应按路基工程有关定额另计取土费用。

(9)草土围堰、草(麻)袋围堰、竹笼围堰的工程量按围堰中心线的长度计算,其高度按施工期内最高临水面加 0.5m 考虑。木笼围堰按围堰所包围的实体体积计算。套箱围堰按套箱金属结构的质量计算。钢板桩围堰按设计需要的钢板桩的质量计算。筑岛填心按设计需要的填心体积计算。投标时考虑到相应的单价中,不单独计量与支付。

2. 支付

按上述规定计量,经监理人验收并列入了工程量清单的以下支付子目的工程量,其每一计量单位,将以合同单价支付。此项支付包括材料、劳力、设备、运输等及其他为完成挖基及回填工程所必需的费用,是对完成工程的全部偿付。

3. 支付子目(表 404-1)

支付子目　　　　　　　　　　　　　　　　表 404-1

子目号	子目名称	单位	子目号	子目名称	单位
404	基础挖方及回填		404-3	干处挖石方	m^3
404-1	干处挖土方	m^3	404-4	水下挖石方	m^3
404-2	水下挖土方	m^3			

404.05 基坑开挖工程量计算示例

【例 404-1】 某桥梁基础挖土方示意图如图 404-1 所示,计算其基坑开挖土方工程量。

解:(1) $V = L \times (a + 2c + K \times H) \times H$

式中:V——地槽体积;

　　　L——基槽长度;

　　　a——基槽宽度;

　　　c——工作面宽度;

　　　K——土壤放坡系数或综合放坡系数;

　　　H——基槽深度。

(2)如果基坑的长度和宽度的比大于 3∶1 的情况时

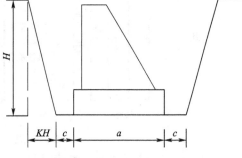

图 404-1　某桥梁基础挖土方示意图

$$V = (a + 2c + K \times H) \times (b + 2c + K \times H)H + \frac{1}{3}K^2H^3$$

式中:a、b——分别为基底的长度和宽度;

　　　$\frac{1}{3}K^2H^3$——坑四角锥体的土方体积。

第 405 节　钻孔灌注桩

405.01 范围

本节工作内容包括钻孔、安设和拆除护筒、安设钢筋笼、灌注混凝土以及按图纸规定及监理人指示的有关钻孔灌注桩的其他作业。

405.02 钻孔灌注桩套用定额时工程量计算的一般规定

1. 关于桩长、孔深

桩长指设计图纸标示的桩的长度,即设计图纸标示的桩底设计高程至承台底或系梁底设计高程之间的长度。对于与桩连为一体的柱式墩台,如无承台或系梁时,则以桩位处地面线为分界线,地面线以下部分为灌注桩桩长,若图纸有标志的,按图纸标志计算。

定额中的孔深是指护筒顶高程至桩底设计高程的深度。

套用定额时,应注意桩长与孔深的区别,一般情况下孔深大于或等于桩长。

2. 工程量计算

钢护筒的工程量按设计提出的需要设置的钢护筒的成品质量计算,包括加劲肋及连接用法兰盘等全部钢材的质量。钢筋混凝土护筒按设计提出的需要设置的护筒数量,分别按混凝土实体(预制)、质量(钢筋)、长度(护筒埋设)以立方米(m^3)、千克(kg)、延米为单位计算。陆地上埋设护筒的开挖及回填黏土、水中埋设护筒定位用的导向架以及护筒接头等均不应再单独计算。

工作平台的工程量按施工组织设计确定的需要搭设的施工工作平台的面积计算。

成孔工程量按灌注桩设计入土深度计算。在计算成孔工程量时,应注意灌注桩成孔工程量与孔深、设计桩长三者之间的关系。在不同的情况下,三者之间存在不同的关系,如图405-1所示。

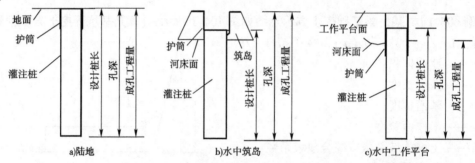

图405-1 成孔工程量、孔深、设计桩长之间的关系

灌注桩混凝土的工程量按设计桩径横断面面积乘以设计桩长计算。不得将扩孔因素计入工程量内。

灌注桩无破损检测管的工程量按设计需要安装的检测管的质量进行计算,检测管封头、套管等钢材的质量不得计入工程量内。

计价时,钻孔灌注桩应依据设计图纸标示和施工组织设计确定的工程量,按照护筒、工作平台、成孔、安放钢筋笼、灌注混凝土的顺序,套用相关的定额计算其费用。在河滩、水中采用筑岛方法施工时,应采用陆地上成孔定额计算。钻孔泥浆、清孔、破桩头等均不再单独计算。

405.13 计量和支付

1. 计量

(1)钻孔灌注桩依据图纸所示桩长及混凝土强度等级,按照不同桩径的桩长以米为单位计量。

(2)施工图设计水深小于2m(含2m)的为陆上钻孔灌注桩;施工图设计水深大于2m的为

水中钻孔灌注桩。

（3）桩长为桩底高程至承台底面或系梁底面高程之间的长度。对于与桩连为一体的柱式墩台，如无承台或系梁时，则以桩位处原始地面线为分界线，地面线以下部分为灌注桩桩长。若图纸有标示的，按图纸标示为准。未经监理人批准，由于超钻而深于所需的桩长部分，将不予计量。

（4）开挖、钻孔、清孔、钻孔泥浆、护筒、混凝土、破桩头，以及必要时在水中填土筑岛、搭设工作台架及浮箱平台、栈桥等其他为完成工程的子目，作为钻孔灌注桩的附属工作，不另行计量。混凝土桩无破损检测及所预埋的钢管等材料，均作为混凝土桩的附属工作，不另行计量。

（5）按实际钻取的混凝土芯样长度，分不同钻径以米为单位计量；如混凝土质量合格，钻取的芯样给予计量，否则，不予计量。

（6）破坏荷载试验用桩（暂定工程量）依据图纸所示桩长及混凝土强度等级，按照不同桩径的桩长以米为单位计量。

（7）钢筋在第403节内计量，列入403-1子目内。

2. 支付

按上述规定计量，经监理人验收并列入工程量清单的以下支付子目的工程量，其每一计量单位将以合同单价支付。此项支付包括材料、劳力、设备、运输等及其他为完成钻孔灌注桩工程所必需的费用，是对完成工程的全部偿付。

3. 支付子目（表405-1）

支付子目 表405-1

子目号	子目名称	单 位	子目号	子目名称	单 位
405	钻孔灌注桩		-b	水中钻孔灌注柱	m
405-1	钻孔灌注桩		405-2	钻取混凝土芯样检测（暂定工程量）	m
-a	陆上钻孔灌注桩	m	405-3	破坏荷载试验用桩（暂定工程量）	m

405.14 桩长工程量计算示例

【例405-1】 某桥梁钻孔灌注桩如图405-2所示，计算其桩长。

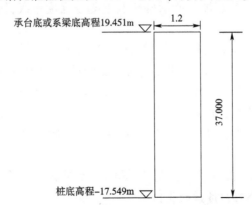

图405-2 某桥梁钻孔灌注桩立面图（尺寸单位：m）

解： 桩长 = 承台底或系梁底高程 − 桩底高程

桩长 = 19.451 − (−17.549) = 37.000(m)

第406节 沉　　桩

406.01　范围

本节工作内容包括桥梁基础钢筋混凝土或预应力混凝土沉桩的制作、养护、移运、沉入等以及按照图纸规定及监理人指示的有关沉桩的其他作业。

406.02　沉桩工程量的计算

预制钢筋混凝土方桩和管桩的工程量应根据设计尺寸及长度以体积计算(管桩的空心部分应予以扣除),设计中规定凿去的桩头部分的数量,应计入设计工程量内。

钢筋混凝土方桩的预制工程量,应为打桩定额中括号内的备注数量。

各类接桩按设计接头以个为单位计算。

打桩用的工作平台的工程量按施工组织设计所需的面积计算。

船上打桩工作平台的工程量,根据施工组织设计,按一座桥梁实际需要打桩机的台数和每台打桩机需要的船上工作平台面积的总和计算。

打导桩、打送桩及打桩架、破桩头等均不得另行计算工程量。

406.08　计量与支付

1. 计量

(1)钢筋混凝土或预应力混凝土沉桩依据图纸所示桩长及混凝土强度等级,按照不同桩径的桩长以米为单位计量。桩身长度的计量应按图纸所示或监理人批准的桩尖高程至承台底或盖梁底高程之间的长度计算。未经监理人批准,沉入深度超过图纸规定的桩长部分,将不予计量与支付。

(2)为完成沉桩工程而进行的钢筋混凝土桩浇筑预制、养护、移运、沉入、桩头处理等一切有关作业,均为沉桩工程所包括的工作内容,不另行计量与支付。

(3)试桩(暂定工程量)依据图纸所示桩长及混凝土强度等级,按照不同桩径的桩长以米为单位计量。

(4)沉桩的无破损检验作为沉桩工程的附属工作,不另行计量。

(5)钢筋混凝土或预应力混凝土沉桩(包括试桩)所用钢筋在第403节内计量,列入403-1子目内,其余钢板及材料加工等均含在钢筋混凝土沉桩工程子目中,不另行计量与支付。

(6)制造预应力混凝土沉桩用预应力钢材在第411节内计量。制造预应力混凝土沉桩用法兰盘及其他钢材,除按上述规定在第403节、第411节计量外的所有钢材均含入预应力沉桩工程子目中,不另行计量与支付。

(7)试桩的试验机具,其提供、运输、安装、拆卸以及试验数据的分析和提供试验报告等,均系该试桩的附属工作,不另行计量与支付。

2. 支付

按上述规定计量,经监理人验收并列入工程量清单的以下支付子目的工程量,其每一计量单位,将以合同单价支付。此项支付包括材料、劳力、设备、运输等及其他为完成沉桩工程(包括试桩)所必需的费用,是对完成工程的全部偿付。

3. 支付子目(表406-1)

支付子目　　　　　　　　　　　　　　　　　表406-1

子目号	子目名称	单位	子目号	子目名称	单位
406	沉桩		406-2	预应力混凝土沉桩	m
406-1	钢筋混凝土沉桩	m	406-3	试桩(暂定工程量)	m

第407节　挖孔灌注桩

407.01　范围

本节工作内容包括挖孔,提供、安放和拆除孔壁支撑及护壁,设置钢筋,灌注混凝土以及按照图纸规定及按监理人指示的有关挖孔灌注桩的其他作业。

407.02　挖孔灌注桩工程量的计算

挖孔工程量按护壁(护筒)外缘所包围的面积乘以设计孔深计算。

灌注桩混凝土工程量的计算同钻孔灌注桩。

407.04　计量和支付

1. 计量

(1)挖孔灌注桩依据图纸所示桩长及混凝土强度等级,按照不同桩径的桩长以米为单位计量。

(2)桩长为桩底高程至承台底面或系梁底面高程之间的密度。对于与桩连为一体的柱式墩台,如无承台或系梁时,则以桩位处原始地面线为分界线,地面线以下部分为灌注桩桩长。若图纸有标示的,按图纸标示为准。未经监理人批准,由于超钻而深于所需的桩长部分,将不予计量。

(3)设置支撑和护壁、开挖、钻孔、清孔、钻孔泥浆、护筒、混凝土、破桩头,以及必要时在水中填土筑岛、搭设工作台架及浮箱平台、栈桥等其他为完成工程的子目,作为挖孔灌注桩的附属工作,不另行计量。混凝土桩无破损检测及所预埋的钢管等材料,均作为混凝土桩的附属工作,不另行计量。

(4)按实际钻取的混凝土芯样长度,分不同钻径以米为单位计量;如混凝土质量合格,钻取的芯样给予计量,否则,不予计量。

(5)破坏荷载试验用桩(暂定工程量)依据图纸所示桩长及混凝土强度等级,按照不同桩径的桩长以米为单位计量。

(6)钢筋在第403节内计量,列入403-1子目内。

2. 支付

按上述规定计量,经监理人验收并列入工程量清单的以下支付子目的工程量,其每一计量单位,将以合同单价支付。此项支付包括材料、劳力、设备、运输等及其他为完成挖孔灌注桩工程所必需的费用,是对完成工程的全部偿付。

3. 支付子目(表407-1)

支付子目　　　　　　　　　　　　　　　　　　　表407-1

子目号	子目名称	单位	子目号	子目名称	单位
407	挖孔灌注桩		407-2	钻取混凝土芯样检测(暂定工程量)	m
407-1	挖孔灌注桩	m	407-3	破坏荷载试验用桩(暂定工程量)	m

第408节　桩的垂直静荷载试验

408.01　范围

本节工作内容包括对钻(挖)孔灌注桩的足尺比例的荷载试验,其中包括压载、拉桩、高吨位千斤顶及所有其他进行试验需要的材料、设备和工作。

408.06　计量与支付

1. 计量

(1)试桩不论是检验荷载或破坏荷载,依据图纸及桩的委托合同,在图纸所示位置现场进行桩的荷载试验,按实际进行的桩数,分不同的桩径、桩长、混凝土强度等级、荷载等级,以每一试桩为单位计量。

(2)选择有资质的单位签订试验委托合同;按图纸所示及合同约定的内容现场进行桩的荷载试验(包括清理场地、搭设试桩工作台、埋设观测设备、加载、卸载、观测);数据采集、分析、编写提交桩的检验荷载试验报告等相关工作内容。

(3)检验荷载试验桩如试验后作为工程结构的一部分,其工程量在第405节及第407节有关支付子目内计量与支付。破坏荷载试验用的试桩,将来不作为工程结构的一部分,其工程量在第405节的支付子目405-3及第407节的支付子目407-3内计量与支付。

2. 支付

按上述规定计量,经监理人验收或认可并列入工程量清单的以下支付子目的工程量,其每一计量单位,将以合同单价支付。此项支付包括材料、劳力、设备、试验、运输、成果分析等及其他为完成试桩工程所必需的费用,是对完成工程的全部偿付。

3. 支付子目(表408-1)

支付子目　　　　　　　　　　　　　　　　　　　表408-1

子目号	子目名称	单位	子目号	子目名称	单位
408	桩的垂直静载试验		408-2	$\phi \cdots m$ 桩破坏荷载试验(暂定工程量)	每一试桩
408-1	桩的检验荷载试验(暂定工程量)	每一试桩			

注:1. 检验荷载试验应在括号内注明试桩检验荷载重量,按第408.03小节规定,该试桩检验荷载为两倍设计荷载。
　　2. 破坏荷载试验桩应在括号内注明试桩长度。

第409节　沉　　井

409.01　范围

本节工作内容包括施工场地准备、筑岛、沉井的制作、沉井下沉、基底处理、沉井封底、井孔填充、沉井顶板浇筑等以及按照图纸或监理人指示的沉井有关作业。

409.02 沉井工程工程量计算

重力式沉井制作工程量按设计图纸井壁及隔墙混凝土数量计算。钢丝网水泥薄壁浮运沉井制作工程量按刃脚及骨架钢材的质量计算,但铁丝网的质量不作为工程量计算。钢壳沉井制作的工程量按设计图纸沉井钢材的总质量计算。

沉井下沉工程量按设计沉井刃脚外缘所包围的面积乘沉井刃脚下沉入土深度进行计算,溢流(翻砂)数量不得计入工程量内。

沉井浮运、接高、定位落床工程量按沉井刃脚外缘所包围的面积计算,分节施工的沉井的接高工程量应按各节沉井接高工程量之和计算。

沉井下沉所需的工作台、三脚架、便道、下井工作软梯、井内抽水、挖(或爆破)土(石)至井外、清理刃脚以及各种机具的安拆和下沉辅助措施等,计价时不应单独计算。

计价时应注意,沉井下沉按土、石所在的不同深度分别采用不同下沉深度的定额,如沉井下沉在5m以内的土、石应采用下沉深度0~5m的定额,当沉井继续下沉到10m以内时,对于超过5m的土、石应执行下沉深度5~10m的定额。定额中的下沉深度是指沉井顶面到除土作业面的高度,如图409-1所示。

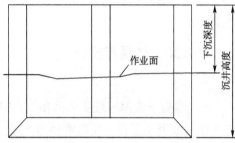

图409-1 沉井下沉深度、沉井高度之间的关系

409.08 计量与支付

1. 计量

(1)沉井制作完成,依据图纸所示位置及尺寸,按图示混凝土体积,分不同强度等级以立方米为单位计量。

①沉井的混凝土,按就位后沉井顶面以下各不同部位(井壁、顶板、封底、填心)和不同混凝土级别的体积,以立方米为单位计量。

②沉井所用钢筋,列入第403节基础钢筋支付子目内计量。

(2)沉井制作及下沉奠基,其中包括场地准备,围堰筑岛,模板、支撑的制作安装与拆除,沉井浇筑、接高,沉井下沉,空气幕助沉,井内挖土,基底处理等工作,均应视为完成沉井工程所必需的工作,不另行计量。

(3)沉井刃脚所用钢材,视作沉井的附属工程材料,不另行计量。

2. 支付

按上述规定计量,经监理人验收并列入工程量清单的以下支付子目的工程量,其每一计量单位,将以合同单价支付。此项支付包括材料、劳力、设备、运输等及其他为完成沉井基础工程所必需的费用,是对完成工程的全部偿付。

3. 支付子目(表409-1)

支付子目   表409-1

子目号	子目名称	单位	子目号	子目名称	单位
409	沉井		-b	封底混凝土	m³
409-1	钢筋混凝土沉井		-c	填心混凝土	m³
-a	井壁混凝土	m³	-d	顶板混凝土	m³

第410节 结构混凝土工程

410.01 范围

(1)本节工作内容包括工程中结构混凝土的材料供应和拌和、立模、浇筑、拆模、修整、养护和质量要求。

(2)混凝土强度等级系指150mm标准立方体试件(粗集料最大粒径为40mm),在温度(20±3)℃、相对湿度大于90%的潮湿环境下,养护28d经抗压试验所得极限抗压强度,单位为MPa,具有不低于95%的保证率。混凝土强度等级以C为前缀表示。如C30(30级)、C40(40级)。图纸有称"标号"时,应以相同"强度等级"代替,并应符合该强度等级混凝土的技术要求。

410.20 计量与支付

1. 计量

(1)混凝土依据图纸所示体积,分不同强度等级以立方米为单位计量。墩梁固结混凝土计入盖梁混凝土子目。桥墩和桥台上的支座垫石、防震挡块混凝土计入附属结构混凝土。耳墙、背墙混凝土计入台帽混凝土子目。

(2)现浇缘石、人行道、防撞墙、栏杆、护栏、桥头搭板、枕梁、抗震挡块、支座垫石等列入现浇混凝土附属结构子目。预制安装缘石、人行道、防撞墙、栏杆、护栏、桥头搭板、枕梁、抗震挡块、支座垫石等列入预制混凝土附属结构子目。

(3)直径小于200mm的管子、钢筋、锚固件、管道、泄水孔或桩所占混凝土体积不予扣除。作为砌体砂浆的小石子混凝土,不另行计量。

(4)桥面铺装混凝土在第415节内计量与支付;结构钢筋在第403节内计量。

(5)为完成结构物所用的施工缝连接钢筋、预制构件的预埋钢板、防护角钢或钢板、脚手架或支架及模板、排水设施、防水处理、基础底碎石垫层、混凝土养护、混凝土表面修整及为完成结构物的其他杂项子目,以及混凝土预制构件的安装、架设设备拼装、移运、拆除和为安装所需的临时性或永久性的固定扣件、钢板、焊接、螺栓等,均作为各项相应混凝土工程的附属工作,不另行计量。

(6)定额中现浇混凝土的工程量为设计图纸所示构筑物的实际体积,不扣除钢筋(钢丝、钢绞线)、预埋件和预留孔道所占的体积,但不包括其中空心部分的体积。

(7)预制混凝土的工程量按预制构件的实际体积(不包括空心部分的体积)计算,其中预应力构件的工程量为构件预制体积与构件端头封锚混凝土的数量之和。预制空心板的空心堵头混凝土不作为工程量计算,钢筋混凝土项目的工程量不扣除钢筋(钢丝、钢绞线)、预埋件和预留孔道所占的体积。

(8)预制构件运输的工程量按构件的实体体积计算。

计价时,构件的预制数量应为安装定额中括号内所列的构件备制数量。安装的工程量为安装构件的体积。构件安装时的现浇混凝土的工程量为现浇混凝土和砂浆的数量之和。但如在安装定额中已计列砂浆消耗的项目,则在工程量中不应再计列砂浆的数量。

2.支付

按上述规定计量,经监理人验收并列入工程量清单的以下支付子目的工程量,其每一计量单位,将以合同单价支付。此项支付包括材料、劳力、设备、试验、运输、安装及其他为完成混凝土工程所必要的费用,是对完成工程的全部偿付。

3.支付子目(表410-1)

支付子目　　　　　　　　　　　　　　　　表410-1

子目号	子目名称	单位	子目号	子目名称	单位
410	结构混凝土工程		-d	台帽混凝土	
410-1	混凝土基础(包括支撑梁、桩基承台、桩系梁,但不包括桩基)	m³	410-3	现浇混凝土上部结构	m³
			410-4	预制混凝土上部结构	m³
410-2	混凝土下部结构		410-5	桥梁上部结构现浇整体化混凝土	m³
-a	桥台混凝土	m³	410-6	现浇混凝土附属结构	m³
-b	桥墩混凝土	m³	410-7	预制混凝土附属结构	m³
-c	盖梁混凝土	m³			

410.21 混凝土工程量计算示例

【例410-1】 如图410-1所示为某桥梁承台混凝土示意图,计算其混凝土体积。

解：　　　　　一个承台平面面积 = 11.18 × 1.3 = 14.53(m²)

一个承台混凝土工程量 = 14.53 × 1.5 = 21.80(m³)

【例410-2】 如图410-2所示为某桥梁柱式墩台,计算其混凝土体积。

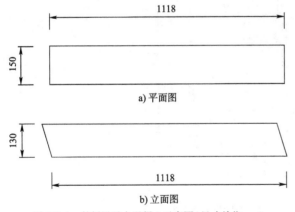

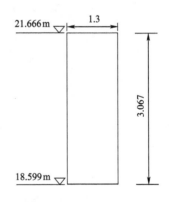

图410-1 某桥梁承台混凝土示意图(尺寸单位:cm)

图410-2 某桥梁柱式墩台立面图(尺寸单位:m)

解：　　　　　混凝土体积 = $3.067 \times (1.3 \div 2)^2 \times \pi = 4.07(m^3)$

【例410-3】 如图410-3所示为某桥梁空心桥墩,计算其混凝土工程量。

解：　　　　　空心桥墩截面面积 = 梯形墩面积 $- \sum_{i=1}^{i=n}$ 第 i 个空心部分面积

梯形墩面积 = (墩顶长 + 墩底长) × 墩高 ÷ 2(按每个变截面分别进行计算)

第 i 个空心部分面积 = 3个小梯形面积的和

空心桥墩混凝土工程量 = 空心墩截面面积 × 墩厚

如有些项目在施工过程的计量支付中以完成的米数除以该墩的总长度后,乘以该墩的总工程量为每次的计量数量,总工程量以设计工程量为控制数。空心桥墩一般以完成的长度分别按混凝土的钢筋计算(图410-3)。

空心墩

$$V = \sum S_i \times H_i$$

式中:S_i——混凝土截面面积;
H_i——相应截面高度。

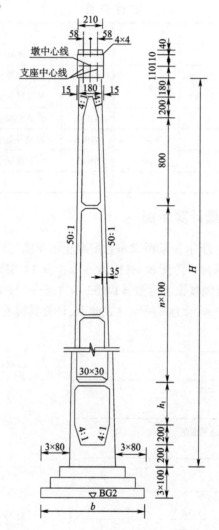

图410-3 某桥梁空心桥墩断面图(尺寸单位:cm)

【例410-4】 如图410-4所示为某桥梁现浇搭板和枕梁(C30),计算其混凝土体积。

解:混凝土体积 = $(8 + 19.17) \times 3.87 \times 5 \div 2 \times 0.35 + 0.9 \times 0.6 \times 19.4 = 102.48(\text{m}^3)$

【例410-5】 如图410-5所示,某桥梁上部结构为现浇连续箱梁,每跨50m,现浇箱梁为C50预应力混凝土,计算其混凝土体积。

解:将单片梁截面分解为几个梯形和长方形,计算其截面面积:

截面面积 = $[(20 + 50) \times 365 \div 2 + 50 \times (60 + 50 + 60) + (60 + 50 + 60 + 50) \times (90 - 50) \div 2 + (50 + 28) \times 200 \div 2 + 28 \times 65 + 50 \times (400 - 28 - 30 - 90) + (50 + 50 + 30) \times 30 \div 2 + 28 \times 750 \div 2] \times 2 = 120690(\text{cm}^2) = 12.069(\text{m}^2)$

混凝土工程量 = 截面面积 × 梁长 = 12.069 × 50 = 603.45 (m³)

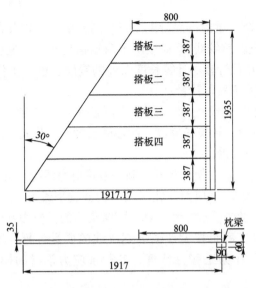

图 410-4　某桥梁现浇搭板和枕梁示意图(尺寸单位:cm)

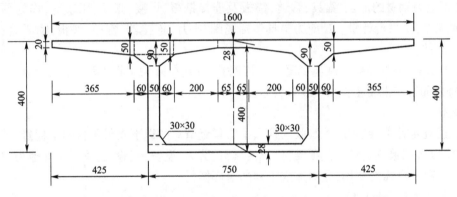

图 410-5　某桥梁现浇 C50 预应力钢筋混凝土箱梁上部结构示意图(尺寸单位:cm)

第 411 节　预应力混凝土工程

411.01　范围

本节工作内容包括预应力混凝土结构物的预应力钢材(包括钢丝、钢绞线、热轧钢筋、精轧螺纹粗钢筋)的供应、加工、冷拉、安装、张拉及封锚等作业;对先张法预应力混凝土,尚包括张拉台座的建造;对后张预应力混凝土,尚包括预应力系统(锚具、连接器及相应的预应力钢材)的选择、试验及供应,管道形成及灌浆;预应力混凝土的浇筑。

411.12　计量与支付

1.计量

(1)预应力混凝土结构物(包括现浇和预制预应力混凝土)依据图纸所示体积,分不同强度等级以立方米为单位计量。钢筋、钢材所占体积及单个面积在 0.03m² 以内的孔洞不予扣除。

(2) 后张法预应力混凝土梁封端混凝土工程量列入预制预应力混凝土上部结构子目。

(3) 先张法预应力钢丝、钢绞线、钢筋按图示两端锚具间的理论长度计算的预应力钢材质量,分不同材质以千克为单位计量。计算长度以外的锚固长度及工作长度的预应力钢材含入相应预应力钢材报价之中,不另行计量。

(4) 后张法预应力钢丝、钢绞线、钢筋依据图纸所示构件长度计算的预应力钢材质量,分不同材质以千克为单位计量。计算长度以外的锚固长度及工作长度的预应力钢材含入相应预应力钢材报价之中,不另行计量。

(5) 计量中包括悬臂浇筑、支架浇筑及预制安装预应力混凝土梁、板的一切作业。

(6) 定额中预应力钢绞线、预应力精轧螺纹粗钢筋及配锥形(弗氏)锚的预应力钢丝的工程量按锚固长度与工作长度的质量之和计算。配镦头锚的预应力钢丝的工程量按锚固长度的质量计算。先张钢绞线的工程量按设计图纸钢绞线的质量计算,预制场构件间的工作长度及张拉工作长度的质量不作为工程量计算。各种预应力钢材的操作损耗均不作为工程量计算。

(7) 预应力混凝土结构的非预应力钢筋,在第 403 节计量与支付。

(8) 预应力钢材的加工、锚具、管道、锚板及连接钢板、焊接、张拉、压浆等,作为预应力钢材的附属工作,不另行计量。预应力锚具包括锚圈、夹片、连接器、螺栓、垫板、喇叭管、螺旋钢筋等整套部件。

(9) 预制板、梁的整体化现浇混凝土及其钢筋,分别在第 410 节及第 403 节计量。

(10) 桥面铺装混凝土在第 415 节计量。

2. 支付

按上述规定计量,经监理人验收的列入了工程量清单的以下支付子目的工程量,其每一计量单位,将以合同单价支付。此项支付,包括材料、劳力、设备、试验、运输等及其他为完成预应力混凝土工程所必需的费用,是对完成工程的全部偿付。

3. 支付子目(表 411-1)

支付子目　　　　　　　　　　　　　　　表 411-1

子目号	子目名称	单位	子目号	子目名称	单位
411	预应力混凝土工程		411-5	后张法预应力钢绞线	kg
411-1	先张法预应力钢丝	kg	411-6	后张法预应力钢筋	kg
411-2	先张法预应力钢绞线	kg	411-7	现浇预应力混凝土上部结构	m³
411-3	先张法预应力钢筋	kg	411-8	预制预应力混凝土上部结构	m³
411-4	后张法预应力钢丝	kg			

注:1. 预应力钢丝及预应力钢绞线,应注明其松弛级别(Ⅰ级为普通松弛级,Ⅱ级为低松弛级),如在工程中两种级别均采用,则在子目内分别以子项列出。

2. 子目号 411-7、411-8 中的预应力混凝土结构,按不同结构类型、不同混凝土强度等级及不同施工工艺分列子项。

411.13　预应力混凝土和预应力钢筋工程量计算示例

【例 411-1】　如图 411-1 所示为某桥梁后张法预应力钢绞线示意图,预应力钢绞线数量表如表 411-2 所示,计算其工程量。

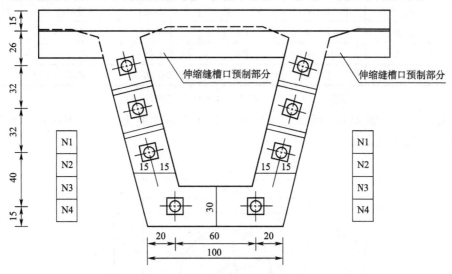

图 411-1　某桥梁后张法预应力钢绞线示意图(尺寸单位:cm)

预应力钢绞线数量表　　　　　　　　　　　表 411-2

梁位	钢束号	钢绞线					总重(kg)
		下料长度(cm)	规格	束数	共长(m)	共重(kg)	
边跨中梁	N1	3087.0	15-6	2	61.74	407.85	1290.68
	N2	3085.0	15-5	2	61.70	339.66	
	N3	3083.2	15-5	2	61.66	339.44	
	N4	3084.2	15-3	2	61.68	203.73	

解：后张法预应力钢绞线 = 407.85 + 339.66 + 339.44 + 203.73 = 1290.68(kg)

【**例 411-2**】　如图 411-2 所示为某桥梁后张法预应力钢筋示意图,普通钢筋数量表如表 411-3 所示,计算其工程量。

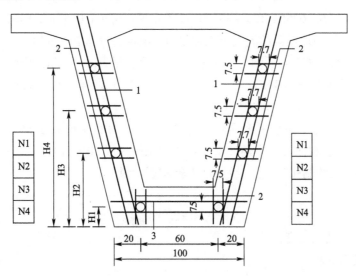

图 411-2　某桥梁后张法预应力钢筋示意图(尺寸单位:cm)

钢筋数量表 表411-3

编号	直径(mm)	单根长(cm)	根数	共长(m)	共重(kg)	合计(kg)
1	Φ12	均100.0	150	150.00	133.2	
2	Φ12	均20.0	720	144.00	127.9	350.3
3	Φ12	均100.5	100	100.50	89.2	

解： 钢筋 $=133.2+127.9+89.2=350.3(\mathrm{kg})$

【例411-3】 如图411-3所示为某桥梁预制预应力混凝土空心板梁边梁示意图，跨径16m，计算其混凝土工程量。

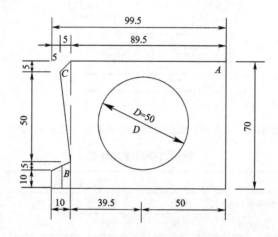

图411-3 某桥梁预制预应力混凝土空心板梁边梁示意图(尺寸单位:cm)

解：将上图分解为四个图形，为 A 长方形、B 梯形、C 三角形、D 圆形，面积计算如下：

$$A=(39.5+50)\times70=6265(\mathrm{cm}^2)$$
$$B=(10+15)\times10\div2=125(\mathrm{cm}^2)$$
$$C=(50+5)\times5\div2=137.5(\mathrm{cm}^2)$$
$$D=\pi\times(50\div2)^2=1963.495(\mathrm{cm}^2)$$
$$E=A+B+C-D=6265+125+137.5-1963.495=4564.005(\mathrm{cm}^2)=0.4564(\mathrm{m}^2)$$

一片边梁的混凝土工程量 $=0.4564\times16=7.3(\mathrm{m}^3)$

【例411-4】 如图411-4所示为某桥梁30m T梁断面图，计算其混凝土工程量。

解： T梁截面面积 $=[20\times34+(20+27)\times32\div2]\times2+48\times90=7184(\mathrm{cm}^2)$
       $=0.71847184(\mathrm{m}^2)$

T梁混凝土工程量 = T梁截面面积 $\times30=0.7184\times30=21.552(\mathrm{m}^3)$

一般预制T梁、变截面梁等中期计量支付按照预制完成70%计量，吊装完成30%计量，梁板预制一般以整片梁预制张拉完成，经监理人验收后计量。

T形梁

$$V=\sum S_i\times L_i+V_{横隔板}$$

式中：L_i——主梁中轴线长度；
    S_i——横截面面积；
    $V_{横隔板}$——横隔板体积。

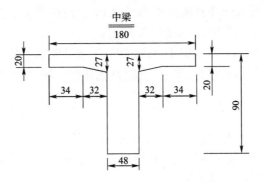

图411-4　某桥梁30m T梁断面图(尺寸单位:cm)

第412节　预制构件的安装

412.01　范围

本节工作内容包括钢筋混凝土及预应力混凝土预制构件的起吊、运输、装卸、储存和安装。

412.07　计量与支付

经验收的不同形式预制构件的安装,包括构件安装所需的临时性或永久性的固定扣件、钢板、焊接、螺栓等,其工作量包含在第410节及第411节相应预制混凝土构件或预应力混凝土构件的工程子目中,不另行计量与支付。

第413节　砌石工程

413.01　范围

本节工作内容包括石砌及混凝土预制块砌桥梁墩台、翼墙、拱圈等的砌筑,也可作为涵洞、锥坡、挡土墙、护坡、导流构造物砌体工程的参考。

413.02　砌筑工程工程量计算

砌筑工程的工程量为砌体的实际体积,包括构成砌体的砂浆体积。混凝土预制块的预制工程量应按定额中括号内所列的预制块数量计算。

计价时,砌筑砂浆和勾缝砂浆、脚手架、踏步、井字架等均不应另行计算。垫层及拱背、台背填料、砂浆抹面、拱盔和支架等应根据需要另行计算。

413.05　计量和支付

1. 计量
(1)依据图纸所示位置及尺寸砌筑体积,分不同砂浆强度等级以立方米为单位计量。
(2)计算体积时,所用尺寸应由图纸所标明或监理人书面规定的计价线或计价体积定之。相邻不同石砌体计量中,应各包括不同石砌体间灰缝体积的一半。镶面石突出部分超过外廓线者不予计量。泄水孔、排水管或其他面积小于0.02m²的孔眼不予扣除,削角或其他装饰的切削,其数量为所在石料5%或少于5%者,不予扣除。

(3)砂浆或作为砂浆的小石子混凝土,作为砌体工程的附属工作,不另计量。

(4)砌体垫铺材料的提供和设置,拱架、支架及砌体的勾缝,作为砌体工程的附属工作,不另计量。

2.支付

按上述规定计量,经监理人验收的列入了工程量清单的以下支付子目的工程量,其每一计量单位,将以合同单价支付。此项支付包括材料、劳力、运输、安砌等及其他为完成砌体工程所必需的费用,是对完成工程的全部偿付。

3.支付子目(表413-1)

支付子目　　　　　　　　　　　　　　　　　　　表413-1

子目号	子目名称	单位	子目号	子目名称	单位
413	砌体工程		413-3	浆砌料石	m³
413-1	浆砌片石	m³	413-4	浆砌预制混凝土块	m³
413-2	浆砌块石	m³			

注:按不同结构及砂浆等级分别在子项列出。

第414节　小型钢构件

414.01　范围

本节工作内容包括桥梁及其他公路构造物,除钢筋及预应力钢筋以外的小型钢构件(如管道支架等)的供应、制造、保护和安装。

414.05　计量与支付

桥梁及其他公路构造物的钢构件,作为有关子目内的附属工作,不另计量与支付。

第415节　桥面铺装

415.01　范围

本节工作内容为混凝土及沥青混凝土桥面铺装。

415.05　计量与支付

1.计量

(1)桥面铺装沥青混凝土依据图纸所示位置、尺寸,按铺筑体积以立方米为单位计量。

(2)桥面铺装水泥混凝土依据图纸所示位置、尺寸,分不同强度等级,按铺筑体积以立方米为单位计量。

(3)由于施工原因而超铺的桥面铺装,不予计量。

(4)桥面混凝土表面处理按图示处理的桥面混凝土表面净面积,以平方米为单位计量。

(5)桥面铺设防水层依据图纸所示位置及尺寸,在桥面铺装前铺设防水材料,按图示铺装净面积,分不同材质以平方米为单位计量。

(6)桥面竖、横向集中排水管依据图纸所示位置及尺寸,在桥面安设泄水孔,按图示数量分不同材质、管径计量;铸铁管、钢管以千克为单位计量;PVC 管以米为单位计量;接头、固定泄水管的金属构件不予计量。铸铁泄水孔作为附属工作,不另行计量。

(7)桥面边部碎石盲沟依据图纸所示位置、尺寸,按照盲沟体积以立方米为单位计量。

(8)桥面铺装钢筋在第 403 节有关工程子目中计量,本节不另行计量。

2. 支付

按上述规定计量,经监理人验收的列入了工程量清单的以下支付子目的工程量,其每一计量单位,将以合同单价支付。此项支付包括材料、劳力、设备及其他为完成桥面铺装工程所必需的费用,是本节规定的全部工程的偿付。

3. 支付子目(表 415-1)

支付子目　　　　　　　　　　　　　　　　表 415-1

子目号	子目名称	单　位	子目号	子目名称	单　位
415	桥面铺装		-b	铺设防水层	m²
415-1	沥青混凝土桥面铺装	m³	415-4	桥面排水	
415-2	水泥混凝土桥面铺装	m³	-a	竖、横向集中排水管	kg 或 m
415-3	防水层		-b	桥面边部碎石盲沟	m³
-a	桥面混凝土表面处理	m²			

注:桥面铺装应按其材料、等级及厚度分列子项。

415.06　桥面铺装工程量计算示例

【例 415-1】 如图 415-1 所示为某桥梁桥面铺装,计算其防水层面积。

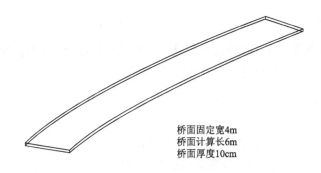

桥面固定宽4m
桥面计算长6m
桥面厚度10cm

图 415-1　某桥梁桥面铺装示意图

解:　　　　　防水层面积 = 4×6 = 24(m²)

第 416 节　桥 梁 支 座

416.01　范围

本节工作内容包括桥梁隔震橡胶支座和普通橡胶支座及球形支座的供应和安装。

416.07 计量与支付

1. 计量

（1）板式橡胶支座依据图纸所示位置及尺寸，安装图纸所示类型及规格板式橡胶支座就位，按图示体积，分不同的材质及形状，以立方分米为单位计量。

（2）其他支座依据图纸所示位置及尺寸，安装图纸所示类型及规格就位，按图示数量分不同型号、支座反力，以个为单位计量。支座的质量检查、清洗、运输、起吊及安装支座所需的扣件、钢板、焊接、螺栓、黏结以及质量检测等作为支座安装的附属工作，不另行计量。

2. 支付

按上述规定计量，经监理人验收的、列入了工程量清单的以下支付子目的工程量，其每一计量单位，将以合同单价支付。此项支付包括材料、劳力、设备及其他为完成支座工程必需的费用，是对完成工程的全部偿付。

3. 支付子目（表416-1）

支付子目　　　　　　　　　　　　　　　　　　　表416-1

子目号	子目名称	单位	子目号	子目名称	单位
416	桥梁支座		416-3	隔震橡胶支座	个
416-1	板式橡胶支座	dm³	416-4	球形支座	个
416-2	盆式支座	个			

第417节　桥梁接缝和伸缩装置

417.01　范围

本节工作内容为桥梁的所有竖向、横向或斜向接缝和伸缩装置，包括橡胶止水片，沥青类等接缝填料，以及桥面上伸缩装置的供应和安装。

417.05　计量与支付

桥面伸缩装置按图纸所示位置和尺寸，分不同结构形式以米计量。其内容包括伸缩装置的提供和安装等作业。除伸缩装置外的其他接缝，如橡胶止水片、沥青类等接缝填料，作为有关工程的附属工作，不另行计量。

安装时切割和清除伸缩装置范围内沥青混凝土铺装或安装伸缩装置所需的部分水泥混凝土及临时或永久性的扣件、钢板、钢筋、焊接、螺栓、黏结等，作为伸缩装置安装的附属工作，不另行计量。

1. 支付

按上述规定计量，经监理人验收的列入了工程量清单的以下支付子目的工程量，其每一计量单位，将以合同单价支付。此项支付包括材料、劳力、运输、工具、安装等及其他为完成伸缩装置工程所必需的费用，是对完成工程的全部偿付。

2. 支付子目(表417-1)

支付子目　　　　　　　　　　　　　　　　表417-1

子目号	子目名称	单位	子目号	子目名称	单位
417	桥梁接缝和伸缩装置		417-3	梳齿板式伸缩装置	m
417-1	橡胶伸缩装置	m	417-4	填充式材料伸缩装置	m
417-2	模数式伸缩装置	m			

注：伸缩装置应按型号或要求的伸与缩的合计量，分列子项。分列子项时，先小型后大型。人行道伸缩装置、缘石伸缩装置、护栏底座伸缩装置与车行道伸缩装置合并计量，取平均单价。

第418节 防水处理

418.01 范围

本节工作内容为桥梁工程中的混凝土或砌体表面防水工作。与路堤材料或路面接触的所有公路通道等结构物的外表面，亦应按图纸及本节要求做防水处理。

418.04 计量与支付

沥青或油毛毡防水层，作为与其有关子目内的附属工作，不另计量与支付。

第419节 圆管涵及倒虹吸管涵

419.01 范围

本节工作内容为圆管涵的施工，还包括倒虹吸管涵的修筑等有关作业。

419.02 涵洞工程工程量计算一般规定

预算定额中，涵洞工程工程量的计算同桥梁工程。概算定额中涵洞工程工程量按表419-1中规定的组成内容的设计图纸圬工数量之和计算。

各类涵洞工程量组成内容　　　　　　　　　　　　　　　表419-1

定额名称		工程量包括的项目
洞身	石盖板涵	基础、墩台身、盖板、洞身涵底铺砌
	石拱涵	基础、墩台身、拱圈、护拱、洞身涵底铺砌、栏杆柱及扶手(台背排水及防水层作为附属工程摊入定额)
	钢筋混凝土盖板涵	基础、墩台身、墩台帽、盖板、洞身涵底铺砌、支撑梁、混凝土桥面铺装、栏杆柱及扶手
	钢筋混凝土圆管涵	圆管涵身、端节基底
	钢筋混凝土箱涵	涵身基础、箱涵身、混凝土桥面铺装、栏杆柱及扶手
涵洞洞口		基础、翼墙、侧墙、帽石、锥坡铺砌、洞口两侧路基边坡加固铺砌、洞口河底铺砌、隔水墙、特殊洞口的蓄水井、急流槽、防滑墙、消力池、跌水井、挑坎等圬工实体
倒虹吸管洞口		竖井、留泥井、水槽

图纸中标明的基底垫层和基础(座)、圆管的接缝材料、沉降缝的填缝与防水材料等,洞口建筑,包括八字墙、一字墙、帽石、锥坡、洞口及洞身铺砌、跌水井,以及基础挖方和运输、地基处理与回填(包括台背)等均作为承包人应做的附属工作,不单独计算。

洞口(包括倒虹吸管)建筑以外涵洞上下游沟渠的改沟、铺砌、加固以及急流槽消力坎的建筑等均列入路基工程相应子目内计算。

建在特殊地基上的涵洞,按图纸要求特殊处理的基础工程量计算。

419.07 计量与支付

1. 计量

(1)钢筋混凝土圆管涵或倒虹吸管涵,依据图纸所示,按不同孔径的涵身长度(进出口端墙外侧间距离)计算,以米为单位计量。

(2)基底软基处理参照第205节的相关规定计量,并列入第205节相应子目。

(3)图纸中标明的基底垫层和基座、圆管的接缝材料、沉降缝的填缝与防水材料等,洞口建筑,包括八字墙、一字墙、帽石、锥坡、铺砌、跌水井以及基础挖方及运输、地基处理与回填等,均作为承包人应做的附属工作,不另行计量与支付。

(4)洞口(包括倒虹吸管涵)建筑以外涵洞上下游沟渠的改沟铺砌、加固以及急流槽消力坎的建造等均列入本规范第207节相应子目内计量。

(5)建在软土、沼泽地区的圆管涵(含倒虹吸管涵),按图纸要求特殊处理的基础工程量(如塑料排水板、袋装砂井、各种桩基、喷粉桩等)在第205节相关子目中计量与支付,本节不另行计量。

2. 支付

按上述规定计量,经监理人验收的列入工程量清单的以下支付子目的工程量,其每一计量单位将以合同单价支付,此项支付包括材料、劳力、设备、运输等及其他为完成工程所必需的费用,是对完成工程的全部偿付。

在支付方式上,当完成管涵(含倒虹吸管)基础的浇筑或砌筑,经监理人检查认可后,支付管涵(含倒虹吸管)工程费用的30%;管涵(含倒虹吸管)工程全部完成后,再支付工程费用的余下部分。

3. 支付子目(表419-2)

支付子目   表419-2

子目号	子目名称	单位	子目号	子目名称	单位
419	圆管涵及倒虹吸管涵		419-2	双孔钢筋混凝土圆管涵($\phi\cdots$m)	m
419-1	单孔钢筋混凝土圆管涵($\phi\cdots$m)	m	419-3	钢筋混凝土圆管倒虹吸管涵($\phi\cdots$m)	m

注:圆管涵按不同的直径分列。

第420节 盖板涵、箱涵

420.01 范围

本节工作内容包括钢筋混凝土盖板涵、箱涵(通道)的建造及其有关的作业。

420.05 计量与支付

1. 计量

(1)钢筋混凝土盖板涵、钢筋混凝土箱涵依据图纸所示,按不同跨径的涵洞长度以米为单位计量。

(2)基底软基处理参照第205节的相关规定计量,并列入第205节相应子目。

(3)所有垫层和基座,沉降缝的填缝与防水材料,洞口建筑,包括八字墙、一字墙、帽石、锥坡(含土方)、跌水井、洞口及洞身铺砌以及基础挖方、地基处理与回填土、沉降缝的填缝与防水材料等作为承包人应做的附属工作,均不单独计量。

(4)洞口建筑以外涵洞上下游沟渠的改沟铺砌、加固以及急流槽等均列入第207节有关子目计量。

(5)通道涵按下列原则进行计量与支付:
①通道涵洞身及洞口计量应符合上述第(1)款及(2)款的规定;
②通道范围(进出口之间距离)以内的土石方及边沟、排水沟等均含入洞身报价之中不另行计量;
③通道范围以外的改路土石方及边沟、排水沟等在第200章相关章节中计量与支付;
④通道路面(含通道范围内)分不同结构类型在第300章相关章节中计量与支付。

(6)建在软土、沼泽地区的盖板涵、箱涵(含通道),按图纸要求特殊处理的基础工程量(如塑料排水板、袋装砂井、各种桩基、喷粉桩等)在第205节相关子目中计量与支付,本节不另行计量。

2. 支付

按上述规定计量,经监理人验收的、列入工程量清单的以下支付子目的工程量,其每一计量单位将以合同单价支付,此项支付包括材料、劳力、设备、运输等及其他为完成工程所必需的费用,是对完成工程的全部偿付。

在支付方式上,当完成涵洞工程基础部分的浇筑或砌筑,支付涵洞工程费用的20%;完成涵洞墙身的浇筑或砌筑,再支付涵洞工程费用的30%;涵洞工程全部完成后,再支付涵洞工程费用的余下部分。每一阶段完成的工程,均须得到监理人检查认可。

3. 支付子目(表420-1)

支付子目 表420-1

子目号	子目名称	单位	子目号	子目名称	单位
420	盖板涵、箱涵		420-3	钢筋混凝土盖板通道涵(…m×…m)	m
420-1	钢筋混凝土盖板涵(…m×…m)	m	420-4	钢筋混凝土箱形通道涵(…m×…m)	m
420-2	钢筋混凝土箱涵(…m×…m)	m			

第421节 拱 涵

421.01 范围

本节工作内容包括石砌拱涵和混凝土拱涵的建造等有关作业。

421.05 计量与支付

1. 计量

(1)石砌和混凝土拱涵依据图纸所示,按不同跨径的拱涵长度,以米为单位计量。钢筋不另计量。

(2)基底软基处理参照第205节的相关规定计量,并列入第205节相应子目。

(3)所有垫层和基础,沉降缝的填缝与防水材料,洞口建筑,包括八字墙、一字墙、帽石、锥坡(含土方)、跌水井、洞口及洞身铺砌以及基础挖方、地基处理与回填土等作为承包人应做的附属工作,均不单独计量。

(4)洞口建筑以外涵洞上下游沟渠的改沟、铺砌、加固以及急流槽等可列入第207节有关子目中计量。

(5)通道涵按下列原则进行计量与支付:

①通道涵洞身及洞口计量应符合上述第(1)款及(2)款的规定。

②通道范围(进出口之间距离)以内的土石方及边沟、排水沟等均含入洞身报价之中不另行计量。

③通道范围以外的改路土石方及边沟、排水沟等,在第200章相关章节中计量与支付。

④通道路面(含通道范围内)分不同结构类型在第300章相关章节中计量与支付。

(6)建在软土、沼泽地区的拱涵,按图纸要求特殊处理的基础工程量(如塑料排水板、袋装砂井、各种桩基、喷粉桩等)在第205节相关子目中计量与支付,本节不另行计量。

2. 支付

同本规范第420.05.2条。

3. 支付子目(表421-1)

支付子目　　　　　　　　　　　　　　　　　表421-1

子目号	子目名称	单位	子目号	子目名称	单位
421	拱涵		421-2	拱形通道涵	
421-1	拱涵		-a	石拱通道涵	m
-a	石拱涵	m	-b	混凝土拱通道涵	m
-b	混凝土拱涵	m			

第500章 隧　　道

第501节　通　　则

501.01　范围

本章工作内容包括隧道的施工准备、洞口与明洞工程、洞身开挖、洞身衬砌、防水与排水、风水电作业及通风防尘、监控量测、特殊地质地段施工与地质预报等以及其他有关工程的施工作业。

501.06　计量与支付

（1）本节所有准备工作和施工中应采取的措施，均为以后各节工程的附属工作，不作单独计量与支付。

（2）图纸中列出的工程及材料数量，在各节工程支付子目表中凡未被列出的，其费用应认为均含在与其相关的工程项目单价中，不再另予计量与支付。

第502节　洞口与明洞工程

502.01　范围

本节工作内容包括洞口土石方开挖、排水系统、洞门、明洞、坡面防护、挡墙以及洞口的辅助工程等的施工及其他有关作业。

502.05　计量与支付

1. 计量

（1）洞口、明洞开挖依据设计图纸所示位置及尺寸，按图示开挖的体积，不分土、石的种类，只区分为土方和石方，以立方米为单位计量。洞口（包括边仰坡）、洞门、明洞开挖按路基土石方计算，其工程量计算规则同第200章。

（2）防水与排水计量

①石砌截水沟、排水沟依据图纸所示位置及尺寸，按图示砌体体积，分不同砂浆强度等级以立方米为单位计量。

②现浇混凝土沟槽、预制安装混凝土沟槽、预制安装混凝土沟槽盖板防排水依据图纸所示位置及尺寸，按图示混凝土体积，分不同强度等级以立方米为单位计量。

③土工合成材料防排水依据图纸所示的位置及规格，按图示铺设的土工合成材料面积，分不同材质以平方米为单位计量；接缝的重叠面积和边缘的包裹面积不予计量。

④渗沟依据设计图纸所示位置及尺寸,按图示渗沟体积以立方米为单位计量。

⑤钢筋依据图纸所示及钢筋表所列钢筋质量,以千克为单位计量;固定钢筋的材料、定位架立钢筋、钢筋接头、吊装钢筋、钢板、铁丝作为钢筋作业的附属工作,不另行计量。

(3)洞口坡面防护计量

①浆砌片石护坡、浆砌护面墙依据图纸所示位置及尺寸,按图示砌体体积,分不同砂浆强度等级以立方米为单位计量。不扣除沉降缝、泄水孔、预埋件所占体积。

②现浇混凝土护坡、预制安装混凝土护坡、喷射混凝土护坡、现浇混凝土护面墙、混凝土挡土墙依据图纸所示位置和断面尺寸,按图示不同强度等级混凝土体积,以立方米为单位计量;不扣除沉降缝、泄水孔、预埋件所占体积。

③地表注浆依据设计图纸所示注浆量,按浆液体积分不同强度等级及材质,以立方米为单位计量。

④钢筋依据图纸所示及钢筋表所列钢筋质量,以千克为单位计量;固定钢筋的材料、定位架立钢筋、钢筋接头、吊装钢筋、钢板、铁丝作为钢筋作业的附属工作,不另行计量。

⑤锚杆依据设计图纸所示位置及尺寸,按锚杆长度分不同直径以米为单位计量。

⑥主被动防护系统依据图纸所示,按主被动防护系统防护的坡面面积,以平方米为单位计量;网片搭接部分作为附属工作,不另行计量。

(4)洞门建筑计量

①现浇混凝土、预制安装混凝土块依据图纸所示位置及尺寸,按图示混凝土体积,分不同强度等级以立方米为单位计量。

②浆砌片粗料石(块石)依据图纸所示位置及尺寸,按图示砌体体积,分不同砂浆强度等级以立方米为单位计量。

③洞门墙装修依据设计图纸所示位置及尺寸,按图示装修面积,分不同的材质以平方米为单位计量。

④钢筋依据图纸所示及钢筋表所列钢筋质量以千克为单位计量;固定钢筋的材料、定位架立钢筋、钢筋接头、吊装钢筋、钢板、铁丝作为钢筋作业的附属工作,不另行计量。

⑤隧道铭牌依据设计图纸所示位置及规格,按图示每一洞口以处为单位计量。

(5)明洞衬砌

①现浇混凝土依据图纸所示位置及尺寸,按图示混凝土体积,分不同强度等级以立方米为单位计量。

②钢筋依据图纸所示及钢筋表所列钢筋质量以千克为单位计量;固定钢筋的材料、定位架立钢筋、钢筋接头、吊装钢筋、钢板、铁丝作为钢筋作业的附属工作,不另行计量。

(6)遮光棚(板)依据图纸所示位置及规格,按照不同材质棚板的面积,以平方米为单位计量。

(7)洞顶回填计量

①防水层、土工合成材料处治层依据图纸所示的位置及规格,按图示铺设的防水材料面积,分不同材质以平方米为单位计量;接缝的重叠面积和边缘的包裹面积不予计量。

②黏土防水层依据图纸所示的位置及规格,按图示铺设的防水层体积,以立方米为单位计量。

③回填依据设计图纸所示的位置及尺寸,按图示回填体积,分不同材质以立方米为单位计量。

(8)弃方运距在图纸规定的弃土场内为免费运距,弃土超出规定弃土场的距离时(比如图纸规定的弃土场地不足要另外增加弃土场,或经监理人同意变更的弃土场),其超出部分另计超运距运费,按立方米公里计量。若未经监理人同意,承包人自选弃土场时,则弃土运距不论远近,均为免费运距。

(9)截水沟的土方开挖和砂砾垫层、隧道铭牌以及模板、支架的制作安装和拆卸等,均包括在相应工程中不单独计量。

(10)泄水孔、砂浆勾缝、抹平等的处理,以及图纸示出而支付子目表中未列出的零星工程和材料,均包括在相应工程子目单价内,不另行计量。

(11)因施工方法不当造成坍塌,一切增加的工程费用由承包人负责。

2.支付

(1)按上述规定计量,经监理人验收的列入工程量清单的以下支付子目的工程量,其每一计量单位将以合同单价支付。此项支付包括材料、劳力、设备、运输等及其为完成洞口及明洞工程所必需的费用,是对完成工程的全部偿付。

(2)洞口土石方开挖与明洞洞顶回填各子目的合同单价,应以第200章同子目的单价为结算依据。

3.支付子目(表502-1)

支付子目 表502-1

子目号	子目名称	单位	子目号	子目名称	单位
502-1	洞口与明洞工程	m^3	-j	锚杆	m
502-2	防水与排水		-k	主动防护系统	m^2
-a	石砌截水沟、排水沟	m^3	-l	被动防护系统	m^2
-b	现浇混凝土沟槽	m^3	502-4	洞门建筑	
-c	预制安装混凝土沟槽	m^3	-a	现浇混凝土	m^3
-d	预制安装混凝土沟槽盖板	m^3	-b	预制安装混凝土	m^3
-e	土工合成材料	m^2	-c	浆砌片粗料石(块石)	m^3
-f	渗沟	m^3	-d	洞门墙装修	m^2
-g	钢筋	kg	-e	钢筋	kg
502-3	洞口坡面防护		-f	隧道铭牌	处
-a	浆砌片石护坡	m^3	502-5	明洞衬砌	
-b	现浇混凝土护坡	m^3	-a	现浇混凝土	m^2
-c	预制安装混凝土护坡	m^3	-b	钢筋	kg
-d	喷射混凝土护坡	m^3	502-6	遮光棚(板)	m^2
-e	浆砌护面墙	m^3	502-7	洞顶回填	
-f	现浇混凝土护面墙	m^3	-a	防水层	m^2
-g	混凝土挡土墙	m^3	-a-1	黏土防水层	m^3
-h	地表注浆	m^3	-a-2	土工合成材料	m^3
-i	钢筋	kg	-b	回填	m^3

第503节 洞身开挖

503.01 范围

本节工作内容包括洞身及行车、行人横洞以及辅助坑道的开挖、钻孔爆破、施工支护、装渣运输等有关作业。

503.11 计量与支付

1. 计量

(1)洞身开挖计量

①洞身开挖(不含竖井、斜井)

洞内土石方开挖应符合图纸所示(含紧急停车带、车行横洞、人行横洞以及设备洞室的开挖),依据图纸所示成洞断面(不计允许超挖值及预留变形量的设计净断面)计算开挖体积,不分围岩级别,只区分为土方和石方,以立方米为单位计量。

②竖井、斜井洞身开挖计量依据图纸所示成洞断面(不计允许超挖值及预留变形量的设计净断面)计算开挖体积,不分围岩级别,只区分为土方和石方,以立方米为单位计量。

(2)洞身支护

①管棚支护

基础钢管桩、孔口管、管棚依据图纸所示位置和断面尺寸,按图示不同规格的钢管桩或钢管长度,以米为单位计量。

套拱混凝土依据图纸所示位置及尺寸,按图示混凝土体积,分不同强度等级以立方米为单位计量。

套拱钢架依据设计图纸所示位置及尺寸,按钢材质量以千克为单位计量;钢架纵向连接钢筋作为附属工作,不另行计量;连接钢板、螺栓、螺帽、拉杆、垫圈为套拱钢架的附属工作,均不另行计量。

钢筋依据图纸所示及钢筋表所列钢筋质量以千克为单位计量;固定钢筋的材料、定位架立钢筋、钢筋接头、吊装钢筋、钢板、铁丝作为钢筋作业的附属工作,不另行计量。

②注浆小导管依据设计图纸所示位置及尺寸,按钢管长度,分不同的规格以米为单位计量。

③锚杆支护依据设计图纸所示位置及尺寸,按锚杆类型长度,分不同直径以米为单位计量。

④喷射混凝土支护依据设计图纸所示位置及尺寸,按图示喷射混凝土体积,分不同强度等级以立方米为单位计量。钢筋依据设计图纸所示位置及尺寸,按图示钢筋网质量以千克为单位计量;钢筋网锚固件为钢筋网的附属工作,不另行计量。

⑤钢支架支护依据设计图纸所示位置及尺寸,按质量以千克为单位计量;型钢支架纵向连接钢筋和钢筋格栅纵向连接钢筋作为附属工作,不另行计量;连接钢板、螺栓、螺帽、拉杆、垫圈为钢支架的附属工作,均不另行计量。

(3)隧道开挖的钻孔爆破、弃渣的装渣作业均为土石方开挖工程的附属工作,不另行计量。

(4)隧道开挖过程,洞内采取的施工防排水措施,其工作量应含在开挖土石方工程的报价之中。

2.支付

按上述规定计量,经监理人验收并列入了工程量清单的以下支付子目的工程量,其每一计量单位将以合同单价支付。此项支付包括材料、劳力、设备、运输及其他为完成洞身开挖工程所必需的费用,是对完成工程的全部偿付。

3.支付子目(表503-1)

支付子目　　　　　　　　　　　　　　　表503-1

子目号	子目名称	单位	子目号	子目名称	单位
503	洞身开挖		-b	注浆小导管	m
503-1	洞身开挖		-c	锚杆支护	
-a	洞身开挖(不含竖井、斜井)	m³	-c-1	砂浆锚杆	m
-b	竖井洞身开挖	m³	-c-2	药包锚杆	m
-c	斜井洞身开挖	m³	-c-3	中空注浆锚杆	m
503-2	洞身支护		-c-4	自进式锚杆	m
-a	管棚支护		-c-5	预应力锚杆	m
-a-1	基础钢管桩	m	-d	喷射混凝土支护	
-a-2	套拱混凝土	m³	-d-1	钢筋网	kg
-a-3	孔口管	m	-d-2	喷射混凝土	m³
-a-4	套拱钢架	kg	-e	钢支架支护	
-a-5	钢筋	kg	-e-1	型钢支架	kg
-a-6	管棚	m	-e-2	钢筋格栅	kg

503.12　洞身开挖工程量计算示例

【例503-1】　如图503-1所示为某隧道RK343+620~RK343+644段24m全断面图,锚杆数量见表503-2,计算喷射混凝土、锚杆、超前锚杆的工程量。

锚杆数量表　　　　　　　　　　　　　　　表503-2

部位	项目		
	喷射混凝土C25(m³)	Φ22锚杆(kg)	超前锚杆(kg)
上断面	4.542	208.6	158.717
下断面	1.135	52.15	0
延米总量	5.677	260.75	158.717

注:Φ22钢筋单位质量为2.98kg/m。

解:　喷射混凝土工程量 = 24×5.677 = 136.248(m³)(子目号为503-3-b)

锚杆工程量 = 24×260.75÷2.98 = 2100(m)(子目号为503-3-d)

超前锚杆工程量 = 24×158.717÷2.98 = 1278.258(kg)(子目号为503-2-a)

每延米锚杆工程量 = 断面图所示锚杆数×锚杆单位质量

每延米超前锚杆工程量 = 断面图所示超前锚杆数×超前锚杆单位质量

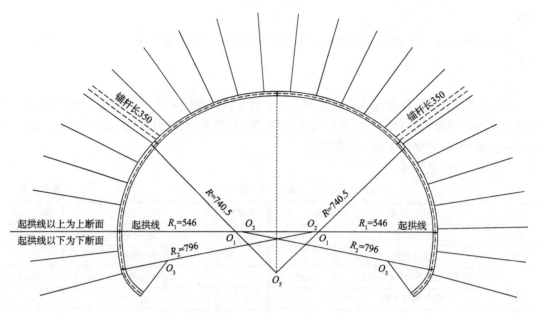

图 503-1 某隧道 24m 全断面图(尺寸单位:cm)

【例 503-2】 Ⅳ级围岩隧道开挖断面的设计尺寸及其面积的计算方法。Ⅳ级围岩的横断面设计开挖尺寸如图 503-2 所示。

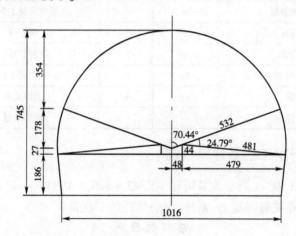

图 503-2 Ⅳ级围岩横断面设计开挖尺寸(尺寸单位:cm)

有关横断面面积的计算方法：

拱部弧长

$$L_1 = 2 \times 5.32 \times \pi \times 70.44 \div 180 = 13.08(\text{m})$$

边墙弧长

$$L_2 = 4.81 \times \pi \times 20.49 \div 180 = 2.08(\text{m})$$

全部面积

$$\begin{aligned}\sum A &= 13.08 \times 5.32 \div 2 + [4.81 \times 2.08 \div 2 + (0.27 + 0.44) \div 2 \times 0.48 + \\ &\quad 4.79 \times 0.44 \div 2 + (5.27 + 5.08) \div 2 \times 1.86] \times 2 \\ &= 66.5(\text{m}^2)\end{aligned}$$

全部面积

$$A = 13.08 \times 5.32 \div 2 - 5.32 \times \sin 70.44° \times 5.32 \times \cos 70.44° \times 2 \div 2 = 25.86(\mathrm{m}^2)$$

第504节 洞身衬砌

504.01 范围

本节工作内容包括隧道洞身衬砌、模板与支架、防水层和洞内附属工程等,以及有关工程的施工作业。

504.02 支护和衬砌工程量计算

(1)喷射混凝土按设计厚度乘以喷射面积计算,喷射面积按设计外轮廓线计算。

(2)砂浆锚杆按锚杆、垫板及螺母等材料的设计质量之和计算,中空注浆锚杆、自进式锚杆按锚杆设计长度计算;超前管棚、小导管按设计钢管长度计算;各种型钢、钢筋格栅钢架按设计质量计算,连接钢筋的数量不可计入工程量内。

(3)现浇混凝土洞身衬砌按设计断面衬砌数量计算,包含洞身及所有附属洞室的衬砌数量,不可将因超挖及预留变形需回填的混凝土数量计入工程量内。计价时应注意,编制概算、预算时对洞内混凝土管(沟、槽)的处理是不同的。

504.08 计量与支付

1. 计量

(1)洞身衬砌的拱部(含边墙),按实际完成并经验收的工程量,分不同级别水泥混凝土,以立方米计量。洞内衬砌用钢筋,按图纸所示以千克(kg)计量。任何情况下,衬砌厚度超出图纸规定轮廓线的部分,均不予计量。严格控制断面开挖,不应欠挖,仅在岩层完整、抗压强度大于30MPa,经监理人确认不影响衬砌结构的稳定和强度时,岩石个别突出部分(每平方米内不大于$0.1\mathrm{m}^2$)可侵入衬砌,侵入值不得大于50mm。拱脚、墙脚以上1m内断面严禁欠挖。允许个别欠挖的侵入衬砌厚度的岩石体积,计算衬砌数量时不予扣除。

(2)仰拱、铺底混凝土,依据图纸所示位置及尺寸,按图示混凝土体积,分不同强度等级以立方米为单位计量。

(3)预制或现浇混凝土边沟及电缆沟,依据图纸所示位置及尺寸,按图示混凝土体积,分不同强度等级以立方米为单位计量。钢筋和铸铁盖板,按图纸所示以千克(kg)计量。

(4)洞室门按设计图纸所示位置及尺寸,按安装就位的洞室门数量,以个为单位计量。

(5)洞内现浇混凝土路面工程依据图纸所示位置及尺寸,按图示混凝土体积,分不同强度等级以立方米为单位计量。钢筋按图纸所示以千克(kg)计量。

(6)施工缝及沉降缝按图纸规定施工,其工作量含在相关工程子目之中,不另行计量。

2. 支付

按上述规定计量,经监理人验收并列入了工程量清单的以下支付子目的工程量,其每一计量单位,将以合同单价支付。此项支付包括材料、劳力、设备、机具等及其他为完成隧道衬砌工程所必需的费用,是对完成工程的全部偿付。

3. 支付子目(表504-1)

支付子目　　　　　　　　　　　　　　　表504-1

子目号	子目名称	单位	子目号	子目名称	单位
504	洞身衬砌		-b	预制安装混凝土沟槽	m³
504-1	洞身衬砌		-c	预制安装混凝土沟槽盖板	m³
-a	钢筋	kg	-d	钢筋	kg
-b	现浇混凝土	m³	-e	铸铁盖板	kg
504-2	仰拱、铺底混凝土		504-4	洞室门	个
-a	现浇混凝土仰拱	m³	504-5	洞内路面	
-b	现浇混凝土仰拱回填	m³	-a	钢筋	kg
504-3	边沟、电缆沟混凝土		-b	现浇混凝土	m³
-a	现浇混凝土沟槽	m³			

第505节　防水与排水

505.01　范围

本节工作内容包括隧道施工中的洞内外临时防水与排水和洞内永久防水、排水工程以及防水层施工等的有关作业。

505.02　防排水工程量计算

(1)洞外截水沟和排水沟等的土石方及砌筑工程量,按设计图纸计算,工程量计算规则同200章路基工程。

(2)盲沟、止水带(条)、透水管均按设计数量计算;防水板、明洞防水层均按设计图纸敷设面积计算。

(3)拱顶压(注)浆按设计数量计算。

注浆按不同围岩类别,根据设计要求采用有关数据及计算公式进行计算。一般单液压浆的注浆量可根据扩散半径及岩石裂隙率,按式(505-1)估算:

$$Q = \pi r^2 H \eta \beta \qquad (505-1)$$

式中:Q——注浆数量,m³;

　　　r——浆液扩散半径,m,见表505-1;

　　　H——压浆深度,m;

　　　η——围岩的裂隙率,见表505-2;

　　　β——浆液在围岩裂隙内的有效填充系数,视围岩类别而定,一般为0.3~0.9。

浆液扩散半径(m)　　　　　　　　　　　　表505-1

裂隙宽度(cm)	<0.5	0.5~3.0	>3.0
浆液扩散半径(m)	2	4	6

围岩的裂隙率　　　　　　　　　　　　　表505-2

围岩类别		V	IV	III	II	I
围岩裂隙率(%)	硬岩	3~5	3~5	2~3	1~2	0~1
	软岩		2~3	1~2		

(4)横向塑料排水管按单洞两侧的设计数量计算,纵向弹簧管按隧道纵向每侧设计铺设长度之和计算,环向盲沟按隧道横断面设计敷设长度计算。

505.06 计量与支付

1. 计量

(1)洞内防水与排水:

①金属材料依据图纸所示位置及规格,按金属材料的质量,分不同材质以千克为单位计量;接头、固定、定位材料作为附属工作,均不另行计量。

②排水管按不同类型、规格,以米计量。防水层按所用材料(防水板、无纺布等),以平方米计量;止水带、止水条以米计量。

③注浆用水泥依据设计图纸位置,按图示掺加的水泥质量,分不同强度等级以吨为单位计量。注浆用水玻璃原液依据设计图纸位置,按图示掺加的水玻璃原液体积,以立方米为单位计量。

(2)保温:

①保温层依据图纸所示位置、尺寸及保温材料类型,按图示保温层面积,以平方米为单位计量;保温板的重叠面积不予计量。

②保温出水口暗管依据图纸所示位置、材料、尺寸及埋设深度,按图示不同材料的保温出水口暗管长度,以米为单位计量。

③保温出水口处依据图纸所示位置、结构、尺寸,分不同类型,按图示出水口形式,以处为单位计量。

(3)为完成上述项目工程加工安装所有工料、机具等均不另行计量。

(4)隧道洞身开挖时,洞内外的临时防排水工程应作为洞身开挖的附属工作,不另行支付。为此,第503节支付子目的土方及石方工程报价时,应考虑本节支付子目外的其他施工时采取的防排水措施的工作量。

2. 支付

按上述规定计量,经监理人验收并列入了工程量清单的以下支付子目的工程量,其每一计量单位将以合同单价支付。此项支付包括材料、劳力、设备、运输等及其他为完成防排水工程所必需的费用,是对完成工程的全部偿付。

3. 支付子目(表505-3)

支付子目　　　　　　　　　　　　　　　　表505-3

子目号	子目名称	单位	子目号	子目名称	单位
505	防水与排水		-f	涂料防水层	m²
505-1	防水与排水		-g	注浆	
-a	金属材料	kg	-g-1	水泥	t
-b	排水管		-g-2	水玻璃原液	m³
-b-1	钢筋混凝土排水管	m	502-2	保温	m²
-b-2	PVC排水管	m	-a	保温层	m²
-b-3	U形排水管	m	-b	洞口排水保温	
-b-3	Ω形排水管	m	-b-1	洞口排水沟保温	m²
-c	防水板	m²	-b-2	保温出水口暗管	m
-d	止水带	m	-b-3	保温出水口	处
-e	止水条	m			

第506节 洞内防火涂料和装饰工程

506.01 范围

本节工作内容包括隧道的洞内防火涂料及装饰工程(镶贴瓷砖)施工,以及喷涂混凝土专用漆等有关工程的施工作业。

506.05 计量与支付

1. 计量

本节完成的各项工程,应根据图纸要求,按实际完成并经监理人验收的数量,分别按以下的工程子目进行计量:

(1)洞内防火涂料依据设计图纸所示位置及尺寸,按图示面积,分不同喷涂厚度,以平方米为单位计量。其工作内容包括场地清理,搭、拆、移作业平台,基面拉毛、清洗,涂料制作等一切与此有关的作业。

(2)洞内装饰工程依据设计图纸所示位置及尺寸,按图示装饰面积,分不同材质,以平方米为单位计量。其工作内容包括一切与此有关的作业。

2. 支付

按上述规定计量,经监理人验收的、列入工程量清单的以下支付子目的工程量,其每一计量单位将以合同单价支付。此项支付包括材料、劳力、设备、试验、运输等及其他为完成洞内防火涂料和装饰工程所必需的费用,是对完成工程的全部偿付。

3. 支付子目(表506-1)

支付子目　　　　　　　　　　　　　表506-1

子目号	子目名称	单位	子目号	子目名称	单位
506	洞内防火涂料和装饰工程		-a	墙面装饰	m^2
506-1	洞内防火涂料	m^2	-b	喷涂混凝土专用漆	m^2
506-2	洞内装饰工程		-c	吊顶	m^2

第507节 风水电作业及通风防尘

507.01 范围

本节工作内容包括隧道施工中的供风、供水、供电、照明以及施工中的通风、防尘等作业。

507.04 计量与支付

风水电作业及通风防尘为隧道施工的不可缺少的附属工作,其工作量均含在本章各节有关支付子目的报价中,不予另行计量。

第508节 监控量测

508.01 范围

本节工作内容包括隧道围岩和支护的变位、应力量测等,以指导施工作业,保证施工安全。

508.02 一般要求

(1)承包人应在初期支护前56d提出监控量测计划,其内容包括量测项目及方法、量测仪器、测点布置、量测频率、数据处理及量测人员组织等,并经监理人批准。监控量测资料应列入竣工文件。

通常情况的必测项目为:洞内外观察、周边位移量测、拱顶下沉量测等。选测项目为:地表下沉量测、围岩内部变形量测、锚杆轴力量测、围岩压力量测、支护及衬砌应力量测、钢架内力及所承受的荷载量测、围岩弹性波速度测试等。应根据图纸要求和各隧道的具体情况以及监理人的指示选定量测项目和布设测点。测点应埋设牢固可靠,并加以妥善保护。

(2)监控量测是隧道安全施工必须采取的措施,监控量测除必测项目外,应根据具体情况确定选测项目,计价时不可再单独计算监控量测费用。

508.05 计量与支付

1.计量

监控量测是隧道安全施工必须采取的措施,监控量测除必测项目外,应根据具体情况确定选测项目,分别以总额报价及支付。内容包括:选择量测仪器和元件;埋设测试元件;数据采集;数据分析;后续数据分析、处理等一切相关工作内容。

2.支付子目(表508-1)

支付子目　　　　　　　　　　　表508-1

子目号	子目名称	单位	子目号	子目名称	单位
508	监控量测		-a	必测项目(项目名称)	总额
508-1	监控量测		-b	选测项目(项目名称)	总额

第509节 特殊地质地段的施工与地质预报

509.01 范围

本节工作内容是:在隧道施工中常遇到的几种特殊地质地段中施工的有关作业以及地质预报有关事项。

509.05 计量与支付

1.计量

隧道施工中遇到特殊地质地段时承包人应采取的有关施工措施,不另行计量与支付。地质预报其采用的方法手段应根据具体情况选用,以总额报价及支付。

(1)隧道施工中发生塌方,承包人有不可推卸的责任,应及时、迅速、妥善处理。凡对有经验的承包人由于施工不当而引发的塌方,承包人应承担由此而发生的一切费用。

(2)隧道量测应成立专门地质预报小组,由承包人或委托有相应资质的其他单位承担。承包人应为预报单位的预报工作提供方便和积极配合,一切与此相关的监理人指定的配合工作为承包人应尽的义务,不予计量与支付。

(3)计价时,应根据设计采用的超前地质预报方法,另行计算相应的费用。

2. 支付子目(表509-1)

支 付 子 目 表509-1

子 目 号	子 目 名 称	单 位
509	特殊地质地段的施工与地质预报	总额
509-1	地质预报(探测手段)	总额

第510节 洞内机电设施预埋件和消防设施

510.01 范围

本节工作内容为洞内机电设施预埋件的埋置及消防设施土建部分的施工作业等。

510.04 计量与支付

1. 计量

(1)机电设施预埋件依据图纸所示位置和断面尺寸,按照材料表所列的金属结构预埋件质量,以千克为单位计量;金属结构接头、螺栓、螺母、垫片、固定及定位材料作为金属结构预埋件的附属工作,不另行计量;非金属结构预埋件作为预埋件的附属工作,不另行计量。

(2)供水钢管依据图示要求材料、尺寸,按供水管管道中心线长度,以米为单位计量;不扣除阀门、管件及各种组件所占长度。

(3)消防洞室防火门依据图示要求,按满足设计功能要求的隧道消防洞室防火门数量,以套为单位计量;包含帘板、导轨、底座、电机、控制器、手动装置。

(4)集水池、蓄水池、泵房等依据图示结构尺寸,分别以座为单位计量。

(5)消防系统中未列入清单中的附属设施,其工作量含在相关子目中,不另行计量。

2. 支付

按上述规定计量,经监理人验收列入工程量清单的以下支付子目的工程量,其每一计量单位将以合同价支付。此项支付包括材料、劳力、设备、运输等及其他为完成工程所必需的费用,是对完成工程的全部偿付。

3. 支付子目(表510-1)

支 付 子 目 表510-1

子目号	子目名称	单 位	子目号	子目名称	单 位
510	洞内机电设施预埋件和消防设施		-b	消防洞室防火门	套
510-1	预埋件	kg	-c	集水池	座
510-2	消防设施		-d	蓄水池	座
-a	供水钢管	m	-e	泵房	座

第600章 安全设施及预埋管线

第601节 通　　则

601.01　范围

本章工作内容包括护栏、隔离栅、道路交通标志、道路交通标线、防眩设施、通信管道及电力管道、预埋(预留)基础、收费设施和地下通道等的施工及有关作业。

601.03　计量与支付

本节不作计量与支付。

第602节 护　　栏

602.01　范围

本节工作内容为路基护栏、桥梁护栏和活动护栏的设置及其有关的施工作业。

602.07　计量与支付

1. 计量

(1) 混凝土护栏：

①混凝土护栏(护墙、立柱)依据图纸所示位置和断面尺寸，按图示浇筑或预制安装的不同强度的混凝土体积，以立方米为单位计量；不扣除混凝土沉降缝、泄水孔所占体积；桥上现浇混凝土护栏(护墙、立柱)在410-6中计量。桥上预制安装混凝土护栏(护墙、立柱)在410-7中计量。

②现浇混凝土基础依据图纸所示位置和断面尺寸，按图示浇筑混凝土体积，以立方米为单位计量。

③钢筋依据图纸所示及钢筋表所列钢筋质量，以千克为单位计量。

(2) 石砌护墙依据图纸所示位置和断面尺寸，按图示各类石砌体积，以立方米为单位计量；不扣除砌体沉降缝、泄水孔所占体积。

(3) 路侧波形梁钢护栏计量：

①路侧波形梁钢护栏依据图纸所示位置、防撞等级、构造形式代号，按图示长度以米为单位计量。

②中央分隔带波形梁钢护栏依据图纸所示位置、防撞等级、构造形式代号，按图示长度(单柱)以米为单位计量。

③波形梁钢护栏端头依据图纸所示位置、断面尺寸,按图示各型号端头数量,以个为单位计量;每个端头的长度为沿路线的长度,详见《公路交通安全设施设计细则》(JTG/T D81—2017)。

(4)缆索护栏计量:

①路侧缆索护栏依据图纸所示位置和断面尺寸,分不同类型,按图示护栏长度,以米为单位计量。

②中央分隔带缆索护栏依据图纸所示位置和断面尺寸,分不同类型,按图示护栏长度(单柱),以米为单位计量。

(5)中央分隔带活动护栏依据图纸所示位置和断面尺寸,按图示活动护栏长度,以米为单位计量。

(6)明涵、通道、小桥、挡墙部分缆索护栏的立柱插座、预埋构件作为上述构造物的附属工作,不另行计量。

2.支付

按上述规定计量,经监理人验收并列入了工程量清单的以下支付子目的工程量,其每一计量单位,将以合同单价支付。此项支付包括材料、劳力、设备、检验、运输等及其他为完成护栏、护柱安装工程所必需的费用,是对完成工程的全部偿付。

3.支付子目(表602-1)

支付子目　　　　　　　　　　　　　　　　　　表602-1

子目号	子目名称	单位	子目号	子目名称	单位
602	护栏		-b	中央分隔带波形梁钢护栏	m
602-1	混凝土护栏(护墙、立柱)		-c	波形梁钢护栏端头	个
-a	现浇混凝土护栏	m³	602-4	缆索护栏	
-b	预制安装混凝土护栏	m³	-a	路侧缆索护栏	m
-c	现浇混凝土基础	m³	-b	中央分隔带缆索护栏	m
-d	钢筋	kg	602-5	中央分隔带活动护栏	
602-2	石砌护墙	m³	-a	钢质插拔式	m
602-3	波形梁钢护栏		-b	钢质伸缩式	m
-a	路侧波形梁钢护栏	m	-c	钢管预应力索防撞活动护栏	m

注:各式护栏可根据实际情况增列子项,如602-1-a、602-1-b等。

第603节　隔离栅和防落网

603.01　范围

本节工作内容为隔离栅和防落网的制作、安装等的施工及有关作业。

603.05　计量与支付

1.计量

(1)隔离栅依据图纸所示位置和断面尺寸,按图示隔离栅沿路线展开长度,以米为单位计量。

(2)不扣除钢管(型钢)、混凝土立柱所占沿路线长度,三角形起讫端按相应沿路线长度的1/2计量。

(3)防落物网按图纸设计以米为单位计量;立柱、安装网片的支架,预埋件及紧固件、防雷接地等不另行计量。

2. 支付

按上述规定计量,经监理人验收并列入了工程量清单的以下支付子目的工程量,其每一计量单位,将以合同单价支付。此项支付包括材料、劳力、设备、运输等及其他为完成隔离栅和桥梁护网工程所必需的费用,是对完成工程的全部偿付。

3. 支付子目(表603-1)

支付子目 表603-1

子目号	子目名称	单 位	子目号	子目名称	单 位
603	隔离栅和防落网		603-3	焊接网隔离栅	m
603-1	钢板网隔离栅	m	603-4	刺钢丝隔离栅	m
603-2	编织网隔离栅	m	603-5	防落网	m

第604节 道路交通标志

604.01 范围

本节工作内容为各式道路交通标志、界碑及里程标等的提供和设置等有关施工作业。

604.05 计量与支付

1. 计量

(1)标志应按图纸规定提供、装好、埋设就位和经验收的不同种类、规格分别计量:

①所有各式交通标志(包括立柱、门架)依据图纸所示位置和断面尺寸,分不同规格的标志板面,按安装就位的标志数量,以个为单位计量。

②所有支承结构、底座、硬件和为完成组装而需要的附件,均附属于各有关标志工程子目内,不另行计量。

(2)里程标和公路界碑等均应按埋设就位和验收的数量,以个为单位计量。

(3)防撞桶依据图纸所示位置和断面尺寸,按图示防撞桶数量以只为单位计量。锥形桶、道路反光镜依据图纸所示位置和断面尺寸,按图示数量以个为单位计量。

2. 支付

按上述规定计量,经监理人验收并列入了工程量清单的以下支付子目的工程量,其每一计量单位,将以合同单价支付。此项支付包括材料、劳力、设备、检验、运输等及其他为完成交通标志安装工程所必需的费用,是对完成工程的全部偿付。

3. 支付子目(表604-1)

支付子目　　　　　　　　　　　　　　　　　　　　　表604-1

子目号	子目名称	单位	子目号	子目名称	单位
604-1	单柱式交通标志	个	604-8	里程碑	个
604-2	双柱式交通标志	个	604-9	公路界碑	个
604-3	三柱式交通标志	个	604-10	百米桩	个
604-4	门架式交通标志	个	604-11	防撞桶	个
604-5	单悬臂式交通标志	个	604-12	锥形桶	个
604-6	双悬臂式交通标志	个	604-13	道路反光镜	个
604-7	悬挂式交通标志	个			

注:各式交通标志按其形状、尺寸、反光等级在该项目下以子项列出。

第605节　道路交通标线

605.01　范围

本节工作内容包括在已完成的沥青混凝土和水泥混凝土路面上喷涂路面标线、涂敷振荡标线,安装突起路标、轮廓标及其附属工程等有关施工作业。

605.05　计量和支付

1. 计量

(1)路面标线应按图纸所示位置和断面尺寸,分不同类型,经检查验收后,以热熔型涂料、溶剂常温涂料和溶剂加热涂料的涂敷实际面积,以平方米为单位计量。反光型的路面标线玻璃珠应包含在涂敷面积内,不另计量。

(2)突起路标、轮廓标、锥形路标依据图纸所示位置,分不同类型,按图示突起路标数量以个为单位计量。经检查不合格时,应拆除重新安装,费用由承包人承担。

(3)立面标记依据图纸所示位置,按图示立面标记,以处为单位计量。

(4)减速带依据图纸所示位置,按图示减速带长度,以米为单位计量。

(5)铲除原有路面标线依据图纸所示,按铲除的原有路面标线面积,以平方米为单位计量。

2. 支付

按上述规范计量,经监理人验收并列入了工程量清单的以下支付子目的工程量,其每一计量单位,将以合同单价支付。此项支付包括材料、劳力、设备、检验、运输等及其他为完成交通标线工程所必需的费用,是对完成工程的全部偿付。

3. 支付子目(表605-1)

支付子目　　　　　　　　　　　　　　　　　　　　　表605-1

子目号	子目名称	单位	子目号	子目名称	单位
605	道路交通标线		605-5	轮廓标	个
605-1	热熔型涂料路面标线	m²	605-6	立面标记	处
605-2	溶剂型涂料路面标线	m²	605-7	锥形路标	个
605-3	预成型标线带	m²	605-8	减速带	m
605-4	突起路标	个	605-9	铲除原有路面标线	m²

注:各种涂料标线根据不同涂敷厚度可分别以子项列出。

第606节 防眩设施

606.01 范围

本节工作内容为设置防眩板、防眩网的有关施工作业。

606.05 计量与支付

1. 计量

(1)防眩板依据图纸所示位置和断面尺寸,分不同类型,按图示防眩板数量,以块为单位计量。

(2)防眩网依据图纸所示位置和断面尺寸,分不同类型,按图示防眩网长度,以米为单位计量;不扣除立柱所占长度。

(3)为安装防眩板、防眩网设置的预埋件,连接件、立柱、基础混凝土以及钢构件的焊接等均作为防眩板、防眩网工程的附属工作,不另行计量。

2. 支付

按上述规定计量,经监理人验收列入了工程量清单的以下支付子目的工程量,其每一计量单位,将以合同单价支付。此项支付包括材料、劳力、工具及其他为完成防眩设施所必需的费用,是完成工程的全部偿付。

3. 支付子目(表606-1)

支付子目 表606-1

子目号	子目名称	单位	子目号	子目名称	单位
606	防眩设施		606-2	防眩网	m
606-1	防眩板	块			

第607节 通信和电力管道与预埋(预留)基础

607.01 范围

本节工作内容为通信、监控、照明、供配电等的预埋管道和基础工程,人(手)孔、紧急电话设施基础、接地系统等的施工作业等。

607.05 计量与支付

1. 计量

(1)人(手)孔依据图纸所示位置和断面尺寸,按图示现浇混凝土人(手)孔的数量,以个为单位计量。

(2)紧急电话平台依据图纸所示位置和断面尺寸,按图示电话平台的数量,以个为单位计量。

(3)管道工程依据图纸所示位置和断面尺寸,分不同类型及规格,按图示铺设的管道长度,以米为单位计量;不扣除人(手)孔所占长度。所有封缝料和牵引线及拉棒检验等,作为承包人的附属工作,不另行计量。

(4)挖基及回填,压实及接地系统作为相关工程的附属工作,不另行计量。

(5)附属于桥梁、通道或跨线桥的预留管道及其他的电信设备应作为这些结构的一部分,在主体工程内计量,本节不单独计量。

(6)通信管道安装在桥上的托架作为制造、安装过桥管箱的附属工作,不另行计量。

2. 支付

按上述规范计量,经监理人验收并列入了工程量清单的以下支付子目的工程量,其每一计量单位,将以合同单价支付。此项支付包括材料、劳力、设备、运输等及其他为完成安装工程所必需的费用,是对完成工程的全部偿付。

3. 支付子目(表607-1)

支付子目 表607-1

子目号	子目名称	单位	子目号	子目名称	单位
607	通信和电力管道与预埋(预留)基础		607-2	紧急电话平台	个
607-1	人(手)孔	个	607-3	管道工程	m

第608节 收费设施及地下通道

608.01 范围

本节工作内容包括收费站内收费设施的土建部分,即收费岛、收费亭、收费天棚、预埋(架设)管线、地下通道以及收费设施的预埋件设施等有关作业。

608.04 计量与支付

1. 计量

(1)收费亭依据设计图纸所示位置和尺寸,分不同类型,按图示材料材质制作安装收费亭数量,以个为单位计量。

(2)收费天棚依据图示位置和尺寸,按图示材料制作安装的收费天棚平面投影面积,以平方米为单位计量。

(3)收费岛依据图纸所示位置和断面尺寸,分不同类型,按图示混凝土收费岛数量,以个为单位计量。

(4)地下通道依据图纸所示位置和结构形式及断面尺寸,分不同类型,按地下通道中心量测的洞口间距离,以米为单位计量;计量中包含了装饰贴面工程及防、排水处理等内容。

(5)预埋及架设管线依据图纸所示位置和断面尺寸,分不同类型,按图示预埋管线长度,以米为单位计量。

(6)收费设施的预埋件为各有关工程子目的附属工作,均不另行计量。

(7)所有挖基、挖槽以及回填、压实等均为各相关工程子目的附属工作,不另行计量。凡未列入计量子目的零星工程,均含在相关工程子目内,不另行计量。

2. 支付

按上述规定计量,经监理人验收并列入工程量清单的以下支付子目的工程量,其每一计量单位,将以合同单价支付。此项支付包括材料、劳力、设备、工具、运输、安装和清理现场等及其他为完成工程所必需的费用,是对完成工程的全部偿付。

3. 支付子目(表608-1)

支付子目 表608-1

子目号	子目名称	单位	子目号	子目名称	单位
608	收费设施及地下通道		608-4	地下通道(高×宽)	m
608-1	收费亭		608-5	预埋管线	
-a	单人收费亭	个	-a	(管线规格)	m
-b	双人收费亭	个	-b	(管线规格)	m
608-2	收费天棚	m²	608-6	架设管线	
608-3	收费岛		-a	(管线规格)	m
-a	单向收费岛	个	-b	(管线规格)	m
-b	双向收费岛	个			

第700章 绿化及环境保护设施

第701节 通　　则

701.01 范围

本章工作内容为在公路沿线及附属结构地域内,为净化空气、减小噪声、防止水土流失、美化环境等所增设的必要设施的施工及其管理等的有关作业。

701.03 计量与支付

本节不作计量与支付。

第702节 铺设表土

702.01 范围

本节工作内容为在公路绿化工作开始前,在公路绿化区域(含路堤、中央分隔带及互通立交范围内和服务区的绿化种植区)内按照图纸布置和植物生长的最小土层厚度要求,保持地表面的平整,翻松、铺设表土等施工作业。

702.04 计量与支付

1. 计量

（1）开挖并铺设表土依据图纸所示位置和断面尺寸,按开挖并铺设的种植土体积,以立方米为单位计量。

（2）铺设利用的表土依据图纸所示位置和断面尺寸,按铺设利用的种植土体积,以立方米为单位计量。

（3）铺设表土的工作内容包括填前场地清理;回填种植土、清除杂物、拍实、耙细整平、找坡、沉降后补填;路面清洁保护,场地清理,废弃物装卸运输等一切相关工作内容。

2. 支付

按上述规定计量,经监理人验收并列入了工程量清单的以下支付子目的工程量,其每一计量单位,将以合同单价支付。此项支付包括材料、劳力、设备、运输等及其他为完成铺设表土所必需的费用,是对完成铺设表土的全部偿付。

3. 支付子目(表702-1)

支付子目　　　　　　　　　　　　　表702-1

子目号	子目名称	单 位	子目号	子目名称	单 位
702	铺设表土		702-2	铺设利用的表土	m³
702-1	开挖并铺设表土	m³			

第703节　撒播草种和铺植草皮

703.01　范围

本节工作内容为按照图纸所示或监理人指示,在公路绿化区域内铺设表土的层面上撒播草种或铺植草皮和施肥、布设喷灌设施等绿化工程作业。

703.05　计量和支付

1. 计量

(1)撒播草种(含喷播)依据图纸所示位置,按图示种植的面积以平方米为单位计量;扣除结构工程防护和密栽灌木所占面积,不扣除散栽苗木所占面积,按经监理人验收的成活草种的面积,以平方米为单位计量。

(2)撒播草种及花卉、灌木籽(含喷播)依据图纸所示位置,按图示种植的面积,以平方米为单位计量;扣除结构工程防护和密栽灌木所占面积,不扣除散栽苗木所占面积。草种、水、肥料等,作为承包人撒播草种的附属工作,均不另行计量。

(3)先点播灌木后喷播草种依据图纸所示位置,按图示种植的面积,以平方米为单位计量;扣除结构工程防护和密栽灌木所占面积,不扣除散栽苗木所占面积。

(4)铺植草皮依据图纸所示位置,按图示种植的面积,以平方米为单位计量;扣除结构工程和密栽灌木所占面积,不扣除散栽苗木所占面积。

(5)三维土工网植草依据图纸所示位置,按图示种植的面积,以平方米为单位计量;扣除结构工程面积。

(6)客土喷播依据图纸所示,按照客土喷播的面积,以平方米为单位计量。

(7)植生袋依据图纸所示位置,按铺设面积以平方米计算。

(8)绿地喷灌管道依据图纸所示,按敷设的不同管径的管道长度,以米为单位计量。

(9)需要铺设的表土,按表土的来源,在第702节相关支付子目内计量。

(10)喷灌设施的闸阀、水表、洒水栓等均不另行计量。

2. 支付

按上述规定计量,经监理人验收并列入了工程量清单的以下支付子目的工程量,其每一计量单位,将以合同单价支付。此项支付包括材料、劳力、设备、运输和养护、管理等及其他为完成绿化工程所必需的费用,是对完成工程的全部偿付,但在工作进行中根据工程进度分期支付。

(1)在开始种植时期按工作量预付给承包人工程款项的40%,支付的确实数额由监理人决定。

(2)其余支付承包人款项,在工程交工验收植物栽植成活率符合规定后支付,未达到成活率要求的应进行补植。

3. 支付子目(表703-1)

支付子目 表703-1

子目号	子目名称	单位	子目号	子目名称	单位
703	撒播草种和铺植草皮		703-5	三维土工网植草	m²
703-1	撒播草种(含喷播)	m²	703-6	…客土喷播…	m²
703-2	撒播草种及花卉、灌木籽(含喷播)	m²	703-7	植生袋	m²
703-3	先点播灌木后喷播草种	m²	703-8	绿地喷灌管道	m
703-4	铺植草皮	m²			

第704节 种植乔木、灌木和攀缘植物

704.01 范围

本节工作内容为按照图纸所示或监理人指示,对公路绿化区域内提供和种植乔木、灌木和攀缘植物等作业。

704.05 计量与支付

1. 计量

(1)人工种植依据图纸所示位置,按图示种植的不同规格的各类树木数量,以棵为单位计量。

(2)需要铺设的表土,按表土的来源,在第702节相关支付子目内计量。

(3)种植用水,设置水池储水,均作为承包人种植植物的附属工作,不另行计量。

2. 支付

按上述规定计量,经监理人验收并列入了工程量清单的以下支付子目的工程量,其每一计量单位,将以合同单价支付。此项支付包括材料、劳力、设备、运输和养护、管理等及其他为完成绿化工程所必需的费用,是对完成工程的全部偿付,但在工作进行中根据工程进度分期支付。

(1)在开始种植时期按工作量预付给承包人工程款项的40%,支付的确实数额由监理人决定。

(2)其余支付承包人款项,在工程交工验收植物栽植成活率符合规定后支付,未达到成活率要求的应进行补植。

3. 支付子目(表704-1)

支付子目 表704-1

子目号	子目名称	单位	子目号	子目名称	单位
704	种植乔木、灌木和攀缘植物		704-3	人工种植攀缘植物	棵
704-1	人工种植乔木	棵	704-4	人工种植竹类	棵
704-2	人工种植灌木	棵			

注:苗木计算应符合下列规定:
1. 胸径应为地表面向上1.2m处树干直径;
2. 冠径(冠幅)应为苗木冠丛垂直投影面的最大直径和最小直径之间的平均值;
3. 蓬径应为灌木、灌丛垂直投影面的直径;
4. 地径应为地表面向上0.1m高处树干直径;
5. 干径应为地表面向上0.3m高处树干直径;
6. 株高应为地表面至树顶端的高度;
7. 冠丛高应为地表面至乔(灌)木顶端的高度;
8. 篱高应为地表面至绿篱顶端的高度。

第705节 植物养护和管理

705.01 范围

(1)本节工作内容为公路绿化工作从开始种植到工程缺陷责任期结束,所有按703节及704节施工的种植物进行管理和养护。

(2)通过整个绿化工程的实施应能营造出高速公路绿色走廊、固土、美化景观的效果,使道路和周围环境相协调,通过植物搭配,减少污染和噪声。

705.05 计量与支付

种植物的养护及管理是承包人完成绿化工程的附属工作,不另行计量与支付。

第706节 声 屏 障

706.01 范围

本节工作内容为根据图纸要求,在公路路侧居民集中区、学校教学区、医院病房区等设置声屏障等隔声设施,以及与此有关的施工作业。

706.05 计量与支付

1. 计量

(1)吸、隔声板声屏障依据图纸所示位置和断面尺寸,分不同类型,按图示吸、隔声板声屏障的长度,以米为单位计量。

(2)吸声砖声屏障依据图纸所示位置和断面尺寸,分不同类型,按图示吸声砖的体积,以立方米为单位计量。基础作为附属工作,不另行计量。

(3)砖墙声屏障依据图纸所示位置和断面尺寸,分不同类型,按图示砖墙的体积,以立方米为单位计量;基础作为附属工作,不另行计量。

(4)声屏障的场地清理、基础开挖、基底夯实、基坑回填、立柱、横板安装等工作为砌筑吸声砖声屏障及砌筑砖墙声屏障所必需的附属工作,均不另行计量。

2. 支付

按上述规定计量,经监理人验收并列入了工程量清单的以下支付子目的工程量,其每一计量单位,将以合同单价支付。此项支付包括材料、劳力、设备、运输等及其他为完成声屏障工程所必需的费用,是对完成工程的全部偿付。

3. 支付子目(表706-1)

支付子目　　　　　　　　　　　　　　　　　　表706-1

子目号	子目名称	单 位	子目号	子目名称	单 位
706	声屏障		706-2	吸声砖声屏障	m³
706-1	吸、隔声板声屏障	m	703-3	砖墙声屏障	m³

注:消声板声屏障可按其高度不同以子项列出。

考试练习题

造价工程师课程考试均为选择和判断题,故提供练习题供老师选用。

一、选择题

1. 公路工程沉井下沉定额的计量单位为 m^3,其工程量等于(　　)。
   A. 沉井刃脚外缘所包围的面积乘刃脚入土深度
   B. 沉井刃脚外缘所包围的面积乘沉井高度
   C. 沉井刃脚外缘所包围的面积乘刃脚入土深度加井内翻砂数量
   D. 沉井刃脚外缘所包围的面积乘沉井高度加井内翻砂数量

2. 钻孔灌注桩混凝土定额的计量单位为 m^3,其工程量等于(　　)。
   A. 设计体积加扩孔增加数量
   B. 设计桩径面积乘设计桩长
   C. 设计桩径面积乘设计入土桩长
   D. 设计体积加各种损耗

3. 在围堰筑岛上进行灌注桩成孔施工,其成孔工程量等于(　　)。
   A. 设计入土深度加围堰筑岛高度 B. 设计入土深度
   C. 设计桩长减围堰筑岛高度   D. 设计桩长

4. 监理人对某涵洞工程按设计图纸进行计量后的第 15d,承包人因未参加对图纸的确认,提出设计与实际不符并向监理人提出申辩。请问监理人应如何处理?(　　)
   A. 不予受理,按原计量结果执行   B. 应予受理,按复查结果执行
   C. 应予受理,但按原计量结果执行 D. 应予受理,按承包人要求执行

5. 工程量清单为投标人提供公开、公平、公正的竞争环境,由(　　)统一提供。
   A. 工程标底审查机构   B. 招标人
   C. 工程咨询公司   D. 招投标管理部门

6. 根据《公路工程工程量清单计量规则》,用不小于(　　)kW 推土机单齿松土器无法勾动,须用爆破、钢锲或气钻方法开挖,且体积大于或等于 $1m^3$ 的孤石为石方。
   A. 135   B. 220   C. 165   D. 175

7. 工程量清单为闭口清单,这是指(　　)。
   A. 投标人若认为清单内容有遗漏可以自行补充
   B. 投标人对清单内容的调整要通知招标人
   C. 投标人可以根据设计情况将若干清单项目合并计价
   D. 未经允许投标人对清单内容不允许做任何更改变动

8. 关于工程量清单,下列说法错误的是(　　)。
   A. 清单所列工程数量是估算的或设计数量
   B. 清单所列工程数量仅作为投标的共同基础

C. 清单所列工程数量是最终结算和支付的依据
　　D. 清单所列工程数量不能作为最终结算和支付的依据

9. 根据规定,工程量清单计价采用( )。
　　A. 工料单价法　　B. 综合单价法　　C. 扩大单价法　　D. 预算单价法

10. 2004年5月实际完成的工程按2003年5月签约时的价格计算工程价款为1000万元,该工程固定要素的系数为0.2,各参加调值的品种,除钢材的价格指数增长了10%外都未发生变化,钢材费用占调值部分的50%,按调值公式计算,应结算的工程款为( )万元。
　　A. 1020　　　　B. 1030　　　　C. 1040　　　　D. 1050

11. 某承包人在工程基坑开挖时没有按设计高程施工,导致基坑开挖超深1.5m,监理人发现后指令用片石混凝土回填至设计高程,则多做的开挖和回填工程量在工程价款的计量支付时应( )。
　　A. 均予以计量　　B. 均不予计量　　C. 只计开挖工程量　　D. 只计回填工程量

12. 如果工程量的增减是由于其实际工程量超过或少于工程量清单中的估算数量而并非监理人指令的结果,则这类工程量的增减( )。
　　A. 不需变更指令　　　　　　　　B. 需要变更令
　　C. 是多余工程量,不予计量　　　D. 不需要监理人签证

13. 业主在收到最后支付证书( )d内将应付给承包人的款额支付给承包人。
　　A. 28　　　　　B. 21　　　　　C. 14　　　　　D. 42

14. 公路工程缺陷责任的期限应从( )算起。
　　A. 交工验收之日　　　　　　　B. 签发交工证书之日
　　C. 竣工验收之日　　　　　　　D. 签发竣工鉴定书之日

15. 根据《公路工程标准施工招标文件》规定,发包人应在监理人收到进度付款申请单后的( )d内,将进度应付款支付给承包人。
　　A. 28　　　　　B. 21　　　　　C. 14　　　　　D. 42

16. 工程计量由( )负责。
　　A. 业主　　　　B. 承包人　　　　C. 监理人　　　　D. 设计单位驻现场代表

17. 支付责任的承担者是( )。
　　A. 业主　　　　B. 承包人　　　　C. 监理人　　　　D. 设计单位驻现场代表

18. 在计量支付工作常用表格中,属于承包人用表的是( )。
　　A. 工程投资支付月报　　　　　B. 中间计量单
　　C. 工程计划进度与实际完成情况表　　D. 计量支付证书

19. 根据FIDIC通用合同条款17.1款第4项第3目规定,由监理人派出人员单方面进行的工程计量,经监理人批准的应认为是正确的工程计量,可以用作支付的依据,承包人对此种计量( )。
　　A. 要求重新计量　　B. 反对　　C. 可以提出异议　　D. 不可以提出异议

20. 在一个驻地监理机构中,一般配有项目工程师,其中专门负责计量与支付的工程师是( )。
　　A. 道路工程师　　B. 结构工程师　　C. 计量工程师　　D. 合同工程师

21. 计日工的时间超过( ),应在暂时计量单上记账,并在计量证书上另立系列号码。
　　A. 10　　　　　B. 20　　　　　C. 半个月　　　　D. 一个月

22. 对于现场存放的材料应( )计量记录一次。
    A. 每旬　　　　B. 每月　　　　C. 每季　　　　D. 每年
23. 在公路工程计量中,质量的计量单位正确的是( )。
    A. 斤　　　　　B. 公斤　　　　C. 千克　　　　D. 两
24. 计量的基本要求有( )。
    A. 计量必须以净值为准　　　　B. 计量必须准确无误
    C. 计量必须真实　　　　　　　D. 计量必须合法
    E. 计量必须及时
25. 计量与支付的原则是( )。
    A. 合同原则　　　　　　　　　B. 公正性原则
    C. 时效性原则　　　　　　　　D. 程序性原则
    E. 保密性原则
26. 计量与支付的作用是( )。
    A. 调节合同中的经济利益关系,促使合同的全面履行
    B. 确保监理人的核心地位
    C. 符合行业规范
    D. 防止合同纠纷
    E. 有利于与国际惯例接轨
27. 计量管理的内容包括( )。
    A. 落实计量职责　　　　　　　B. 作好计量记录
    C. 计量分析　　　　　　　　　D. 计量结果的上报
    E. 计量争端的协调与处理
28. 计量依据包括( )。
    A. 质量合格证书　　　　　　　B. 工程量清单说明与技术规范
    C. 工程变更通知单　　　　　　D. 设计图纸
    E. 测量数据
29. 按时间分类,公路工程支付可分为( )。
    A. 预先支付(预付)　　　　　　B. 期中支付
    C. 交工结算支付　　　　　　　D. 最终结清支付
    E. 最终一次性支付
30. 属于监理人计量支付工作常用表格有( )。
    A. 计日工支付申报表　　　　　B. 计量支付证书
    C. 中间计量单　　　　　　　　D. 材料到达现场报道
    E. 工程计划进度与实际完成情况表
31. 计量必须做到( )。
    A. 准确　　　B. 真实　　　C. 合法　　　D. 及时　　　E. 提前
32. 支付必须( )。
    A. 以合同为依据　　　　　　　B. 以计量为基础
    C. 以质量为前提　　　　　　　D. 以变更为准则
    E. 以索赔为目的

33. 工程计量的组织类型一般有( )。
    A. 业主单独计量　　　　　　　　B. 业主与监理联合计量
    C. 监理与承包人联合计量　　　　D. 承包人单独计量
    E. 监理单独计量

34. 计量监理人还应该完成的工作有( )。
    A. 应有一套图纸
    B. 应有一套档案
    C. 记录工程量清单中所列出的分类细目的数量与计量后数量的差异
    D. 工程变更应记录已下达的变更指令依据
    E. 如果计日工的时间超过一个月,应在暂时计量单上记账

35. 路基横断面设计图所显示的挖填方工程量,一般称为( )。
    A. 断面方　　　B. 压实方　　　C. 天然密实方　　　D. 填方

36. 砍伐树木仅计胸径(即离地面1.3m高处的直径)大于( )mm的树木,以棵计量。
    A. 50　　　　　B. 100　　　　C. 150　　　　　D. 200

37. 挖除旧路面(包括路面基层)应按不同结构类型的路面分别以( )计量。
    A. 立方米　　　B. 米　　　　　C. 平方米　　　　D. 吨

38. 路基土石方开挖数量包括边沟、排水沟、截水沟,应以经( )校核批准的横断面地面线和土石分界的补充量为基础。
    A. 监理人　　　B. 业主　　　　C. 承包人　　　　D. 政府主管部门

39. 在挖方路基的路床顶面以下,土方断面应挖松深( )mm再压实。
    A. 50　　　　　B. 100　　　　C. 200　　　　　D. 300

40. 借土填方,按( ),以( )计算。
    A. 压实的体积,立方米　　　　　B. 松散的体积,立方米
    C. 面积,平方米　　　　　　　　D. 重量,吨

41. 边沟、排水沟、截水沟的加固铺砌,按图纸施工经监理人验收合格的( ),分不同结构类型以( )计量。
    A. 沟渠体积,立方米　　　　　　B. 沟渠平面投影面积,平方米
    C. 实际长度,米　　　　　　　　D. 材料重量,吨

42. 填筑路堤的土石方数量,应以( ),经监理人校核批准的横断面地面线为基础,以监理人批准的横断面图为依据,由承包人按不同来源(包括利用土方,利用石方和借方等)分别计算,经监理人校核认可的工程数量作为计量的工程数量。
    A. 承包人的施工测量　　　　　　B. 承包人的补充测量
    C. 图纸计算出来的数量　　　　　D. 设计方的测量
    E. 设计方的补充测量

43. 结构物台背回填按压实体积,以立方米计量,计价中包括( )。
    A. 挖运　　　　B. 摊平　　　　C. 压实　　　　　D. 整形
    E. 其他有关的作业费用

44. 盐渍土路基处理换填,经监理人验收合格后按不同厚度以平方米计量。其内容包括( )。
    A. 铲除过盐渍土　　B. 材料运输　　C. 分层填筑　　　D. 分层压实

E.清除软层

45.预应力锚索边坡加固计量中,不另行计量的有(　　)。
　　A.预应力锚索长度
　　B.混凝土锚固板
　　C.钻孔,清孔,锚索安装,注浆,张拉,锚头,锚索护套,场地清理
　　D.抗拔力试验
　　E.混凝土的立模,浇筑养护等

46.挡土墙工程中,属于承包人应做的附属工作,不另行计量与支付的有(　　)。
　　A.嵌缝材料、砂浆勾缝、泄水孔及其滤水层
　　B.混凝土工程的脚手架、模板、浇筑和养护、表面修整
　　C.基础开挖、运输与回填
　　D.混凝土挡土墙的钢筋
　　E.砂砾或碎石垫层

47.路面垫层工程中,碎石、砂砾垫层应按图纸和监理人指示铺筑、经监理人验收合格的(　　),按不同厚度以(　　)计量
　　A.面积,平方米　　B.体积,立方米　　C.长度,米　　D.材料质量,千克

48.水泥稳定土底基层、基层按图纸所示和监理人指示铺筑,经(　　)验收合格的平均面积,按不同厚度以平方米计量。
　　A.业主　　B.监理人　　C.承包人　　D.政府主管部门

49.沥青稳定碎石混合料,按图纸所示或监理人指示的平均铺筑面积,经监理人验收合格,按不同厚度分别以平方米计量。除监理人另有指示外,超过图纸所规定的面积均(　　)。
　　A.不予计量　　　　　　　　B.按实际发生计量
　　C.按合同规定计量　　　　　D.按主管部门意见计量

50.沥青表面处治按图纸所示或监理人指示铺筑,经监理人验收合格,按不同厚度分别以(　　)计量。
　　A.立方米　　B.米　　C.千克　　D.平方米

51.拦水带按长度以(　　)计量。
　　A.立方米　　B.米　　C.千克　　D.平方米

52.路面及中央分隔带排水以米计量的是(　　)。
　　A.纵向雨水沟(管)
　　B.混凝土路肩排水沟
　　C.路肩排水沟砂砾垫层(路基填筑中已计量者除外)
　　D.土木布
　　E.拦水带

53.水泥混凝土加固路肩经验收合格后,下面属于承包商的附属工程,不另行计量的有(　　)。
　　A.加固土路肩的混凝土立模、摊铺、振捣、养护、拆模
　　B.预制块预制铺砌
　　C.培土路肩回填土
　　D.接缝材料

E. 其他有关加固土路肩的杂项工作

54. 下列工程中以平方米计量的是( )。
    A. 沥青表面处治　　　　　　　B. 石灰稳定土底基层
    C. 沥青封层　　　　　　　　　D. 培土路肩及中央隔带回填土
    E. 水泥混凝土加固土路肩

55. 下列工程包含在相应的单价中,不另行计价的是( )。
    A. 排水管基础开挖
    B. 排水管出水口预制混凝土垫块
    C. 加固土路肩的混凝土立模、摊铺、振捣、养护、拆模
    D. 透层和黏层
    E. 水泥混凝土面板接缝材料

56. 为满足基础施工作业的要求,公路桥涵基坑开挖时,一般基底尺寸应比基础设计平面尺寸每边各增加( )。
    A. 20~40cm　　B. 50~100cm　　C. 100~150cm　　D. 150~175cm

57. 定额中所指的钻孔长度应为( )。
    A. 设计长度　　B. 理论长度　　C. 实际长度　　D. 入土长度

58. 护筒内径一般比桩径大( )。
    A. 5~10cm　　B. 10~20cm　　C. 20~30cm　　D. 30~40cm

59. 基础挖方底面,按图纸所示或监理人批准的基础的(包括地基处理部分)( )计算。
    A. 原地面线　　　　　　　　　B. 超出原地面线 0.5m 的竖直面
    C. 基底高程线　　　　　　　　D. 超出基底周边 0.5m 的竖直面

60. 试桩不论是检验荷载或破坏荷载,均以监理人验收或认可的( )试桩计量。
    A. 单根　　　　　　　　　　　B. 试验中破坏的根数
    C. 试验完依旧完好的根数　　　D. 试验用到的全部

61. 直径小于( )的管子、钢筋、锚固件、管道、泄水孔或桩所占混凝土体积不予扣除。
    A. 100mm　　B. 150mm　　C. 200mm　　D. 300mm

62. 砌石工程中,削角或其他装饰的切削,其数量为所在石料( )者,不予扣除。
    A. 小于等于10%　B. 小于等于8%　C. 小于等于6%　D. 小于等于5%

63. 桥面防水层按图纸要求施工,并经监理人验收的实际数量,以( )计量。
    A. 立方米　　B. 平方米　　C. 千克　　D. 米

64. 下列( )上部构造的预制构件属于需要设置大型预制构件底座的范围。
    A. T梁　　B. I梁　　C. 矩形板　　D. 箱梁

65. 水泥混凝土的计量应按监理人认可的并已完工工程的净尺寸计算,其中不扣除的部分有( )。
    A. 倒角不超过 0.15m×0.15m 时
    B. 体积不超过 0.03m³ 的开孔及开口
    C. 面积不超过 0.15m×0.15m 的填角部分
    D. 钢筋的面积
    E. 模板的体积

66. 桥梁工程计价中,下列工程属于不另行计价与支付的项目为( )。

A. 钢筋的防锈、截取、套丝、弯曲、场内运输、安装

B. 未完成基础挖方所做的地面排水及围堰、基坑支撑及抽水、基坑回填与压实、错台开挖及斜坡开挖

C. 钢筋混凝土或预应力混凝土沉桩

D. 为完成沉桩工程而进行的钢筋混凝土桩浇筑预制、养护、移运、沉入、桩头处理等一切有关作业

E. 沉井刃脚所用钢材

67. 桥面铺装工程中,以平方米计量的是( )。

A. 桥面铺装

B. 桥面泄水管及混凝土桥面铺装接缝

C. 桥面防水层

D. 由于施工原因而超铺的桥面铺装

E. 桥面铺装钢筋

68. 绿化工程的铺设表土工程中,表土铺设应按完成的铺设面积并经验收以( )为单位计量。

A. 米　　　　　B. 平方米　　　　　C. 立方米　　　　　D. 吨

69. 防眩设施工程计量中,下列叙述错误的是( )。

A. 防眩板设置安装完成并经验收后以块计量

B. 防眩网设置安装完成并经验收后以延米计量

C. 未安装防眩板、防眩网设置的预埋件,按实际发生量以米计量

D. 连接件、立柱、基础混凝土以及钢构件的连接,不另行计量

70. 吸、隔声板声屏障应按图纸施工完成并经监理人验收的现场测量的长度,以( )为单位计量。

A. 米　　　　　B. 平方米　　　　　C. 立方米　　　　　D. 吨

71. 下列( )属于公路工程的临时工程(即常称为大型临时工程)。

A. 临时便道、便桥　　　　　　B. 临时房屋

C. 临时电力、电信线路　　　　D. 临时码头

72. 公路工程中的平整场地是指下列( )必须修建的场地。

A. 大型混凝土预制构件的预制场　　B. 路基清除场地后的平整

C. 沥青混合料及厂拌稳定土拌和站　　D. 水泥混凝土拌和站

73. 一个大型预制场地中,其工程细目除进行填挖土、石方和找平外,尚应考虑下列( )工程,并增列费用。

A. 进行碾压,使场地具有足够的强度

B. 根据工程需要和场地地址情况,铺筑厚度不小于15cm的碎(砾)石路面及垫层

C. 设置用刺铁丝做成的围墙

D. 修建需要的临时房屋

74. 护栏工程中,以米计量的项目有( )。

A. 设置在中央分隔带的混凝土护栏

B. 缆索护栏

C. 波形梁钢护栏

D. 中央分隔带开口处活动式钢护栏
E. 明涵、通道、小桥、挡墙部分护栏的立柱插座、预埋构件

75. 收费设施及地下通道工程中,属于承包人附属工具,不予计量的是( )。
　　A. 收费亭　　　　　　　　　　B. 收费设施的预埋件
　　C. 收费天棚　　　　　　　　　D. 挖基、挖槽及回填、压实

76. 弃方运距在图纸规定的弃土场内为免费运距,弃土超过规定弃土场的距离时,其超出部分另计超运距运费,按( )计算。
　　A. 立方米　　　B. 立方米公里　　C. 公里　　　　D. 吨

77. 下列工程中,已经含在各有关工程子目的报价中,不再另行计量的是( )。
　　A. 风水电作业及通风防尘
　　B. 仰拱、铺底混凝土
　　C. 洞身超前支护所需的材料
　　D. 洞口路堑等开挖与明洞洞顶回填的土石方

78. 隧道工程的洞口坡面防护工程,按不同圬工类型分别汇总以( )计量。
　　A. 米　　　　　B. 平方米　　　　C. 立方米　　　D. 吨

79. 隧道工程的防水和排水工程中,不以米计量的工程有( )。
　　A. 洞内排水用的排水管　　　　B. 压浆堵水
　　C. 压浆钻孔　　　　　　　　　D. 防水层
　　E. 止水带

80. 下列属于洞内防火涂料和装饰工程的是( )。
　　A. 喷涂防火涂料　　　　　　　B. 镶贴瓷砖
　　C. 喷涂混凝土专用漆　　　　　D. 洞内机电设施预埋件
　　E. 压浆堵水

二、判断题

1. 必需的连接螺栓、垫圈等材料,应单独计量。　　　　　　　　　　　　　　(　　)
2. 钢筋的损耗和定位钢筋不单独计量。　　　　　　　　　　　　　　　　　　(　　)
3. 用运输车辆的体积计量的材料,应在运到施工现场进行计量。　　　　　　　(　　)
4. 公路工程计价依据中关于路线长度有两种表示,即"公路公里"和"公里",其含义是一样的。　　　　　　　　　　　　　　　　　　　　　　　　　　　　　　　　　　(　　)
5. 路基填方碾压工程,如填料含水率不够,需要洒水时,其洒水费用另计。　　(　　)
6. 为了保证填方路基边缘的压实度,须加宽填筑,这部分为保证施工质量而增加的填方数量,完成后须刷掉和运走,因此,所发生的费用应摊入填方单价内,即所谓的计价不计量项目。
　　　　　　　　　　　　　　　　　　　　　　　　　　　　　　　　　　　(　　)
7. 软土路基处理中土工布的铺设面积为锚固沟外边缘所包围的面积,包括锚固沟的底面积和侧面积。　　　　　　　　　　　　　　　　　　　　　　　　　　　　　(　　)
8. 桥梁拱盔、支架定额系按一定的桥梁宽度编制的,如桥梁设计宽度与定额采用值不同时,亦不允许进行调整。　　　　　　　　　　　　　　　　　　　　　　　(　　)
9. 预应力钢绞线、预应力粗钢筋及配弗氏锚的预应力钢丝的工程量为锚固长度的质量,不包括工作长度的质量。　　　　　　　　　　　　　　　　　　　　　　(　　)

10. 预应力钢绞线、预应力粗钢筋及配弗氏锚的预应力钢丝的工程量为锚固长度与工作长度的质量之和。（　　）

11. 招标文件工程量清单中所有的工程数量是设计的预计数量,不能作为最终结算和预支的依据。竣工后的工程量是建设工程的实际数量。（　　）

12. 工程量清单未经允许,投标人不得对清单内容作任何更改、变动。（　　）

13. 工程量清单中对没有填入单价或总额价的工程细目,其费用应视为已包括在工程量清单的其他单价或总额价中。（　　）

14. 工程量清单中所列工程量的变动,丝毫不会降低或影响合同的效力,也不免除承包人规定的标准进行施工和修复缺陷的责任。（　　）

15. 根据工程量清单计量规则,为保证压实度路基两侧加宽超填的增加体积,不另行计量。（　　）

16. 公路路基断面土、石方计算中,除扣除桥梁、隧道等构造物段的工程量外,还应扣除路面结构层的等量工程量。（　　）

17. 公路路基横断面设计图所显示的挖填方工程量中,填方为压实方,挖方为天然密实方。当土、石方调配中有部分土方利用作为填方,其工程量为天然密实方时,则填方中的借方数量,即等于填方数量减去上述利用方数量。（　　）

18. 基底处理中,属于场地清理内容的,划入准备工作项下计价；属于工程措施的,划入排水设施或软基处治项下计价。（　　）

19.《公路工程标准施工招标文件》(2018版)规定了挖方应挖至路床顶面并对路床的压实检验,要求应翻松、碾压达到规定的压实度。但路床若发生超挖,承包人应自费回填并压实。（　　）

20. 加筋土挡土墙是一种复合结构,组合因素较多,计价宜分部分项按公路工程定额划分的细目计价。（　　）

21. 锚杆挡土墙墙后填土或填料,不应作为锚杆挡土墙的相关项目计入,应在路基土石方作业中的计价。（　　）

22. 路堤实际填筑高度等于设计高度与预压期沉降量之和。（　　）

23. 路基填方按压实方计工程量,挖方按天然密实方计工程量（　　）

24. 施工场地清理的计量应按监理人书面指定的范围（路基范围以外临时工程用地清场等除外）,进行验收后,现场实地测量的平面投影面积以平方米计量。（　　）

25. 超过图纸或监理人规定尺寸的开挖,按实际发生量予以计量。（　　）

26. 零填挖路段的翻松、压实按实际发生量另行计量。（　　）

27. 滑坡按实际发生的挖除及回填体积,经监理人验收合格以后以立方米计量。（　　）

28. 护坡、护面墙工程中的预制空心砖和拱形及方格骨架护坡,按其铺筑的实际体积以立方米计量。（　　）

29. 加筋土挡土墙工程中,基坑开挖与回填、墙顶抹平层、沉降缝的填塞、泄水管的设置及钢筋混凝土带的钢筋等,均按实际发生量另行计量。（　　）

30. 锚杆按图纸或监理人指示为依据,经验收合格的实际数量,以千克为单位计量。（　　）

31. 河床铺砌、顺坝、丁坝、调水坝及锥坡砌筑等工程及抛石防护,应分别按图纸尺寸和监理人的指示,按实际完成并经验收的数量,以立方米计量。（　　）

32. 高速公路、一级公路的底基层下层可采用稳定土拌和机进行路拌法施工。（ ）
33. 水泥稳定土层基底，基层可以采用人工拌和法施工。（ ）
34. 渗沟上的土工布不另计量，包含在渗沟单价中。（ ）
35. 水泥稳定土底基层，基层按图纸所示和监理人指示铺筑，经监理人验收合格的平均面积，按不同厚度以立方米计量。（ ）
36. 混凝土路肩排水沟按长度以平方米计量。（ ）
37. 桥梁及明涵的搭板，埋板下变截面水泥稳定土底基层，按图纸所示和监理人指示铺筑，经监理人验收合格后，以立方米计量。（ ）
38. 透层和黏层工程中，对个别特殊形状的面积，应采用适当的计算方法计量。除监理人另有指示外，超过图纸规定的计算面积均按实际发生予以计量。（ ）
39. 洞身开挖工程量，根据不同围岩类别，不同开挖方式和施工方法，不同的支护类型等，分别按设计断面许可超挖回填数量，以立方米计量。（ ）
40. 开挖土石方的弃渣，其弃渣距离在图纸规定的弃渣场内为免费运距；弃渣超出规定弃渣场的距离时，若其超出部分为经监理人同意，且承包人自选弃渣场，则弃渣运距不论远近，均为免费运距。（ ）
41. 洞身开挖工程中，承包人出于机械故障而造成的超过允许范围的超挖，和由于超挖所引起增加的工程量，均按实际发生量予以计量。（ ）
42. 隧道施工中遇到特殊地质地段时，承包人应采取的有关施工措施，不另予计量与支付。（ ）
43. 机电设施预埋件按图纸要求施工完毕，经监理人分别按其所属设施验收合格以立方米为单位计量。（ ）
44. 洞身超前支护所需的材料，按图纸所示或监理人指示并经验收的各种规格的超前锚杆或小钢管、管棚、注浆小导管、锚杆以千克计量。（ ）
45. 洞身衬砌的拱部(含边墙)，按实际完成并经验收的工程量，分不同级别水泥混凝土和圬工，以立方米计量。（ ）
46. 桥梁支座清洗、运输、起吊及安装支座所需的扣件、钢板、焊接、螺栓、黏结等，按实际发生量计量。（ ）
47. 桥梁工程的防水处理工程中，沥青或油毛毡防水层按实际发生量以平方米计量。（ ）
48. 桥梁工程的砌石工程中，砂浆或作为砂浆的小石子混凝土，作为砌体工程的附属工作，不另计量。（ ）
49. 桥梁工程的基础挖方及回填工程中，基坑土的运输作为挖基工程的附属工作，不另行计量与支付。（ ）
50. 桥梁工程的基础挖方及回填工程中，基础挖方底面按图纸所示或监理人批准的基础(包括地基处理部分)的原底面高程线计算。（ ）
51. 通道涵范围(进出口之间距离)以内的土石方及边沟、排水沟等均按实际发生的量予以计量。（ ）
52. 桥面伸缩装置按图纸要求安装并经监理人验收的数量，分不同结构形式以米计量。其内容包括伸缩装置的提供和安装等作业。（ ）
53. 在公路基本建设工程中，需要设置的大型拌和站有：厂拌稳定土、沥青混合料和水泥混

凝土拌和站三种。 （ ）

54. 里程标和公路界碑等均应按埋设就位和验收的数量以平方米为单位计量。 （ ）

55. 地下通道按图纸要求经监理人验收,其长度沿通道中心重测洞口间距离,以米为单位计量,计量中不包含装饰贴面工程及防、排水处理等内容。 （ ）

56. 种植物的养护及管理是承包人完成绿化工程的附属工作,不另计量与支付。 （ ）

57. 隔离栅应安装就位并经验收,分别按铁丝编制网隔离栅、刺铁丝隔离栅、钢板网隔离栅、电焊网隔离栅等,从端柱内侧沿隔离栅外部丈量,以米为单位计量。 （ ）

58. 吸声砖及墙声屏障以立方米为单位计量。 （ ）

59. 桥上防护网以米为单位计量,安设网片的支架、预埋件及紧固件等不另行计量。
 （ ）

附表　公路工程常用表格

××省高速公路××段工程报验认可书　　　　　　　　　附表1

承包人：　　　　　　　　　　　合同号：
监理人：　　　　　　　　　　　编　号：　　　　　　　　　　监表××

按合同及规范要求,承包人已完成下述工程,并自检合格,报请于___年___月___日___时___分到场查验： 工程名称：_____ 工程范围：_____ 检验内容：_____ 附件：承包人自检资料_____	
承包人递交时间：___年___月___日	承包人：
监理人接收时间：___年___月___日	监理收件人：
监理检验情况： 测量检验：( )合格　( )不合格　　　签字：　　　　　　日期：　年　月　日 试验检验：现场检验_____　　　签字：　　　　　　日期：　年　月　日 　　　　　混凝土7天强度达到设计强度的___%　签字：　　日期：　年　月　日 　　　　　混凝土28天强度_____　签字：　　　　日期：　年　月　日 工程质量检验：( )合格　( )不合格　　签字：　　　　　　日期：　年　月　日	
初步意见	( )是　( )否　可以进行下道工序； 　　　专业监理人签字：　　　　　　　　　　　日期：　年　月　日 ( )是　( )否　可以进行暂计量。 　　　驻地(专业)工程师签字：　　　　　　　日期：　年　月　日
结论：	( )是　( )否　符合设计及规范要求。 　　　驻地(专业)工程师签字：　　　　　　　日期：　年　月　日

××省高速公路××段中间交工证书　　　　附表2

承包人：　　　　　　　　　　合同号：
监理人：　　　　　　　　　　编　号：　　　　　　　　　　监表××

中间交工内容（桩号、项目划分、工程项目、工程数量）	
承包人签字	申请日期
监理接收人	接收日期
监理机构对承包人中间交工申请的评述意见及其结论	
监理机构签字	日期
承包人签字	日期

— 186 —

××省高速公路××段中间计量证书 附表3

承包人： 合同号：
监理人： 编　号： 监表××

暂计量内容（桩号、项目划分、工程项目、工程数量、暂计量原因）	

承包人签字		申请日期	
监理接收人		接收日期	

监理机构对承包人暂计量申请的评述意见及其结论	

监理机构签字		日期	
承包人签字		日期	

— 187 —

××省高速公路××段工程变更通知单　　　　　附表4

合同号：　　　　　　　　　　　编　号：××-××-××-××　　-　　　监表××

致（承包人）_____：
　　根据工程实际需要及合同条款的规定，现决定对你合同段的(工程名称、桩号、部位)_____
_____工程的设计进行变更，请你部按(变更后的图纸/临时图纸)组织施工，并对工程量及费用按(变更图纸/现场实际工程量)进行核算，申报《工程变更费用申请》，以便发布《变更令》。

变更项目内容及细节：

变更依据及目的：

变更后的工程数量增减估算：

变更对工期影响：(　　)对总工期无影响　(　　)影响总工期，提前/延迟____天；
变更项目技术要求：(　　)同主线技术要求　(　　)执行其他标准：_____

总监理工程师意见：

签字：　　　　日期：

承包人签收：　　　　　　　　　　　　　　　　　　　　日期：

××省高速公路××段工程变更申请单　　　　　附表5

承包人：　　　　　　　　　　　合同号：
监理人：　　　　　　　　　　　编　号：××-××-××　-　　　　　　监表××

致总监办/筹建处： 　　根据工程实际需要及合同条款的规定,我部拟申请对(工程名称、桩号、部位)_____工程进行变更,请予以审核。
拟变更项目内容及细节：
拟变更依据：   　　　　　　　　　　　　　　　　　　　　签字：　　　　日期：
变更费用预测：
变更对工期影响：
驻地监理工程师意见： 　　　　　　　　　　　　　　　　　　　　签字：　　　　日期：
总监理工程师意见： 　　　　　　　　　　　　　　　　　　　　签字：　　　　日期：
发包人(代表)意见： 　　　　　　　　　　　　　　　　　　　　签字：　　　　日期：

××省高速公路××段变更工程单价协商表

附表6

承包人：　　　　　　　　　　　合同号：
监理人：　　　　　　　　　　　编　号：　　　　　　　　　　　监表××

根据第 ×_×-×_×-×_×_× - ___ 号变更通知精神,承包人对该工程变更进行核算,工程单价除标书中已有的项目参照标书执行外,对下列项目内容采用协商单价。
附件：工程单价计算表,计算依据及说明。

项目号	项目工程名称	单位	承包人申报单价	驻地办核算单价	总监办核算单价	四方商定单价

承包人意见：( )是 ( )否　同意上述单价。

　　　　　　　　　　　　　　　　　　　　　签字：　　　　　日期：

驻地办意见：( )是 ( )否　同意上述单价。

　　　　　　　　　　　　　　　　　　　　　签字：　　　　　日期：

总监办意见：( )是 ( )否　同意上述单价。

　　　　　　　　　　　　　　　　　　　　　签字：　　　　　日期：

发包人(代表)意见：( )是 ( )否　同意上述单价。

　　　　　　　　　　　　　　　　　　　　　签字：　　　　　日期：

××省高速公路××段索赔意向申报表

附表7

承包人：　　　　　　　　合同号：
监理人：　　　　　　　　编　号：　　　　　　　　监表××

致(总监理工程师)＿＿＿＿＿＿：
　　根据合同条款第＿＿＿＿条的规定，由于＿＿＿＿＿＿＿＿＿＿＿＿＿＿＿＿的原因，我要求索赔估算金额＿＿＿＿＿万元；并申请延长工期＿＿＿＿＿＿日历天，使竣工日期(包括已指令变更延长的工期在内)从原来的＿＿＿＿年＿＿＿月＿＿＿日延长到＿＿＿年＿＿＿月＿＿＿日，请予以核查。

承包人：　　　　日期：

索赔的详细理由及经过：

索赔金额估算：

延长工期计算：

证明文件：

承包人递交日期、签字：	总监办收到日期、签字：

附注：无论受理与否，结果将由总监理工程师书面通知驻地办及承包人

××省高速公路××段索赔意向受理通知

附表8

承包人： 合同号：
监理人： 编　号：
监表××

致第_____驻地办：

　　××__合同承包人提出关于_____的索赔意向,经我办现场调查核实,索赔事件(　)属实/(　)不属实,根据本项目《招标文件》合同条款_____款之规定,费用索赔(　)成立/(　)不成立,我办(　)予以/(　)不予以受理,现通知你办做好如下工作：_____
_____
_____

驻地办需核实的工作与范围：

其他：

总监理工程师： 日期：

驻地办签收： 日期：	承包人签收： 日期：

××省高速公路××段索赔申报表

附表9

承包人：	合同号：	
监理人：	编　号：	监表××

致(总监理工程师)_____：
　　根据合同条款第_____条的规定，由于_____的(原因及理由)原因，我要求索赔金额(人民币)_____元，申请延期_____天，请予批准。

　　　　　　　　　　　　　　　　　　　　　　　　　　承包人：　　　　　日期：

索赔的详细理由及经过：

索赔金额计算：

延长工期计算：

承包人递交日期：　　签字：	监理收到日期：　　签字：

驻地监理工程师意见：

　　　　　　　　　　　　　　　　　　　　　　　　驻地监理工程师：　　　　日期：

附注：结算结果将由总监理工程师书面通知承包人

××省高速公路××段索赔审批书   附表10

承包人：　　　　　　　　　　　　合同号：
监理人：　　　　　　　　　　　　编　号：　　　　　　　　　监表××

索赔项目：
索赔接受理由：
索赔同意数额：　　　　　元；延长工期　　　　天 金额、天数计算说明：详见附表
索赔累计　　以往索赔累计　　此项索赔　　　所有索赔累计 　索赔金额（　　　）＋（　　　）＝（　　　）元 　延长工期（　　　）＋（　　　）＝（　　　）天
总监办意见：   　　　　　　　　　　　　　　　　　　　签字：　　　　　日期：
发包人意见：   　　　　　　　　　　　　　　　　　　　签字：　　　　　日期：
附件：

参 考 文 献

[1] 中华人民共和国交通运输部.公路工程标准施工招标文件(2018年版)[S].北京:人民交通出版社股份有限公司,2018.

[2] 中华人民共和国行业推荐性标准.公路工程概算定额:JTG/T 3831—2018[S].北京:人民交通出版社股份有限公司,2018.

[3] 中华人民共和国行业推荐性标准.公路工程预算定额:JTG/T 3832—2018[S].北京:人民交通出版社股份有限公司,2018.

[4] 中华人民共和国行业标准.公路工程基本建设项目概算预算编制办法:JTG 3830—2018[S].北京:人民交通出版社股份有限公司,2018.

[5] 邬晓光.公路工程工程量清单计量指南[M].北京:人民交通出版社,2009.

[6] 邬晓光.公路工程建设项目计量与支付手册[M].北京:人民交通出版社,2001.

[7] 交通运输部职业资格中心.公路工程技术与计量[M].北京:人民交通出版社,2011.

[8] 邬晓光.公路工程施工招标与投标实用手册[M].北京:人民交通出版社,2010.

[9] 杨子敏.公路工程造价指南[M].北京:人民交通出版社,1999.

[10] 高正军.公路工程概预算手册[M].长沙:湖南大学出版社,2008.

[11] 张国栋.图解建筑工程工程量清单计算手册[M].北京:机械工业出版社,2009.